高校专业指南针

——学长学姐帮你选专业

曹正纲　黄　鼎　阮海涛　主　编

西南交通大学出版社
·成都·

图书在版编目（CIP）数据

高校专业指南针：学长学姐帮你选专业 / 曹正纲，黄鼎，阮海涛主编. —成都：西南交通大学出版社，2017.5
ISBN 978-7-5643-5437-4

Ⅰ. ①高… Ⅱ. ①曹… ②黄… ③阮… Ⅲ. ①高等学校 – 专业 – 介绍 – 中国 Ⅳ. ①G647.32

中国版本图书馆 CIP 数据核字（2017）第 080972 号

高校专业指南针
——学长学姐帮你选专业
曹正纲　黄　鼎　阮海涛　主编

责 任 编 辑	李　伟
特 邀 编 辑	张芬红
封 面 设 计	原谋书装
出 版 发 行	西南交通大学出版社 （四川省成都市二环路北一段 111 号 西南交通大学创新大厦 21 楼）
发行部电话	028-87600564　028-87600533
邮 政 编 码	610031
网　　　址	http://www.xnjdcbs.com
印　　　刷	四川煤田地质制图印刷厂
成 品 尺 寸	170 mm × 230 mm
印　　　张	16.25
插　　　页	2
字　　　数	296 千
版　　　次	2017 年 5 月第 1 版
印　　　次	2017 年 5 月第 1 次
书　　　号	ISBN 978-7-5643-5437-4
定　　　价	45.00 元

图书如有印装质量问题　本社负责退换
版权所有　盗版必究　举报电话：028-87600562

编委会成员介绍

御霜
负责出版和公众号宣传

武汉大学数字出版专业毕业,gap year 中,即将前往纽约大学读研。爱读书、爱戏曲、爱入各种坑,虽然理科生出身,但是兴趣倾向于文科和艺术方向。性格呆萌,脑洞大,爱幻想,有时有拖延症,非行动派。

Merica
负责微信公众号运营

武汉大学出版发行专业研究生,知识产权方向。个性中带有典型天秤座追求公平的特质,既爱极限运动,也喜欢安静独处,生活中是一个非典型吃货,有一堆乱七八糟的小爱好。

丹青
现就读于南京大学

处女座强迫症,参与从约稿到终审的一连串事情,在终审的日子里催疯了小伙伴。很开心和这群旧友重新相遇,一起把这本小书从无到有地制作出来。

厂长
一个典型的工科生

主要工作是约稿;本科就读于哈尔滨工业大学,研究生就读于上海交通大学;自我特质:逗逼,爱笑;性格特点:比较开朗,有责任心,稍微有一些急躁。

老旧的麦克风
负责整体运营及推广

本科毕业于哈尔滨工业大学机械工程学院,上海交通大学动力工程在读硕士。对于未知的事物敢于探索,不喜欢走寻常路,乐于在困境中寻求出口。你问我幽默不幽默,我说幽默!在团队中只做了一点微小的工作,很惭愧,谢谢大家!

黄鼎

负责审稿工作；参与公众号的内容创作、出版运营策划等工作

北京航空航天大学飞行器设计专业研究生。本科就读于西北工业大学教育实验学院，担任中共西北工业大学委员会第十二次党代会正式代表。在大学期间曾获得一等奖学金、优秀党员、优秀团干部、社会活动之星等荣誉和奖励。

刘烨雯

本科毕业于哈尔滨工业大学工业设计专业，目前就读于上海交通大学设计学专业

高中曾是整日写写画画、沉迷于写文无法自拔的宅女一枚。大学是个很好的改造工厂，如今放飞自我，可疯得很呢。

阮海涛

上海交通大学机械与动力工程学院职业发展中心主任，副教授

在职业生涯规划领域积累16年，获得美国生涯发展协会生涯规划师讲师（CDFI，NCDA）、国家二级心理咨询师、职业规划师、全球生涯教练（BCC）等资质认证；在国内期刊发表论文30篇；参与主持多项省部级课题研究。

Monica

团队中负责法务和财务工作，参与审稿与公众号运营

北京科技大学硕士在读，研究方向为国际经济法。沉迷观星观鸟，长跑攀岩，十八线外的越剧爱好者，半个圈内的植物学控。无尽的远方，愿和你分享。

欧文

湖南省益阳市一中化学高级教师

从教三十余年，常年担任班主任，培养的学生中不乏清华大学、北京大学、上海交通大学、同济大学的高材生，广受学生的爱戴，昵称欧嗲。

编委会

主　　编　曹正纲　黄　鼎　阮海涛

编　　委　王楚奇　罗攀登　欧　文

　　　　　陈丹青　邓　琳　付嘉薇

　　　　　刘烨雯　杨　萍　张萌远

协办单位　湖南省益阳市第一中学

　　　　　京学航（北京）教育咨询有限公司

　　　　　上海巴伦支教育科技有限公司

写在前面的话

人生的路很长，最终会走向何处，其实大多时候是境遇使然，能真正自我选择的不过寥寥数刻，高考后的填报志愿和专业选择便是其中极为重要的一个。毫不夸张地说，专业的选择能大致决定了在之后的岁月里，你会遇到怎样的人，学习怎样的知识，用怎样的思维去认识世界，从事怎样的工作来改变世界。可惜大多数考生在高考的那个夏天还太年轻，并没有意识到当时的自己面临的是怎样一个关键时刻，而仅仅靠和父母饭桌上的一两次闲谈、网上简单的几次检索和历届的专业录取分数线，就稀里糊涂地做出了这个决定人生轨迹的选择。而在今天看来，只要给那些关键位置上的学子足够全面的信息以进行权衡和选择，这一切都是完全可以避免的。

2013年，《中国青年报》社会调查中心联合中国民意网和新浪网进行的调查显示，有67.9%的人承认自己在报考专业时是"盲目的"，超过70%的受访者表示，如果有可能，想重新选择一次专业。其中一位接受调查的受访者抱怨，中学只关注学生考上了多少个一本和二本；而学生的时间和精力全都花在考试科目上，对于高考以后更为重要的事——报志愿、选专业却一无所知。

以上调查报告说明，当今教育体系缺少的是相关的专业选择、职业规划教育。在这个相信教育改变命运的时代，很多人集全家之力，寒窗苦读十数载，最后却草草地选择了决定一生的专业。这种用战术上的勤奋来弥补战略上懒惰的行为，不得不说是当下中国教育的一大弊病。

好在这种情况正在被改变。2014年8月，习近平总书记在中央全面深化改革小组第四次会议上指出：要深化考试招生制度改革，形成分类考试、综合评价、多元录取的考试招生模式。接下来的几年里，各省市相继出台了高考改革试点、正式方案。根据北京师范大学教育专家乔志宏教授的解读：全国各地的新高考方案有"文理不分科，3+3大趋势""专业选择与学校选择并重"等基本特点。作为全国教育的指挥棒，高考的这次改革旨在解决中学教育的诸多弊病，也客观地将专业志愿选择推到了一个更加重要的位置。

而与专业选择在高考中扮演的越来越重要的地位所不符的是市场上高校专业介绍材料的稀缺。在繁杂海量的资信中，教育从业者和学生却缺少一套合适的高校专业信息介绍材料。

什么样的材料是合适的呢？我们认为，它至少应该同时具备高屋建瓴的视野和亲历一线的经历，最后还要以一种接地气的方式讲述这一切。在思考的过程中我们发现，整合我们本身的同学资源信息，对我们来说并非一件难事。大家作为各个学校的优秀毕业生，耳濡目染，自然对所处行业和专业的信息具有全面的认识和长远的判断；同时，至少四年的专业学习经历又使我们能以一个学生的角度，去讲述特定专业学习中的苦与乐、精彩与收获；最后，中学时代与我们并不遥远，我们还熟悉中学时代自己的心情与想法，并懂得如何以一种最接地气的方式，以一个学长学姐的身份，将我们的"人生经验"与学弟学妹们娓娓道来。

也就是在以上闲聊、调研、思考的过程中，这样一个项目自然而然地被启动了。我们联系了各个专业的优秀同学和校友，邀请他们写下自己在大学期间的所思所想，将专业学习和实践道路上的经验与教训加以提炼和总结，分享给大家。除了广泛征集投稿之外，我们还通过固定的程序对手上的稿件进行严格筛选，对稿件的质量从三轮审稿上进行把关，力求稿件的客观性和可读性。

经过我们近半年的不懈努力，最后呈现在您眼前的就是这样一本介绍来自工程科学、理农医学、人文科学、社会科学、艺术学等专业大类共37个专业的书籍。阅读这本书上的每篇文章都能帮助您对相应的专业有一个更深刻、直接的认识。如果哪篇文章激起了您的兴趣，您还可以关注我们的微信公众号，有机会同作者直接交流，进一步了解相关专业和高考改革的最新动向。

感谢上海交通大学史贵全老师在本书成书过程中对我们的指导和帮助；感谢欧文老师和益阳市一中的诸多老师、领导给我们的鼓励与支持；感谢认真负责的各位作者，感谢你们不厌其烦地接受各种审稿意见，对文章反复地修改，以求更加完美；尤其要感谢每一位信任我们的读者，正是因为你们，我们才有了被需要的理由。

该书面世之时恰逢高考前夕。经历过漫长而艰辛的备考，每一位同学都将直面生命中或许最为重要的一次考试。这个时刻每每让我们想起这样一些画面："身怀绝技的少年第一次踏上江湖，承载着光荣与梦想，搭乘巨舰首次扬帆起航，终将被传颂的史诗唱出第一个音节。笔落，于是一切故事就此开始。"

因此，我们祝愿每一位同学在高考时一切顺利，祝愿每一位同学能从过往的艰辛和感动中汲取力量，去书写自己精彩灿烂的人生！

编　者

2017年4月

目 录

第一部分　工程科学 1

环境工程专业介绍 3
土木工程专业介绍 8
计算机专业介绍 15
物联网工程专业介绍 22
汽车工程专业介绍——学汽车就要去修车么？ 31
电子信息工程专业介绍 35
功能材料专业介绍 40
自动化专业介绍 46
测控技术与仪器专业介绍 51
地理信息系统专业介绍 58
工业工程专业介绍 65
机械电子工程专业介绍 70
软件工程专业介绍 76
生物医学工程专业介绍 81

第二部分　理农医学 87

农学专业介绍——"生命"是第一生产力 89
生物专业介绍——生物专业好吃吗？ 95
中药学专业介绍 100
数学专业介绍 105
物理专业介绍 110
应用心理学专业介绍——以华东师范大学应用心理学本科经历为例 115
五年制临床医学专业介绍 120

第三部分　人文科学 ……127

法语语言文学专业介绍 …… 129
哲学专业介绍 …… 135
历史专业介绍——不忘历史，心怀远方 …… 141
汉语言文学专业介绍——以兰州大学汉语言文学本科经历为例 …… 147

第四部分　社会科学 ……153

编辑出版专业介绍——以武汉大学编辑出版专业本科经历为例 …… 155
信息管理与信息系统专业介绍 …… 161
金融学专业介绍——以中南财经政法大学为例 …… 168
政治学与公共管理专业介绍 …… 174
法学专业介绍——一封来自年轻法律人的信 …… 179
城乡规划专业介绍 …… 185
国际会计（ACCA方向）专业介绍 …… 189
对外汉语专业介绍——对外汉语那些事儿 …… 195
学前教育专业介绍——我眼中的学前教育专业 …… 200

第五部分　艺术学 ……205

艺术设计（环境设计）专业介绍 …… 207
版画专业介绍——以四川美术学院版画系为例 …… 215
美术史专业介绍——怪你过分美丽 …… 221

附　录 …… 226
后　记 …… 252

第一部分　工程科学

　　工程科学（也就是我们常说的工科）是侧重将基础科学和技术科学知识应用于工程实践，并在具体的实践过程中总结经验，创造新技术、新方法，使科学技术迅速转化为社会生产力的学科。工程科学分为机械、电气信息、材料、网络工程等多个大类。工科中热门、有代表性的专业有计算机、软件工程、自动化、地理信息系统等。如果你对实践感兴趣，动手能力强，或是单纯地对工科感兴趣，那就赶快来阅读这部分的文章吧，从学长学姐的介绍中充分了解工科的各大门类，找到自己的兴趣点和最契合自身的那个专业。

环境工程专业介绍

（作者简介：蔡怡清，本科就读于北京科技大学环境工程专业，研究生就读于北京科技大学环境科学与工程专业水处理方向。）

"环境工程是研究与从事防治环境污染和提高环境质量的科学技术"，我觉得这句定义很精准。这句话提醒着投身于此的我们，这个行业需要的是热爱并乐于奉献的人才。作为一个本科和研究生都学环境工程的学生，我一直铭记着大学老师对我们说过的一句话："作为环境人，就要怀着奉献的精神"；也如绿色和平组织（Green peace）里说过的："环境保护的工作永远做不完。"

近年来，随着雾霾、PM2.5等词的普及，环境问题越来越受到全国人民的关注和重视。环境工程从书本中一个颇为专业化的术语中走了出来，我们的身边开始出现与生活息息相关的环境问题，如常州学校毒地事件、内蒙古沙漠非法排污事件、天津爆炸事件等。另外，与环境相关的法律、水十条、土十条等的出台也受到公众的很大关注。由此可见，作为研究与从事防治环境污染和提高环境质量的科学技术，环境工程专业被认为是一个很有发展潜力的专业。

"奉献"这个词显得过于伟大，很多人都会觉得自己并没有那么高尚，但对于在这个地球上存在的种种环境问题，你能通过小小的实验室去研究探索，并为之付出，这便是一种"奉献"（见图1）。在研究探索的过程中，你所收获到的一定会比你为此所付出的要多得多，这是一种由价值感和使命感带来的成就感和满足感，就如你在探索并完成一个实验研究时发现某个催化剂可以加快脱硫脱硝效率后的实实在在的欣喜一样。

图1 一同在实验室进行实验

环境类专业作为较为新兴的专业，并不是所有学校都有开设，且专业名称也略有不同。不同学校即使是相同名称的专业，偏重的方向也会有很大区别。所以在进行专业选择时，一定要仔细考察。环境大类涉及的专业有：环境科学、环境工程、环境管理、环境经济学、环境心理学等；与环境学科相近的专业有：水利工程、给水排水工程、市政工程等。其中，环境科学与环境管理是理科（理科里偏文的学科），环境工程是工科（更注重实践性）。如果作为环境类专业的一个专业分支，环境工程专业经常会和能源相关的专业同在一个学院，如能源与环境工程学院。我们学校的环境工程专业的培养目标就是培养具备城市和现代工业环境保护方面的水、气、声、固体废物污染防治，以及环境规划、资源保护、环境影响评价等方面的基础知识，能够在环保部门、工矿企业、科研单位、电力企业等从事规划、设计、管理和研究开发工作的高级应用型人才。

环境工程专业所学的基本课程主要分为基础知识和专业知识。基础知识课程大体为工科专业必修的，专业知识课程则主要偏向于化学和生物。对于喜爱化学和生物，并喜欢探索做实验的学生来说，这个专业一定会是你热爱的专业。表1中所列的四大化学（无机化学、有机化学、分析化学、物理化学）是环境工程专业学生必须要掌握的专业基础知识。除了基础学科外，其他的专业基础课就是四大主要专业分类（水污染控制工程、大气污染控制工程、噪声污染控制工程、固体废物处理处置与资源化工程），这四大类在大学里都是专业基础课，其中重要之处就是今后研究生阶段的研究方向大致可以在这四大类中去选，甚至包括之后的工作方向。环境工程专业基本课程如表1所示。

表1　环境工程专业基本课程

基础知识	专业知识
高等数学、大学计算机基础、线性代数、概率论与数理统计、大学物理、政治思想类课程、社会实践等作为工科专业必修的基础知识	① 掌握普通化学（无机化学、有机化学）、分析化学、物理化学、工程流体力学、测量学、工程制图、VB程序设计、微生物学、水力学、电工学、环境监测与评价、环境工程学科的基本理论知识及各类实验； ② 掌握水污染控制工程、大气污染控制工程、噪声污染控制工程、固体废物处理处置与资源化工程的基本原理和简单设计方法； ③ 污染物监测和分析、环境监测、环境质量评价、环境规划与管理

就目前笔者所了解到的信息：上述四大类专业分类中噪声污染作为一个

环境污染可控因子，其污染涉及面较少，发展基本处于平稳状态；水污染控制工程作为环境污染中最早研究和探索的领域，并在环境污染中涉及的面较多，技术层面已较为资深并一直处在发展中；大气污染控制工程是目前最有前景、最受重视的领域（雾霾问题一直深受关注），但我国对大气的研究还处在发展探究中，技术还不太成熟，所以这一部分研究起来会有难度，就目前情况来看我国急需这方面的人才；固体废物处理处置与资源化工程目前也处在发展阶段，自 2016 年 5 月 28 日发布"土十条"起，土壤污染治理越来越受到重视。其实说了这么多关于专业方向选择的分析，实际上每年的热点都会有变化，并且每年各个方向都需要人才，所以不管发展前景如何，选自己最喜欢最感兴趣的专业才是关键。

除了课程内容外，大学期间一定会有实习实践的机会。就我的大学而言，环境工程专业大二、大三的学生暑期都会由学校统一带队进行至少为期两周的实习，包括大二的认识实习、大三的生产实习。实习的主要场所包括污水处理厂、垃圾填埋场、火力发电厂等，或者是政府单位，包括监测站和环保局等（见图 2、图 3）。

图 1　在友达光电总部参观学习

图 2　大三暑期生产实习场地——迁安

这里需要强调一下实习体验。在大二、大三参加认识实习和生产实习后，班里大多数女生（也包括男生）的想法都是，当初为什么要选这个专业。毫不夸张地说，实习后很多人都会对自己未来可能从事的工作以及工作环境感到深深的失望。由于污水处理厂等大多建设在偏远的郊区，在处理污泥的恶臭环境中工作也是常人无法容忍的。这或许不会成为今后就业的考虑范畴，但这些地方也是需要科研人员、高水平人才在此驻守的。当然，环境类专业学生的就业方向也不单单是进工厂，更多的就业方向在下文进行简要描述。

环境事业需要更多的环境人投入到科研中去改善如今广受关注的各类环境问题。对于女生而言，建议选择偏文类的方向，如环境科学、环境管理类，从事文职或者政府单位的相关职位。相对而言，环境专业本科毕业不太容易找到好的工作（现在大学生到处都是，本科学历已经没有多大的竞争力了），但也有不少大学同学转行找到了自己的归宿，当了培训机构老师、外研社市场部经理、国税局职员等。有工科背景出身，在各行各业还是很受欢迎的。

如果想继续深造并且家里经济条件允许，能够适应一个人在异国的生活的话，建议本科毕业后可以出国深造。我的很多大学同学们毕业后都走出了国门，前往美国、澳大利亚、加拿大、法国、德国等国家。作为一个技术强国，德国是一个留学的很好选择，但一般都要求学生学习德语并要考德福，这就需要有相关意向的学生在本科大学学习中提前做好准备。而对于毕业后选择国内继续读研深造的学生来说，在选择学校和方向的时候就需要多询问老师和师兄、师姐，听取他们的建议。

在环境工程就业路径分析上，就笔者本硕生涯所学、所见、所能了解到较为常见的环境专业比较理想化的就业路线如下，当然就业路径绝不仅限于这些：

① 继续读研/出国等深造→科研/教授→教学/专家。
② 毕业→环评单位→环评工程师→环评专家/创业。
③ 毕业→设计院/环保工程公司→环保工程师→技术专家/项目经理/创业。
④ 毕业→环保设备材料公司→环保设备材料销售→销售经理/环保业务→创业。
⑤ 毕业→环保投资公司→工程师→项目管理人员→高层。
⑥ 毕业→污水处理厂/自来水厂→维护管理人员→厂长。
⑦ 毕业→国企/外企/民企等制造业→环境管理→环保主管/EHS 管理师。
⑧ 毕业→监测站/环保局→公务员→环保官员/创业。

具体工作性质、工作单位及今后发展如表 2 所示。

说了这么多，只是想给大家提供一些专业方向的信息。当年我在报考志愿的时候对于专业完全没有概念，第一次听到环境工程专业时，我想它应该蛮洋气的。可是进入大学后无数次怀疑自己以后将去往何方，自己的优势学科——数学——没有得到展现，对专业的纠结和茫然一度让我想转专业。但最后我还是决定"一条道走到黑"，毕业后继续在北京科技大学环境科学与工程专业读研，目前主要的研究方向是水污染控制工程，涉及生态基流、植物修复水体重金属处理、微生物处理技术等方面。在这些年的学习中，我已经慢慢找到了自己未来的方向，且正努力朝着自己规划的方向努力。最后想告诉学弟、学妹，找到自己感兴趣的领域或者觉得自己能坚持并会为之努力的专业对未来的规划很重要，希望这篇文章能帮助到你。

表2 具体工作性质、工作单位及今后发展

就业工作类型	工作性质	工作单位	今后发展	备注
工程设计类（环境工程和给排水专业）	承接各种环境工程项目（污水处理、垃圾填埋、环境净化等）的设计和配套设备的安装、施工等	环保公司/设计院	寻找一家有实力的环保公司，在其中不断提升自己的能力	注册环评工程师①的考证对提升该类职业收入具有重要作用
环境咨询类	主要包括环境影响评价、环境工程咨询、环境监测、环境管理体系与环境标志产品认证等	国企/外企/民营制造业企业环境部门，ISO14000环境管理体系内审员②	环境、职业健康安全管理体系EHS管理师是薪水非常高的一个职业。当然，该职业对专业知识的广博性、实际问题的协调解决能力以及对外语的要求也非常高	工作性质偏"软"，通常的工作就是写环境报告书之类的文稿。工作重复性很强，且任性的工作的附属，这类工作的好处就是不用承担风险，且收入也不低，学环境专业的女生从事此类工作比较合适
销售与技术服务类	目前主要指对从事城市污水、工业废水、生活垃圾、工业固废物、废气及放射性废物治理建设施的社会化运营和管理	从小区的小型中水回用设备提供商，到资产千万的发达城市大型污水处理厂运营者	在大公司工作的好处是能接受到系统的末西很多；在小公司则要处理许多不同的事务，也许很快就能独当一面，对于这两个选择，总之一句话：适合自己的才是最好的	
环境管理类	环境管理师职位主要在政府部门，这使得同步入这个行业的年轻人这边缺乏机会	包括各级环保局及其下属专业单位，参加工作后五年才能考，且考试比较难，有四门课程，通过率仅10%左右。现在做环评的单位都必须要有一定人数的环评注册工程师	目前，很多政府部门出现大量人员饱和现象，这使得同步入这个行业的年轻人这边缺乏机会	

注：① 环评工程师的上岗证认定，本科毕业五年后才能考，且考试比较难，有四门课程，通过率仅10%左右。现在做环评的单位都必须要有一定人数的环评注册工程师。

② 根据ISO标准的要求，任何单位要取得ISO认证证书，必须由本单位内定期进行内部质量审核（简称内审），而实施内审的人员必须是经过培训的有资格的内审员，只有取得了内审员资格证书，才能在本单位中承担内审任务。

土木工程专业介绍

（作者简介：霍亮亮，本科就读于哈尔滨工业大学土木工程专业，研究生就读于哈尔滨工业大学土木工程学院。）

一、专业基本介绍

1. 认识土木

大多数人对土木的第一印象都是不准确的，经常混淆土木工程和建筑学的概念。还有一些人认为建筑学偏艺术，注重外观，而土木工程注重安全，实际上这都是不准确的。建筑学不仅关心建筑的外观设计和文化内涵，还需要关心建筑的功能分区设计、交通流线设计、防火、采光、通风等。举例来说，一家大型医院井然有序地运行，是和它的功能分区、交通流线设计分不开的。挂号区、药房、普通门诊、专科门诊等分开，结合交通流线的合理设计，能达到合理利用空间、避免拥堵的效果。土木工程则是一个很宽泛的概念，解决的问题从设计到施工再到运营维护，从地下到地上，从海底到陆地，甚至到太空，包括结构工程、岩土工程、桥梁工程、公路与城市道路工程、市政管道工程、铁路工程、水利工程、矿业工程、港口工程、海洋工程、土木工程防震减灾、土木工程材料等方向。具体的形式有：房屋、桥梁、隧道、水坝、运河、卫生系统、运输系统、矿业系统、能源系统、电力系统、通信系统的各种固定部分、公路、铁路、机场、矿井、油井以及港口设施、电力设施、通信设施等。下面将详细介绍土木工程的几个方向：

（1）结构工程是土木工程中最主流的方向，其研究任务是保证建筑的安全、适用、耐久、经济。土木工程的从业人员要时刻把安全放在第一位。从一定程度上讲，这是一项艰巨的任务，责任也很重大，同时也是门艺术，需要丰富的想象力，好的结构可以视为一件人类文明的艺术品。例如，中国的长城、应县木塔，美国的希尔斯大厦、金门大桥，法国的埃菲尔铁塔等，不仅是结构工程的伟大成就，也是人类文明的瑰宝。图1为房屋结构三维模拟图。

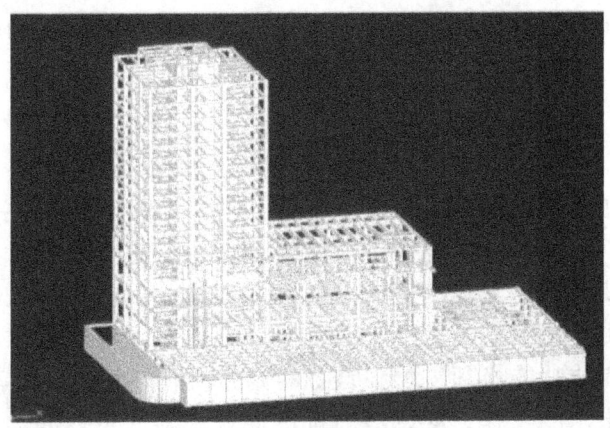

图 1 房屋结构三维模拟图

（2）防震减灾是汶川地震之后，国家非常重视的一个土木工程分支学科。近年来，土木工程设计单位和科研院所对这个方向的人才需求量很大。其主要研究建筑的抗风、抗震设计理念，降低地震对建筑物的破坏，利用现代科技手段监控建筑在施工和使用阶段的变形等。

（3）岩土工程是土木工程领域专门研究关于土体和岩体的工程性质及其应用的一个学科分支。土木工程中所有涉及土体和岩体的部分都包括在岩土工程的范围之内。岩土工程主要包括以下几个主要方面：土质学、地质学（包括水文）、工程勘察、地基基础（地基处理、基础工程）、开挖工程等（见图 2）。

图 2 开挖工程现场

（4）道路、桥梁与隧道工程：它是公路、铁路和城乡建设中为跨越江河、深谷、海峡，穿越山岭和水底以及解决城市交通需要，研究各种桥梁和隧道等特殊工程结构物的设计、施工和管理的学科。

（5）土木工程材料学科：主要研究土木工程中所用材料的性能、技术标准，包括混凝土、钢材、木材和复合材料等。

2. 关于学习

大一时，在土木工程专业导论课上沈士钊院士教育我们说："要做事，先做人。"土木工程是国民经济发展的支柱产业之一，这个专业对从业人员的要求，首先就是责任心，要始终把安全放在首要地位，避免事故的发生；其次是掌握先进的专业技术，有能力把结构设计建造得经济、可靠。要想在土木这个行业里获得成功，必须先加强自身的修养和业务能力，这就是"做人"。

想要做好土木的工作，必须有过硬的专业基础，包括数学、理论力学、材料力学、结构力学、流体力学、混凝土结构、钢结构、岩土工程等。土木工程属于工科，力学是它的基础。把复杂结构简化成力学模型计算，要用到力学；对于大型结构，如高层结构和大跨结构，研究它们的风和地震的作用效应时，也要用到力学，可以说土木工程是离不开力学的。数学和力学是相辅相成、不可分割的，学过数学和力学后，你会发现很多大师既是数学家又是力学家，如再熟悉不过的牛顿。所以各种数学也是土木工程学生要学习的。在土木工程的科学研究这条路上能走多远，取决于自身的力学水平，力学水平的高度取决于数学水平，这是环环相扣的。对于有志于施工单位、房地产企业和设计院的同学，专业基础同样也很重要（见图3）。对于毕业后去企业的同学来说，学科专业课更为重要。如果在去工作单位之前打下一个良好的基础，熟知各种施工方法的原理和施工设计规范条文，就能在职业生涯早期脱颖而出。

图3 专业课实验现场

所以说，想要学好土木，就要学好数学、力学、各种结构设计、施工管理、施工技术、工程制图、各种结构分析、制图软件以及国家规范、规程等。想要在四年内把这些都学透，真的不是一件简单的事。土木工程是老牌工科专业，发展到今天，理论基础已经较为完善，想要在土木的科研领域取得突破，必须要有丰富的数学和力学知识，甚至计算机方面知识的积累。所以，在大学学习期间如果想要学得好，你会觉得课业负担特别重，留给自己享受大学时光的时间并不多。

土木的本科生可以参加的全国性大赛主要有全国结构设计大赛、全国混凝土设计大赛、先进成图大赛等。参加这样的比赛可以拓宽自己的知识面，学习综合运用各门专业知识，还可以锻炼自己协调沟通的能力。

二、关于就业

1. 行业发展分析

很多同学都担心自己的前途会受到地产颓势的影响，但是相比于担心这些自己改变不了的东西，更应该认清现在的形势。现在，地产开始有回暖的趋势，我们的生存环境并没有想象中的那么恶劣。另一方面，国家全面推广装配式建筑、钢结构建筑，在有条件的地方发展木结构建筑。而且大家都能看见，建筑行业在向高端化、科技化、信息化方向发展。国家统计局 2015 年数据显示，我国城镇化率达 56.1%，城镇居民总人口达 7.7 亿，但远低于发达国家 70%以上的水平，甚至低于发展中国家 60%的平均水平。今后我国仍将推进城镇化建设，所以土建行业在中国还有至少 20 年的繁荣期。

2. 就业形势及去向

根据 159 所本科院校的数据，2016 年，土木工程专业本科毕业生的就业率为 94.22%。根据我近些年的了解，我所在的哈尔滨工业大学土木工程专业的本科毕业生，每年有一大半毕业生就职于施工单位，绝大部分为中建系统；有 20%的学生保送读研读博，加上考研的，共有约 30%的学生选择了继续深造，进行科学研究工作。还有 10%的毕业生就职于房地产企业，很少有去设计院或者选择转行的。

虽说三百六十行，行行出状元，但是不同的职业选择，生活状态、职业发展和工作氛围是不同的。我坚信职业是不分高低贵贱的，适合自己就好，自己喜欢最重要。大部分人选择去施工单位，因为施工单位人员流动比较频繁、单位多、用人量大，不需要特别多的面试技巧就可以找到一份施工单位的工作。施工单位的工作条件比较艰苦，如果赶工期的话还有可能晚上加班，或者可能碰到远离城市中心的修路架桥的项目（见图 4）。工资待遇虽然比 IT 行业低，但是相较于其他专业，工资水平是排在前列的，条件艰苦的项目工资会更多。工作环境就是工地，接触的人大多数是建筑工人。去施工单位工作的人，奋斗目标一般是项目经理，想要成为项目经理，需要有领导能力、沟通协调能力和决断能力。相对而言，设计院的工作条件就好多了，一般是每人一张办公桌，主要工作就是画图，但经常加班到深夜（见图5）。基本工资在最低生活保障线以上，但最终赚钱多少则取决于工作量，图画得越多，赚的钱就越多。一般去一些中小型设计院，解决"温饱"不是什么问题，但是如果想成长为结构设计大师，建议去大型设计院，跟着大师学习才能逐渐成长为大师。房地产企业是工资待遇最好的地方，但是一定要清楚地认识到，付出是和收入成正比的。

图4　施工项目现场

图5　设计院办公场景

3. 关于出国

对于今后想从事科研工作的同学，出国留学还是很有必要的，因为现如今大部分211、985高校招聘教师，都是要求有海外留学经历的。但出国留学可能被要求改专业，因为发达国家城镇化水平已经很高了，市中心几乎没有在建项目，对他们来说，建筑运营维护比城市建设更重要，但从事相关科研工作的人员却较少。如果想从事设计工作或者施工管理，我认为没有出国必要，因为我们国家有自己的设计规范，在国外学的那一套规范，不适用于国内，而且国内具有庞大的市场，在国内从事一线的土木工作具有更大的市场。

三、个人经验

如果各位学弟、学妹真的喜欢建筑这个行业，并且最终如愿学了土木工程这个专业，一定要尽快了解这个专业，规划好自己的职业生涯，并为此而努力。在大学的学习，就像那句老话所说："学如逆水行舟，不进则退。"我有很多同学因为打游戏而荒废了学业，其中不乏高考时只差几分考上清华、北大的学生。荒废学业的危害远不止于不能继续学业，还会影响今后的职业发展。现在的时代靠的是自身的综合能力，职业发展靠的是专业实力。很多好的单位招聘时会组织笔试，没有一定的实力是通不过的。

很多人说，要干一行爱一行，我是因为喜欢建筑才选择的土木，我梦想有一天能参与到一件伟大的建筑作品的建设中。我的大学生活应该说是丰富多彩，我在学习上下的功夫不算特别多，但也不算少。我是按部就班的，没有通宵达旦地学习，也取得了令我满意的成绩，没有挂过科。大学生活让人回味无穷，酸甜苦辣、五味杂陈。大三那年，我们碰上了我们见过的最严厉、最认真的钢结构老师。他每节课都会点名，每节课都会提问，每节课都会小测，逐一批改每位同学的作业，批改后的作业往往他写的字比我们写的字都多。期末时要做一个课程设计——设计钢结构屋架。他每天早上 8 点到我们课程设计的教室，晚上 9 点回家，所以我们只敢比他来得早，比他走得晚，同时还要按照他的要求改图，每张图都要画很多遍才行（见图 6）。答辩前的最后一个晚上，全班同学都在教室通宵画图，直到第二天一起去吃早饭。画图画得筋疲力尽，但结伴去吃早饭时，我竟然有一种幸福感。那种同学间相互扶持、相互鼓励的情谊，真的是一生难忘。

当然，也有一些学生经过了四年的大学生活，认为土建行业不适合自己，于是选择了转行。原因无外乎这么几种：本身并不喜欢这个专业；认为 IT 行业等其他行业薪水更高；对土建行业的信心不足；工作强度大、环境艰苦。对于我个人来说，我无法反驳这些理由，但是我还是很喜欢这个行业的。

总之，中国的城镇化道路还需要很多专业的土木工程人才，今后行业的发展肯定是要向着减少人力劳动、减少污染、增加装配式建筑的方向发展。随着 BIM（工程信息模型）的广泛应用，信息化也成为土木工程发展的一个必然趋势。希望能有越来越多的学弟、学妹们了解土木工程专业，热爱土木专业，加入到土建行业中来。

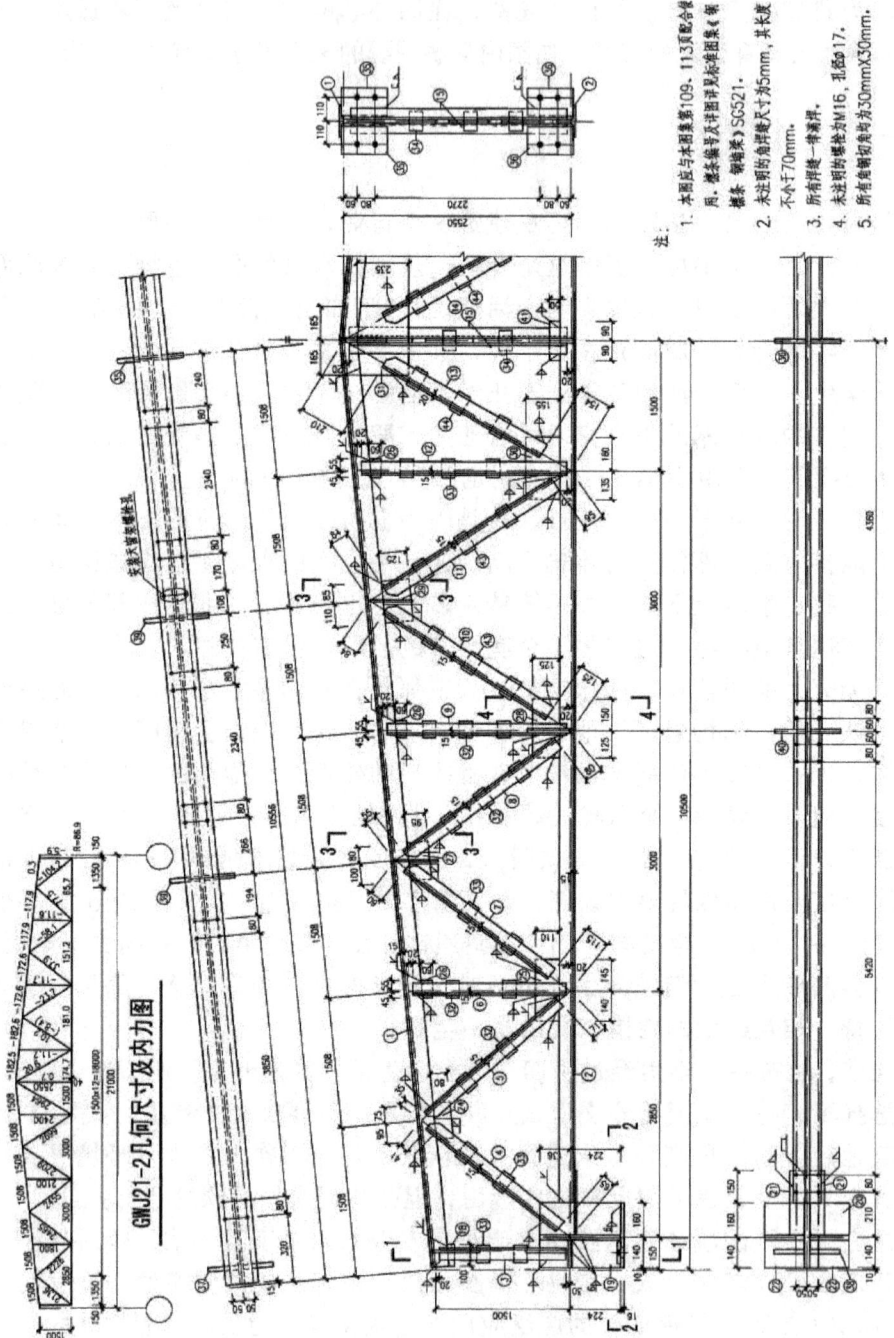

图 6 课程设计大作业

计算机专业介绍

（作者简介：屈珂，本科就读于哈尔滨工业大学信息安全专业，研究生就读于浙江大学数据可视化方向。）

一、客观介绍

1. 基本信息介绍——从名字到内涵

清华大学的网站是这样定义"计算机科学与技术"这门学科的：从事计算机科学理论、计算机系统结构、计算机网络、计算机软件及计算机应用技术等方面的科研、开发与教育工作。这个定义还是比较具体的，在计算机领域，科研和开发是有区别的。科研是研究这个问题是否可解，最优解是多少，而开发工作更多的是在可解问题上得到最贴近工业应用的算法。计算机科学与技术专业的培养重点也是注重学生在计算机硬件与软件以及计算机应用的全面训练，强调科学理论与实际应用的相互结合，努力造就适应研究、设计和应用开发的"复合型"人才。

在大部分高等院校中，计算机学院仅仅只有 1~3 个专业，但实际上计算机科学与技术的小方向太多了。每个方向适合的人群不同，比如像图形学、密码学需要比较高的数学基础，而体系结构、嵌入式系统对硬件的要求比较高。无论哪个小方向的学生都需要比较高的编程能力，这种能力通过实验课、网上在线评测系统（Online Judge）等都能够提高。

因此，对一个学计算机的学生而言，最后真正重要的反而是自制力和自学能力。对于有志于学习计算计的高中生，我推荐他们多上网看看，接触最新的技术，因为在计算机这个大圈中尽早找到自己想努力的方向是非常重要的。

2. 基本课程介绍——从理论到实践

计算机是和数学关系很大的学科，特别是人工智能、机器学习这些听起来高大上的方向，主要是靠数学系和统计学的人提出的算法，计算机的教授都很欢迎具有数学背景的学生。表1是我们大学四年主要的课程及简单介绍。

表1　计算机专业课程介绍

课程分类	课程名称	课程简注
基础课程（必修）	微积分	所有课程的基础
	线性代数	在图形学领域作用很大
	概率论	统计学在机器学习领域作用很大
专业基础（必修）	离散数学	集合论与图论为很多算法构成了框架
	数据结构	计算机编程能力的基础，有人说计算机=数据结构+算法
	计算机组成原理	理解计算机的硬件实现框架
	操作系统	理解如何管理计算机，拆开计算机的黑匣子
	高级语言程序设计	通常所说的编程课，讲的是一种编程语言
	算法	编程能力的基础
专业方向课（选修）	编译原理	主要是编程语言的实现
	计算机体系结构	计算机硬件方向的必修课
	机器学习	现在很热的方向，alpha Go（阿尔法围棋）是其中的代表
	软件工程	学习如何管理编程团队
	数据库	在大数据的今天如何有效地存储和索引数据

数据结构是一门偏软件，很有计算机特色的课程。这门课程在一些电子电信专业也会开设，其主要内容是数据的表达，如在某个算法中，需要用到一些数据，如何把它们组织起来以便更快更好地实现功能。这门课也会讲到如何用数学量化地评价一个算法的优劣，这算是计算机的基础。同时，我们需要上机编程来训练，我觉得最好的学习方法就是把各个典型的数据结构和算法实现一遍，这样能更好地理解课堂知识。

计算机组成原理是一门偏硬件的课程，它主要描述计算机的硬件连接。它的先修课是数字逻辑。我们都知道"与或非"这种逻辑运算，在电子实现中也有"与或非"的门电路，数字逻辑课程就是讲逻辑运算和实现逻辑运算的电路以及在此之上更为复杂的电路，如选择电路。在数字逻辑课程之上，我们会探究真正的计算机是怎么运作的，中央处理器（CPU）是如何理解我们输入在计算机中的命令（转换成二进制之后）。这门课很有意思，也不难学，学完之后就可以自己尝试用现场可编程门阵列（FPGA）做一个CPU。

操作系统是软件方向上的一个提升，从语言写程序，到语言写管理程序运行的程序，内容非常有挑战性，也很有意思，相信很多同学也跟我一样想过 Windows 的桌面系统是如何进行内部运行的，这门课打开了这个"黑匣子"。该课程内容比较抽象，在学习过程中需要多想多问，因为大多操作系统都封装好了，无法看到内部的情况，自己实现一个小型操作系统需要花很长一段时间，但是这也是很有趣很挑战的一件事情。

一般来说，计算机课程分为理论课和实验课，理论课一般为考试加编程项目，实验课主要由每节课的小编程作业和最后的大编程作业组成。但是就算这些实验必修课，兼得学习成绩好和编程能力强也是很难的。计算机专业需要我们在课后花很多时间；编程能力的提高需要编写代码这些实际操作的经历来提高。我的建议就是上课认真听讲，课后多编程练习。这个过程可能很枯燥，但是一定要坚持。有可能的话，在大二、大三就可以进入实验室跟老师做项目。大学里也有很多比赛，比赛获奖对以后保研、找工作都有很大的作用。大部分同学在大三的暑假都会去各大公司实习，这样不仅提升了自身素质，还为以后找工作打下了良好的基础。

另外，英语在计算机领域也是很重要的，如果要去一些国际公司工作，或者参加国际会议，使用英语交流和阅读英语论文的能力是必不可少的。

二、主观分析

1. 专业路径分析——从校内到校外

计算机专业有很大的伸缩性和潜力，能给人非常宽阔的视野，现如今的云存储、搜索引擎、移动通信、自动化、物联网、大规模集成电路、图像处理、数据挖掘、高速交换机等各行各业都和计算机交叉。从我的观察来看，计算机专业能够获得相当广泛的数字化和网络化带来的新兴工作机会，而且计算机方向会有非常多的创业机会，且与诸多领域都有交叉，将来想转行只需补足相关方向的知识就可以，比如掌握了企业内部的运作，那就可以从企业信息系统开始做起逐步进入该行业。

在计算机这个工程类学科中，哈尔滨工业大学本科毕业生之后只找工作和继续求学的比例大概是 65∶35。

2. 硕博深造（见表2）

在计算机专业中，硕士还是比较偏向实践的，大部分硕士生毕业后都会去各大公司工作，而读硕士的这两年到三年里，为他们攒下了做项目的经验，同时自己也会对某方向有更加深入的研究。所以很多公司也指明要硕士生及以上学历。同时，对于工作还是进行科研犹豫不决的同学来说，也会在这 2~3 年中对博士的科研生活有更加深入的了解，在硕士毕业期间，也有不少人选择继续读博士。而计算机博士生活则是完全以科研为主，走学术路线，因为论文的数量和质量有明确要求。另外，博士的毕业年限也是不确定的。而毕业后的博士必然在某一方向有很深入的研究，他们有的为了当教授而出国去读博士后，有的进入公司成为公司的技术骨干，有的自主创业，也有的去研究所工作。

表2 硕博深造分析

选择	优势	条件
考研	考研可以说是第二次高考，它可以让你选择你想去的学校，也有一些其他学校的同学通过考研来到了浙江大学	一般来说，考研的复习集中于大三结束后的暑假到下一年一月份的考研前，这段时间必须静心学习
保研本校（保内）	可以提早跟导师做项目	
保研外校（保外）	大四上学期有较多的时间来继续学习或者做其他事情。毕业设计也可以在要保送的学校做	需要准备面试，也可能有笔试。参加夏令营也是很好的选择
出国（英系）	时间短，硕士一般为一年，博士为四年	一般没有奖学金。不需要 GRE 和高绩点
出国（美系）	在计算机领域，美国硅谷仍处于领先地位，想进入顶尖的美国公司，去美国读研读博是很不错的一个选择	一般需要 GRE、TOEFL、高绩点。硕士学费较高而且一般没有奖学金，PHD 读的时间长，没有固定毕业年限

3. 求职创业（见表3）

不得不提，学计算机的同学很多去创业了。现在大学都很支持创新创业，据我所知，浙江大学和哈尔滨工业大学都有给大一的新生安排创新项目，让初入学的新生接触一个真正项目的流程，让学生们敢想能做。当然因为是新生，对技术还不够了解，项目的难度和成功率不一定很高，但是这给同学们以后自己做项目打下了基础。除了大一项目之外，不同学校在不同的时期也有不同的项目，还有一些创新比赛，比如浙江大学的 RSTP 等，这都给学生很多的机会去想新的点子并实现它。在创业方面，不仅仅有创业比赛，学校也对一些毕业生的创业给予支持，同时会提供一些资金和指导。

表3 求职创业分析

类 别	描 述	面临的挑战
技术管理类	岗位以产品经理为主。他们以软件工程为主，分析需求，再将具体要求分给程序小组来完成。这类工作以管理为主，不写代码，但是也需要了解程序，薪酬虽然比程序员低，但是比其他非技术岗还是高了不少	
技术类（开发）	岗位需求最多，主要任务就是开发软件	当然各个类别在不同公司有不同的具体职位。总体来说，技术类工作薪酬不错，但是加班是常态。大企业功能分化严重，重复性工作多，跳槽不易；小企业工作多，待遇也可以接受，跳槽相对简单
技术类（运营维护）	这类工作主要是看代码，修复发现的漏洞，管理服务器、数据库，回复用户问题等，是软件稳定运行必不可少的组成	
技术类（测试）	在软件发布前测试软件，发现和修复漏洞	
机关单位	如银行、民航公司等都有技术类的职位。工作比较轻松，薪资也一般，有些特殊单位还需要经过特殊的考试	生活比较安稳，专业能力得不到锻炼，基本没办法再去私企工作
研究所	研究员多数会参与国家项目，工作气氛比学校紧张，比公司稍稍轻松，但是加班是必不可少的，评职称也是一个竞争较激烈的过程。一般来说，薪酬介于机关单位与互联网公司之间	专业能力锻炼有限
创业	大学生创业是常态了，有很多支持的平台，一般大学也会拿出一笔资金出来鼓励学生创业；一个好的想法，有好的技术支持，那么创业也是很不错的选择	容易失败，很辛苦

步入计算机行业，一般薪资高于全国薪资平均水平，国内本科生年薪在10万到20万元。但是长时间面对计算机屏幕，加班现象很常见，对身体状况

影响比较大。另外，这个专业也很难学好，编程的过程比较苦闷，需要耐心和兴趣，我也见过很多人想从计算机专业转行。在渐渐人才饱和的市场，需要很强的能力，才能进入顶尖的公司。同时，计算机技术更新换代很快，需要一直保持学习新技术和新方法。

三、综合分析与展望

1. 学海泛舟分享——从自我到你我

我认为，高考是人生一个很大的转折点。我从湖南省的一个小县城以一个仅仅高过录取分数线5分的成绩来到2956千米之外的哈尔滨，专业是工业设计。我并不觉得大学就是像很多人想的那样尽情地玩；大学能够做自己想做的事情，学到很多有用的东西。因为我还是很想试试第一志愿计算机专业，于是通过大一的基础课的努力学习，大二初期，以专业第一的成绩转专业到了计算机系的信息安全专业。

转专业并不轻松，要补课，还要努力学好第一年落下的编程技能。另外，大二下学期的时候我申请了大三去韩国高丽大学交流一年的项目，并幸运地选上了。大三在韩国交流的一年里，不仅让我的英语交流能力有了很大的提高，对于出国的意义也算是有了真正的理解。交流的利在于去一个新的国家，可以跟不同国籍的同学交流，学业也相对轻松。而弊在于，很难进入实验室，一些国内的比赛无法参加，保研的信息也无法得到，同时，课业的轻松也代表着学到的东西有限。为了弥补这一点，在回国之后我在香港大学带薪实习了一个半月。实习的职位是学生研究助理，做的工作也和大学上课不一样，导师给个目标，然后自己去找论文找解决的方法，每周跟导师见面报告进展，遇到的问题导师也会给出一个较好的解答，现在想来和研究生的生活很像。同时，认识了很多很优秀的同学，但是一个半月的实习时间太短，做的东西也不够多，算是初步了解了科研生活。大四的时候我参加了浙江大学的保研面试，顺利地被录取后就来到了这个学校。身边的同学有的考研去了上海交通大学，有的保研了本校，有的选择了出国，也有去工作的。保研本校的同学早早参与了实验室项目；考研的同学在大四上学期过着有规律的类似高三的生活；出国的同学在上学期积极准备着英语考试和一些材料。不同的人在不同的学校过着不同的生活，我认为计算机专业最出彩的地方也在于，无论你在哪里，无论你的出身，只要努力，在这个到处都能学习的网络上，你就能做到最好。当然同时，找准方向的指明灯也是必要的。

2. 关于转行

一般来说，从计算机转去别的专业也是很吃香的。毕竟现在各个领域都会用到计算机。比较热门的一些专业有经济学、电子、通信等。现在很多大学也开设了一些交叉学科，比如计算机加经济得到的计算金融学。

在求学过程中，计算机专业对于自学能力有很大的提升，因为课本上的都是系统的基本的东西，而真正实用的都需要自己去网上学习。不管是普通学习，还是自己在网上找到东西来学习，这种能力是其他专业也都需要的。

在找工作中，也有很多学计算机的同学找管理或者销售、策划类的工作。在一些互联网公司，销售、策划等有一定的知识背景也是很有优势的。同时，在各行各业计算机化的今天，学习软件的成本在有计算机基础后也降低了很多。

3. 关于兴趣

兴趣对于计算机专业来说是很有必要的，虽然做出来的东西很绚丽，但是写代码、调试、提高编程能力的过程是很枯燥无味的，如果没有足够的兴趣支持，很有可能在中途就会放弃，比如说很多学生最后会选择去做产品经理或者去银行来避免写代码。而那些业界精英都是对计算机有着极高的兴趣，课余觉得看源码做项目都是很有意思的人。

4. 幸福感

程序员最大的幸福感大概是来自对自己程序的认可，如果自己的程序有很大的价值，被很多人采用，就会有很大的成就感和幸福感。

物联网工程专业介绍

（作者简介：刘兆洋，本科就读于哈尔滨工业大学物联网工程专业，保研至上海交通大学计算机科学与技术专业，专业方向为城市数据挖掘。）

一、我的专业

我的本科专业是物联网工程专业，比较小众。现在还记得当时选择这个专业的初衷，竟然是受到我高中同桌的"蛊惑"，他深刻给我灌输了"通信工程是第四次产业革命，物联网是第五次产业革命，老哥，你要把握时代发展的动向，成为新时代的人才"。现在回想起来，还是蛮感谢我的老同桌的，让我选到了一门充满活力的专业，带给自己很多的满足和快乐。

1. 专业简介

其实呢，物联网工程，是一门交叉学科，涉及计算机、通信、电子等诸多学科。按照百科的定义，物联网是基于互联网、传统电信网等信息承载体，让所有能够被独立寻址的普通物理对象实现互联互通的网络。简单地说，物联网是互联网发展的一个子方向，除了传统的计算机、手机、平板实现网络互通，希望身边各种各样的电子设备都能够实现网络的连接，智能感知周边的环境，作出智能调控。具体来说，物联网可以应用到生活中的各个领域，如智能家庭、农业、交通、电网等。智能家庭中（见图1），空调、电灯可以感知家庭的温度和光强，通过它自动调控室内的温度和照明；智能农业中，传感器能够感知土壤中的水分和太阳光照，通过它进行智能灌溉；智能交通中（见图2），车辆之间实现网络连接，前方的车辆将路况信息告知后方的车辆，辅助后面的驾驶者选择路线，如果通信是实时畅通的，甚至能够实现一定程度的自动驾驶。在不同领域应用的过程中，始终离不开物联网最重要的两个概念：一个是感知，感知周边的环境，收集信息；另一个是控制，将感知的信息处理后进行相应的智能控制，作用到周边环境上。

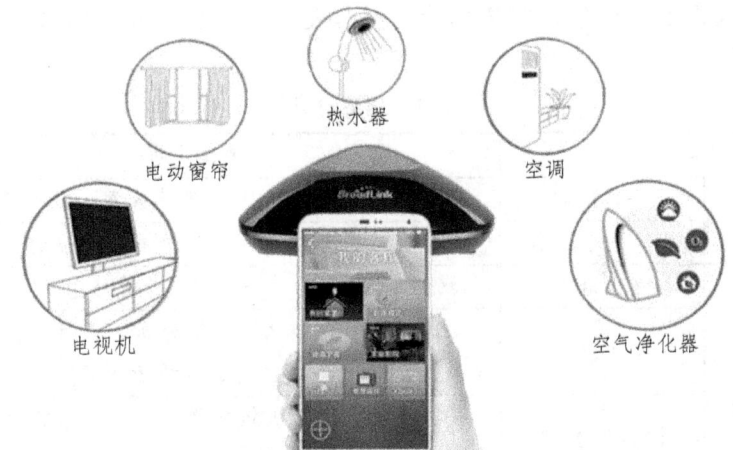

图 1　智能家庭

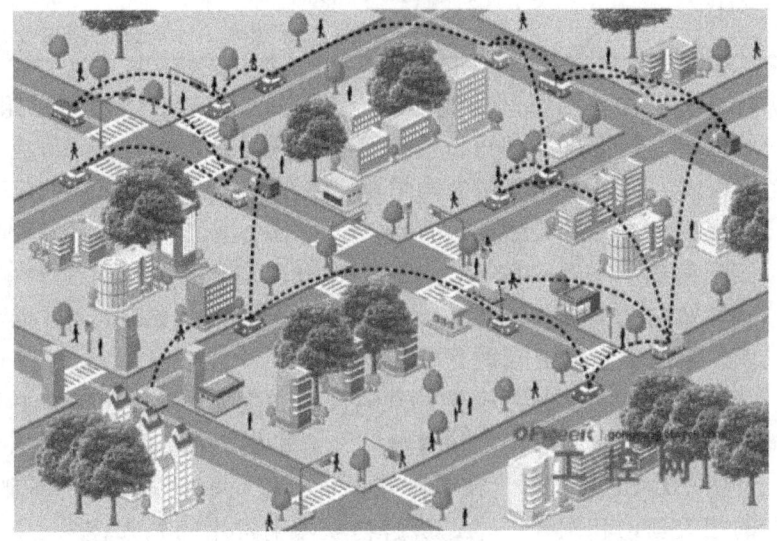

图 2　智能交通

2. 课程设置

哈尔滨工业大学四年的学习生活，让我对物联网的这两个概念有了更深的认识。首先，培养计划中，学校的培养更偏向于上层的应用开发，专业最初设立在软件学院，与软件工程的交叉性较大，现在则整合到计算机学院，培养计划中会增加底层的硬件和电子电气的相关内容。以我本科的经历，课程安排方面如表 1 所示（后续培养方案也会变动）。基础课程方面，数学课程是重点，对于继续深造的同学，很多研究生方向需要学生具有较好的数学基础。专业课程上，侧重计算机理论、编程能力、工程素养、物联网理论技术四个方面的培养。

表 1　培养计划

课程类型		课程安排
基础课程	基础数学	高等数学、线性代数、离散数学、概率论
	其他基础课程	大学英语、大学物理、C语言程序设计
专业课程	编程语言	Java、Java EE、C++、C#（选修）
	软件开发	面向对象建模技术、系统分析与设计、软件开发过程与项目管理、软件测试与质量保证
	计算机基础	数字逻辑、计算机组成原理、数据结构与算法、数据库系统、操作系统、编译原理
	物联网	物联网工程概论、物联网感知技术、物联网智能信息处理、无线传感器网络、移动终端开发技术

（1）计算机理论：物联网的发展离不开计算机基础，计算机的组成、操作系统、编译器、数据库，都可以应用到物联网的设计中。

（2）编程能力：对于动手能力的培养，主流的编程语言都是可以选修的，相应的实验课也会有不少有趣的编程练习。比如 Java 实验课上，不到 300 行的代码，实现简单的一对一聊天，实现互动和收发文件；嵌入式课程上，借助传感器感知室内的温度、湿度、光强，分析传感器收集到的数据后，通过蜂鸣器或者开关模拟室内电器的智能控制。

（3）工程素养：主要学习软件开发的设计和建模、项目管理的主要流程、软件测试的主要环节，能够将你培养成一个合格的软件开发和管理人才。

（4）物联网理论和技术：在基础知识学习和动手能力培养的基础上，学习物联网的相关理论和主要技术，讲解物联网中常用的感知技术、网络传输方式、数据处理算法，从而搭建完整的物联网应用。记得在无线传感器网络课程上，讲解加州大学伯克利分校的智能尘埃（Smart Dust）项目，当大量的如尘埃大小的传感器应用到军事领域的时候，传感器如何通过协作的方式传输数据，最终将数据汇总到我方基站，达到有效侦察敌情的目的。

3. 发展方向

如表 2 所示，毕业去向方面，出国深造、国内求学、直接就业都是不错的选择。

表2 毕业去向

毕业去向	具体去向
出国深造	以我们班为例,不少同学选择香港和澳洲的高校继续深造,学习计算机和物联网的相关知识
国内读研或直博	国内著名高校都是同学们的主要去向
就业	国内主流互联网企业,参与互联网产品的开发和设计;物联网企业,参与物联网产品的设计

求学方面,不必多说,可读研或者直博,可到国内的著名高校,美国、欧洲都有很多不错的高校,继续进行物联网或计算机其他方向的深造。国内读研的话,目前还没有专门的物联网研究生方向,多是放在计算机科学与技术里面,作为子研究方向,解决物联网中网络协议、传感器设备、数据处理等各个问题。而对于国外求学和想进一步体验国外生活的学弟学妹,物联网、计算机、软件的相关专业可以说是留在国外就业的王牌专业。

如果直接就业的话,一方面,可就职于国内的互联网行业,如百度、腾讯、阿里、华为这些顶级的互联网企业或是创业公司,这些都是不错的选择。本科毕业可以签到20万元左右的年薪,研究生可以达到20万元以上的年薪。选择大公司,技术储备、公司文化、管理经验,对于刚刚步入社会的学生,都是很好的学习和积累。选择创业公司,依托国内良好的创业氛围,能够更好地施展你的才华,释放你的抱负和想法。另一方面,物联网行业是这两年的新兴行业,而且涉及领域较广,主要是一些中小企业,如无锡是国内的物联网基地,有很好的发展前景。这两种行业的,工作氛围都会比较轻松,年轻人是行业的主力。但与此对应的是工作强度很高,加班是常事,所谓的"996"(朝九晚九,周六上班)可不是谣言,要做好心理准备。

最后,对比计算机和软件工程专业,从专业优势角度来看,物联网作为国家的战略目标之一,行业发展前景很好,人才缺口很大,通过我们目前的生活,你也能感受到物联网是未来的必然趋势。而劣势在于,物联网作为新兴学科,人才的培养和课程设置都在探索之中,涉猎的内容太多,反而学生并不精通,需要学生自我定位方向,有所侧重地课下补充。计算机和软件工程专业的培养体系则比较成熟,面向的行业和深造的方向也都比较明朗。计算机软硬兼修,理论培养更为完善,为继续深造打下了良好的基础;软件工程偏向工程化培养,适合直接就业。

二、我的大学

回顾大学四年的生活，真的很充实，很精彩。不同于高中忙碌的学习，在大学，对于喜欢的东西，可以放手去追了；对于有趣的点子，可以拉上一群小伙伴，去实践了。如果想要在大学过得精彩一点，那就一定要敢想敢做，明确自己想要的东西，享受追求的过程。

学业、竞赛、项目构成了我大学生活的主旋律，竞赛和项目可以说是对学业的最佳实践和提升。

学业方面，建议打好基础，积极学习课内的理论，锻炼自己的动手能力。除了课堂上学习的内容，可以尝试课外的大型开放式网络课程（MOOC）。MOOC 上有很多世界一流大学的课程，能够很大程度上扩宽自己的知识面，加深对课内知识的理解。我本科阶段，学习过的 MOOC 课程大大小小也有十几门课程，涉猎很多专业内外的内容，甚至上过一些文化、经济学的课程，这些对自身综合素质的培养都很有帮助。

竞赛方面，非常鼓励学弟学妹们去参加。参加竞赛的过程，能够充分锻炼自身的专业技能，也能结识不少的朋友，跟他人思想碰撞的过程，也是自身学习和提高的过程。各个学科和专业都有不少国内、国际竞赛，可以个人参加，也可以组队参加。竞赛的过程中，你可以实际践行自己的想法，说不定你的一个不经意的小想法，最终就被评委或风投看中，将想法变为现实，这种自豪感应该不言而喻。

项目方面，我本科就进入到学院老师的课题组，跟着导师做课题和项目。我主要接触的还是实际的工程项目，与公司进行合作和对接，参与并完成项目的开发。实际项目主要是对工程能力的培养，一方面，编码能力上的提高，更加规范，考虑更多用户的使用习惯，提高了软件的稳定性，让你设计编写的软件真正具有实用性；另一方面，工程素养的提高，学会与组员的沟通合作，学会理解用户的需求，设计符合用户需求的产品。

此外，建议大家本科阶段多跟大学老师接触，这能让自己的学习和提升少走许多弯路。老师会为你分析当下的行业趋势、研究热点，以及应该储备的技能，可谓是职业生涯的引路人。而且，高校的老师一般都很和蔼，很快能成为你的良师益友，听听老师当年的传奇经历，是件非常有意思的事情。

当然，大学里面，也有其他的精彩生活。社团、学生会，建议学弟学妹们在大一的时候多多参加，这样能够结识很多其他专业的新朋友，一起策划、宣传和组织活动，不时来个聚餐，都是非常有趣的经历。同时还可以做交换生，无论是国内还是国外高校的交换，都建议去参加，体验不同的环境，结识不同的人，扩展自己的眼界，这对自身的提高都非常大。

三、未来展望

物联网是一个日益复杂的生态系统。生活中下一代自动化或者新技术都会使物联网的实现变得更加容易和便捷，相应地，我们在家中、工作中和生活中的方方面面都会得到改善。从冰箱到停车场再到智能房屋，物联网将会给我们数字化生活带来更多内容，在不久的将来，物联网将会成为一个数万亿美元的产业。从目前来看，全球物联网发展有以下几个趋势：

1. 物联网设备的多样化

物联网设备不仅仅是传感器设备，更多的移动设备涌现，比如智能手机和手环，收集我们日常的生活数据和各个行业的生产数据，智能感知、处理和控制。

2. 物联网与人工智能

随着计算机设备计算能力的提高，海量数据的处理和分析成为可能，人工智能的大量应用，让我们见证了智能语音的普及、阿法狗的惊人战绩以及无人驾驶等。物联网中采集设备收集的数据量更是远超现有互联网产生的数据，结合人工智能，必将产生巨大的价值。

3. 物联网连接技术

Wi-Fi、蓝牙、低功率 Wi-Fi、Wi-Max、以太网、LTE 和最近兴起的技术 Li-Fi 都将应用在物联网的不同领域。不断探索低能耗、高稳定性的连接技术，能够不断扩展物联网的应用。

4. 物联网垂直领域化

物联网的发展，需要进一步的垂直化和领域化，深入到医疗、工业、交通、家具等各个领域。针对不同的领域，设计不同的网络协议和智能设备，从而革新我们生活的各个领域。

5. 物联网安全

随着物联网的发展，物联网安全应得到更多的重视。由于海量的物联网设备接入网络,每一台设备都可以成为被攻击的对象,这对我们的人身和财产安全都会造成威胁。

在这种趋势下,物联网发展存在非常多的可能。如果你真的感兴趣的话,创造下一个可能的人就是你。科技的发展也是一次又一次的浪潮,把握时代的脉搏才能够成为"弄潮儿"。所以建议有志学习物联网工程专业的学弟学妹们,多一些耐心,可能不同高校的培养方案会让你有所茫然,会让你觉得领域太过空泛。但后续的硕士和博士生涯,会让你真正聚焦物联网领域一个个实际问题,毕竟"学海无涯苦作舟",做一流学问也要耐得住寂寞,吃的了苦。如果你真的喜欢,付出你的青春就是值得的,享受过程,做令自己最自豪和骄傲的事吧。

四、后语

目前,本科毕业的我,也选择了继续深造的道路,聚焦在轨迹数据挖掘一点上,可以说是跟智能交通比较相关吧,主要是对城市交通产生的轨迹数据进行处理,学习城市交通中的用户模式,为城市交通的建设和调度提供建议。

对于物联网工程专业,还是需要一点耐心,毕竟这是一门新兴专业,人才的培养、课程的设计也都在探索阶段,不同高校对于物联网工程学生的培养也都有不同的倾向。如清华大学、北京大学、浙江大学、上海交通大学,没有在本科开设物联网工程专业,而是在硕士博士阶段开设物联网的专业方向,将物联网领域的各个问题进一步细化,在硕士和博士阶段进行培养。

五、附录

大学时期的照片(见图3)。

(a)

(b)

(c)

(d)

(e)

图 3 大学时期的照片

哈尔滨工业大学物联网工程专业排名为全国第四（见表 3），参考 2016 年榜单（http：//www.dxsbb.com/news/1891.html）。

表 3 物联网专业排名情况

物联网工程专业大学排名	学校名称
1	西安交通大学
2	武汉大学
3	华中科技大学
4	哈尔滨工业大学
5	北京理工大学
6	重庆大学
7	北京科技大学
8	西北工业大学
9	南京航空航天大学
10	湖南大学
11	吉林大学
12	武汉理工大学
13	西南交通大学
14	南京邮电大学
15	河海大学
16	江南大学
17	西北大学
18	太原理工大学
19	江苏大学
20	东北大学秦皇岛分校

汽车工程专业介绍

——学汽车就要去修车么？

（作者简介：徐成，研究生及本科均就读于清华大学车辆工程专业，目前就职于上海汽车集团股份有限公司。）

请原谅我在副标题中开了个小玩笑。首先解释一下，我之所以使用这么一个标题，是因为上大学后朋友问起我的专业时，一听说是学汽车工程的，第一反应都是问我毕业后会从事修车行业么，我当时都会一本正经地回答说"不是，是做汽车设计的"，结果现在我既没去当修车师傅也没去做汽车设计师。

一、美丽的小错误——我的专业抉择

当初选择专业的时候，其实我最憧憬的是机械专业，一方面是因为家长希望我去学机械，另一方面也因为我从小就对各种零件结构比较感兴趣，所以自己也觉得这个专业不错。可惜天不遂人愿，正想填报时，招生的老师告诉我机械专业已经招满了，建议我选择学习内容相近的汽车系。和父亲简单商量后，我就这么误打误撞地进入了车辆工程这个领域。现在回过头一想，幸亏当初没选机械，进入大学后才发现机械系那"不科学"的男女比例真是让人敬而远之。

二、专业课程

让我们言归正传聊聊我的汽车工程专业吧，我们学校车辆工程专业在本科阶段分两个方向：发动机、底盘和车身方向。我主修的是发动机和底盘方向，所以对车身方向了解不多，只知道其基本课程似乎与发动机和底盘方向差别不大。除此之外，我们还会和美术学院一起上美术方面的课程。所以下文我重点介绍车辆工程（发动机底盘方向）的学习内容。

车辆工程本科阶段，大部分课程都和机械系、精仪系一样。车辆工程专

业本科阶段除了数学、英语、物理、化学、力学、电工电子和 C 语言等基础课之外，专业课程主要是机械制图、机械设计、汽车构造、发动机构造、发动机原理、控制工程和汽车电子等课程，剩下大把的时间可以选择自己喜欢的选修课，如 16 位单片机、Java 编程之类的课。

车辆工程研究生阶段也是分两个方向，将发动机和底盘分开，不再设车身方向，我修的是底盘方向。研究生阶段底盘方向课程不多，专业课也不那么专了，大部分是一些理论方法之类的课程，如信号分析、模式识别等。至于研究生阶段的课程选择和安排则十分灵活，除了很有限的几门专业课外，学什么课程基本上都是自己和导师商量决定，如果导师同意，甚至可以去上些艺术类的选修课。

三、课外活动

除了课程之外，课外活动也是相当重要的一个组成部分，你可以加入各种五花八门的社团组织，过上丰富的课余生活。比如我在大学期间就参加了我们系的一支车队，还加入了科协、台球协会等组织，现在想起来，在这些组织里的经历给我留下的印象有时候比课程学习还要深。

总而言之，虽然车辆工程专业最初不是我的第一选择，但是对于这个选择，我一点也不后悔，因为这个专业实实在在让我度过了充实的大学生活，相信绝大部分人大学毕业后也都不会后悔自己当初选择的专业。

四、专业发展

选专业这件事重要吗？当然重要，如果选了一个自己反感的专业，估计大学生涯不会很痛快。但是有那么重要么？我觉得也大可不必过于纠结，专业有时候只是一个大方向，具体如何发展还是看个人如何选择。极端一点，专业有时候仅仅是个名字而已，完全可以在大学期间上自己喜欢的选修课，自学自己感兴趣的知识，加入自己感兴趣的社团，最终毕业时，专业名称也就不那么重要了。

也许有人会说，专业选得不好工作都找不到，我不太赞同这个说法：第一，既然设置了这个专业，那么就有其存在的道理，任何一个专业只要你能成为里面最专的那一部分人，那你就是那个专业领域的专家；第二，现代社会是一个多元化的社会，各行各业不再封闭，许多行业都需要跨领域的人才，以我现在所在的上汽为例，上汽以前是一个传统的汽车制造企业，但是随着科技发展，其需要的不再仅仅是汽车行业的人才，材料专业、计算机专业等专业领域的人才，上汽一样求贤若渴。说到专业和工作的关联，我举个例子，同专业的本科同学，有3个去了咨询公司，还有1个去了苹果公司。他们跟我一样都是车辆工程专业，和金融、手机、计算机、APP并没有直接关系，但是还是成功转型到该领域里了。再说我自己，虽然是车辆工程专业，但是论修发动机我比不上蓝翔的师傅，论车辆造型我也比不上美院的艺术生们，我现在从事的工作是智能车辆应用开发，与我选的专业关系不大，我们同事有学计算机的，有学自动化的，还有学数学的，总之，专业和工作没有必然联系。

那么我的专业到底让我学到了什么？对于本科阶段来说，我觉得让我收益最大的是一些公共基础课程和专业基础课程，比如数学和机械原理，这些课程让我有了一名工科生的基本素养，有能力运用所学知识解决部分实际问题。同时，我在本科时加入了节能车队，在车队里我就运用学到的机械知识自己设计车架、绘制图纸，最终交付加工组装，其对动手能力的锻炼不是课程学习能够直接给我的。对于研究生阶段来说，学到的东西跟专业可能就更不相关了，重要的是自己课题的选择，在做课题的过程中逐渐训练自己独立进行科学研究解决问题的能力。总的来说，我认为所选专业的专业知识并不是最重要的，反而是在专业课程学习中锻炼的学习能力才是我最大的收获。

再回归专业本身，车辆工程专业毕业除了少数人去投行、咨询公司之外，大部分人还是从事与汽车或机械相关的工作，比如车企和航天院所。但是，现在汽车行业不再是单纯的制造行业，而是慢慢发展为一个高科技行业，新能源、新材料、物联网和人工智能等方向已经是车企重点发展的技术方向，未来的汽车都是向电动化、轻量化、智能化、网联化的方向发展，从近几年自动驾驶技术的火热发展可见一斑。若是想从事汽车行业的相关工作，在车辆工程专业研究生阶段可考虑研究这些相关技术方向，这对未来的发展应该会有帮助。

五、选专业的建议

关于专业选择，我有几个建议：第一，根据自己的爱好选择一个相关的专业。我爱好机械结构，所以选择了汽车，这里我还要说个事例，我一个高中同学Z当时和我一起选专业，结果他选择了数理基科，就是数学物理基础科学，当时他父亲就有点不同意，说这个专业以后不好找工作，但是Z同学坚持自己的选择，说他就是喜欢物理，最后他父亲还是依了他。现在Z同学准备出国读博士，以后做一名大学老师，他当初的选择在我看来就是最合适的选择，毕竟适合自己的才是最好的。第二，既来之则安之。选定专业后，努力学好本专业的基础课程是没有坏处的，在综合性大学里，本科阶段的学习远没有想象中那么专业，学好基础课程，一定能够锻炼自己的学习能力。第三，充分发挥主观能动性。以我的经历来看，专业并不会强烈限制你学的知识，大学是一个自由的地方，即使觉得专业不合适，只要有心，完全可以学习与专业无关的知识来充实自己，如果只是一味地抱怨专业没选好，即使换到所谓理想的专业，也难以获得什么成绩。

最后，我回答一下我标题提出的问题，学汽车就要去修车么？显然不是。

电子信息工程专业介绍

[作者简介：牟诗漩，本科就读于哈尔滨工业大学电子与信息工程专业，研究生就读于哈尔滨工业大学（深圳）无人机自主协同编队方向。]

各位学弟学妹大家好，很激动能给大家传授我的经验，下面我就来给大家揭秘我所学的专业——电子信息工程专业。

一、专业基本介绍

电子信息工程是一门应用现代化技术，进行电子信息控制和信息处理的学科，主要研究信息的获取与处理，以及电子设备与信息系统的设计、开发、应用和集成。

我们的生活中时时处处都需要接收、发送和处理信息，如电话、雷达、天线、汽车、飞机、船舶、卫星、空间站、人与人、人与机器乃至机器与机器。这门学科研究的就是信息在发送、传递和接收中发生的事情，也包括如何将人类能理解的信息编码于传递的信息以及收到信息之后的解读。通俗地说，我们学习的是如何用电路、电磁波、计算机知识达到传递信息的目的，并且致力于传递得更快、更准确。电子信息工程是一门应用性强且不可或缺的学科。

二、培养目标

我校要求，作为一名电子信息工程专业的毕业生，你应该"熟练阅读、理解和设计电路""熟悉通信系统原理并能进行简单设计""熟悉单片机并能使用单片机进行程序设计""熟悉电磁波、天线理论""熟练编程，实现对信息的处理""一定的（弱于数学专业但高于大部分工科专业）数学能力""一定的（很高的）数理统计知识""熟练阅读英文文献和技术文档"。虽然这些表述对于高中生也许不太好理解，但事实上这确实是最精炼的概括了，并且这些能力将在四年的耳濡目染，在课程、实验、作业和项目中锻炼出来的，最后化作你的能力，在你处理每一件事时体现出来。事实上，在培养目标里列出的诸多能力中，只要在其中一项能力上有突出表现，就可以有理想的职业发展，电子信息工程的职业路径非常宽广。

三、课程介绍

电子信息工程学院除了电子与信息工程专业，还有通信专业、信息对抗专业、遥感专业和电磁场专业，这专业开设的课程基本差不多，在此就一并介绍了。所有课程大上体分为数学、英语、政治，专业课和其他五个系列。不管在哪个学习阶段，数学课都是最重要的课，学好数学之后学习其他学科都会事半功倍，觉得非常快、非常轻松，而且作为一个数学不太好的同学，我觉得学好数学并不需要很多天赋，主要靠认真用功。

专业基础课大致分为电路硬件系列、信号处理系列和电磁波系列。

电路硬件系列主要是学习各种电路知识，学习设计各种电路实现对信号的处理，比如放大、缩小、去除噪声等，需要设计芯片，学单片机、FPGA之类的知识，以后可以做硬件工程师。

硬件搞得好，本科毕业就可以就业，做技术或者研发，待遇因个人能力和公司水平而异，但总的来说很优厚。而且很容易在实战中积累非常宝贵的经验，培养核心竞争力，成为公司不可或缺的技术人才，职业前景稳健，上升趋势明显，但对个人能力要求高。

图1是高频电子电路课程用的实验箱，其中的每一个小模块代表一种功能的电路，如"产生震荡""放大信号""电源""计数器"等。我们通过插拔导线来控制特定部分按照一定顺序接入电路，从而实现一些有趣的功能，再用图2的仪器观察信号的变化，分析电路的性能。

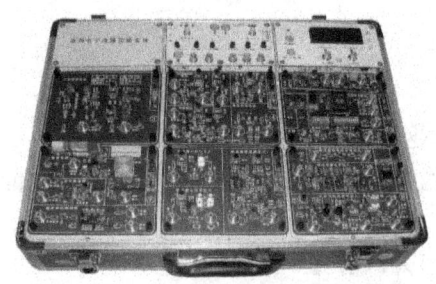
图1 高频电子电路实验箱

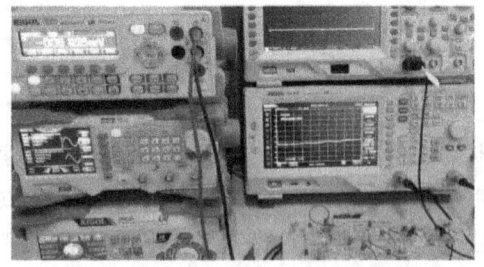
图2 频谱仪、示波器等常用信号监测仪器

"信号处理系列"本质上就是数学，运用数学方法处理信号、图片、视频，如果有意往计算机方面发展，这部分理论基础知识会很有帮助。因为计算机的实践也是需要具体的应用场景，这方面学得好很容易从事交叉学科的工作。

做处理的基本要搞算法，本科毕业想搞算法需要特别优秀的人才，研究生毕业搞算法的就业机会不如搞互联网的多，但是还是有机会的，并且待遇优厚。

"电磁波系列"主要应用的是无线通信，不管是手机信号，还是各种声呐雷达，只要是无线信号都属于这个范畴，学习内容主要是数学和物理中电磁场、电磁波的知识。电磁波系列基本是人人痛恨的"天书课程"，学起来很难，但熬过来并最后选择了电磁波作为职业方向的人，都会面对一个"根本没人跟你抢饭碗"的愉悦处境。

大三、大四各专业分科：通信方向学习更多的通信知识，包括通信原理、信道编码等；电子工程方向开始学习各种雷达知识；信息工程要学图像处理、模式识别等课程；电磁场方向开始学习更多的电磁波课程。

信息工程更好找工作而且待遇更优厚，通信方向紧随其后待遇相当。

在刚刚接触这些课程时，可能会觉得这些课程毫无关系甚至毫无用处，但开始实践时就会发现，每一门知识都是至关重要不可或缺的。比如在"小车编队"这个项目里，设计、制作小车需要用各种知识，如图 3 所示。小车之间的通信需要用到通信原理和电磁波的知识，而信号与系统是通信知识的基础，数学知识又是信号系统、电路和电磁波课程的基础；根据小车的传感器收集到的数据判断小车如何避障的算法，需要算法方面的知识，计算机课程是基础；把算法写入小车让小车按照算法走，则需要 C 语言方面的知识。

课程安排里有很多实验和课程设计，需要接触很多新软件，这些都不是课堂知识，需要自学。不管是自己看技术文档，还是和同学商量，对自己来说这些课程都是非常好的学习锻炼的机会。想成为一个优秀的工程师，就必须要有面对这些不懂的东西硬着头皮钻研明白的精神，但同时，这些非常有难度的实验和课程设计都能在网上或者师兄师姐那里找到答案。

四、未来方向

我现在在哈尔滨工业大学深圳研究生院研究无人机协同，其他研究方向还包括机器学习、手势/人脸识别、虚拟现实、增强现实、软件开发、5G、认知无线电、深空通信、水声通信、车联网、互联网经济、通信中的资源配置、生物医学工程等。

我们班有一个本科做硬件的同学目前在深圳海能达做研发，月薪第一年达九千元，另外我们班还有在中兴、华为、华星光电、各种互联网公司的同学。

继续深造的同学有去清华研究雷达的，有去上海交通大学研究数据挖掘、视频编码的，还有去中科院研究对撞机的等。

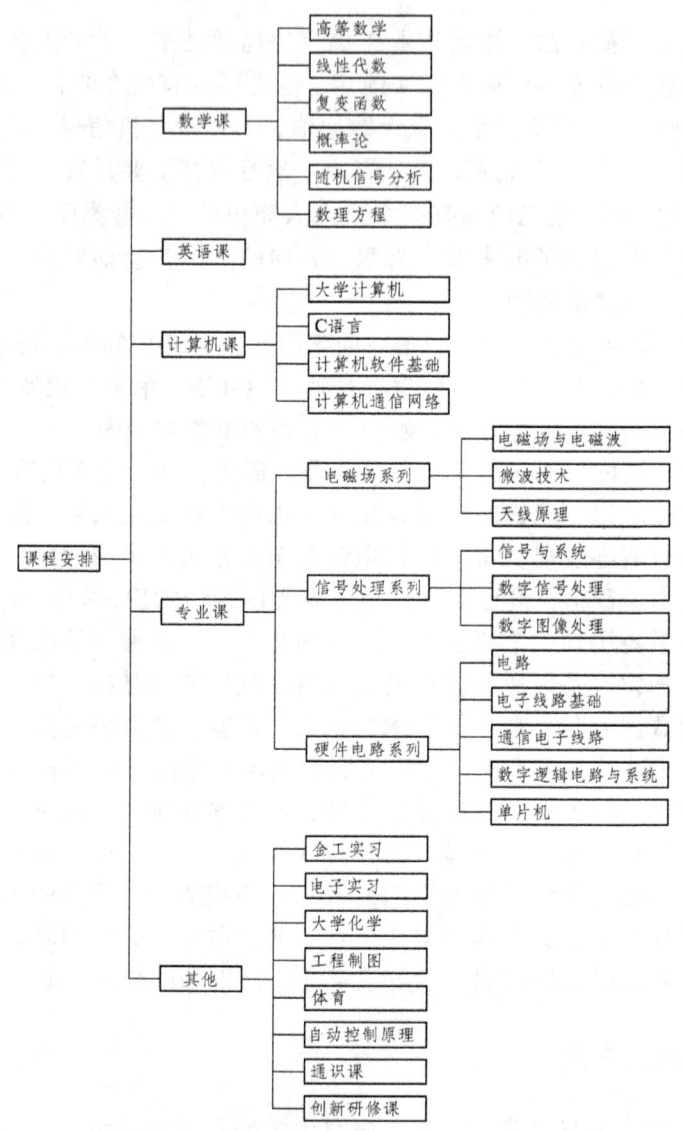

图 3 电子信息工程专业课程安排

五、关于工作

由于电子工程本科所学的知识涉猎范围很广,所以可以有很多不错的职业选择,以其中某个方向的知识为基础继续深造或者在工作中精益求精,可以有非常了不得的成绩。比如有的同学研究现场可编程门阵列(FPGA)很精,毕业以后成为了薪水完全高于同龄人的 FPGA 工程师。总的来说,通信行业是比互联网行业的门槛要高一些，但入行成为行业精英之后职业寿命和知识更新的压力却比互联网行业要小很多。

电子信息专业转到互联网行业也很容易，虽然我们不学操作系统、数据结构、算法这些计算机专业基础课，但是我们对计算机和编程是有一定了解的，转行去计算机比其他专业更容易。很多公司招聘的时候，会把专业门槛定为"计算机、电子信息工程相关专业"，这意味着电子信息专业有很大的就业面。有转行意向的同学要在本科期间学习一些知识，最好自己亲自动手参与一些项目，跟着老师、跟着社团或者自己参加比赛、进行实习，就可以找到互联网方面的工作，如果研究生期间直接转到计算机专业或者从事计算机类的研究，那么转行就更顺理成章了。找行业相关的运营/产品/销售/行政岗位也很容易，比如去互联网公司的招聘页面查看就知道他们倾向"计算机或电子信息工程专业"出身的同学。不只对口的岗位，各种岗位都喜欢找电子信息和计算机出身的同学，总之有技术背景，做什么岗位都容易一些。

大体上来说，现在通信已经没有过去那么热门了，但仍然是非常不错的专业方向，作为电气时代和信息时代的混合专业，待遇没有计算机专业高，但是还算是不错的。

六、心得

作为电子信息专业一位普通学生，四年来有两件事情确实融入了我的骨血，成为我的本能：第一条是对知识的态度，不管行内行外，处处都是学问，学习从来不止于自习室里，每一分钟都是在观察和学习；第二条是对问题的态度，上到项目攻关下到找路、订餐，从无到有，抽丝剥茧地一步一步解决问题确实是非常有快感的。如今我（和我的朋友们）大多数情况下不管遇到什么难题都能硬着头皮上，即使从来没做过也不会打怵，这种品质在以后的生活中还是非常难能可贵的。

本科对一个人的价值观的影响和塑造非常重要，在这方面我觉得我的学校、我的专业都做得非常好。人的兴趣方向是会变的，但是好奇和肯钻研这些特质是不会变的。时代的风潮不知会吹向哪，还是应该多学些东西，不管以后兴趣点偏到哪，都有扎实的基础可以迅速投入。所以在我本科期间，我最大的遗憾就是没有扎扎实实地打好基础，在这里真诚地奉劝各位学弟学妹，上大学不是学习生涯的结束，而是开始，请不要懈怠，端正态度，保持良好的学习习惯。大学是重塑价值观、建立思维模式、改变人生轨迹的黄金时期，请一定要抓住这个机会，充分利用大学提供的宝贵资源，建立起学习、思考、解决问题的能力和习惯，打牢基础，受益一生。

功能材料专业介绍

（作者简介：曹盛玲，本科就读于华中科技大学材料科学与工程学院功能材料专业，保研至华中科技大学材料学院攻读硕士学位。）

一、专业基本介绍

1. 定 义

很多老师上课都会提的问题是：材料是什么？定义材料很难，材料是物质，但是不是所有物质都能叫作材料，只有具有一定功能，并且能被人类社会所接受的经济上可使用的物质才能称作材料。材料通常分为结构材料和功能材料。功能材料是指通过光、电、磁、热、化学、生化等作用后具有特定功能的材料。但是现在不少功能材料和结构材料在某些方向是一致的，比如生物医学材料。

在华中科技大学，功能材料专业是比较新的专业。随着功能材料的迅速发展与应用，2011年研究功能材料的学科从材料专业中脱离出来自立门户。

2. 培养目标

很多老师说，功能材料专业是"万金油"，因为功能材料专业培养学生能创造性地运用材料科学和工程、物理、化学、生物医学、能源科学等学科的相关基础理论，并掌握与运用多种测试技术来探索各类功能材料及其器件的相关功能。我们需要掌握很多专业的基本知识和基本能力，这对个人的能力要求还是比较高的。讲授材料科学基础的老师说："材料专业不需要培养专业人才，如果毕业后的你们拥有的只有专业技能，那你们还不如去读技校或专科，所以我们的课程设置偏向于理论知识，希望你们掌握更多的是学习和研究的能力。"我很赞同这种观点，对于"材料人"而言，专业知识、专业术语已经成为常识，你会知道从事某些研究工作需要哪些知识，并且具备自主获取这种知识的能力，这就是功能材料所培养的目标。目前，跨学科产业盛行，材料的学生在这方面还是很有优势的。

3. 开设课程（见表1）

表1 课程设置

基础课程（多为数理类和工科专业基础类）	微积分、线性代数、复变函数与积分变换、概率论与数理统计、大学计算机基础、工程制图、基础英语、C++语言程序设计、大学物理、工程化学、工程力学、电工技术、电子技术	
专业基础课程	专业概论、材料科学基础、物理化学、量子力学、现代分析测试、能源材料、固体物理、计算材料学	
专业课程	对材料科学基础和物理化学的深入学习	材料晶体学基础、材料力学性能、材料物理性能
	制造、表征不同材料的手段	材料失效分析、功能薄膜技术、功能材料制备与成型、电子制造技术
	学习不同类型材料的性质性能及其应用	磁性材料与器件、电子材料、生物材料学、金属功能材料、复合材料、纳米材料与技术、功能高分子材料、陶瓷结构材料、光电材料与器件、敏感材料与器件

4. 课程分析

材料科学基础和物理化学是两门专业基础课，大部分专业课都是以这两门课为基础展开。材料科学的主要内容是结合金属和合金、陶瓷、硅酸盐等各类材料，主要阐述晶体的各种材料基础知识，如晶面指数、晶面间距、晶体缺陷、合金的相结构、相变、固溶体等。图1为铁碳相图，这是"材料人"必须掌握的知识，也是毕业后从事冶金行业所需要的知识。高中化学选修三有部分知识与材料科学基础重合，有意向学材料的同学可以认真学习其中的知识。

物理化学是以物理的原理和实验技术为基础，研究化学体系的性质和行为，发现并建立化学体系中特殊规律的学科。物理化学包括化学热力学、化学动力学、电化学基础以及表面化学等部分，尤其电化学基础对于以后从事电化学研究的同学很有指导意义。

量子力学虽然不是材料的基础专业课，但它能帮助我们了解微观世界的本质。同时，量子力学是固体物理的理论基础，而我们研究的很多现象都需要固体物理来解释。

我的本科毕业设计是探究一种有机材料聚酰亚胺作为钠离子电池正极时的性能。合成出材料后，需要用到现代分析测试方法对材料进行表征，了解合成的材料是否为所需要的材料，以及材料的晶粒尺寸、比表面积等，将材料通过一系列手段制成电池后就需要通过电化学测试方法探究其性能，最后再通过分析其结构形貌等来推测探索造成某些电化学现象的原因。因此，扎实学好专业知识是进行研究的基础。

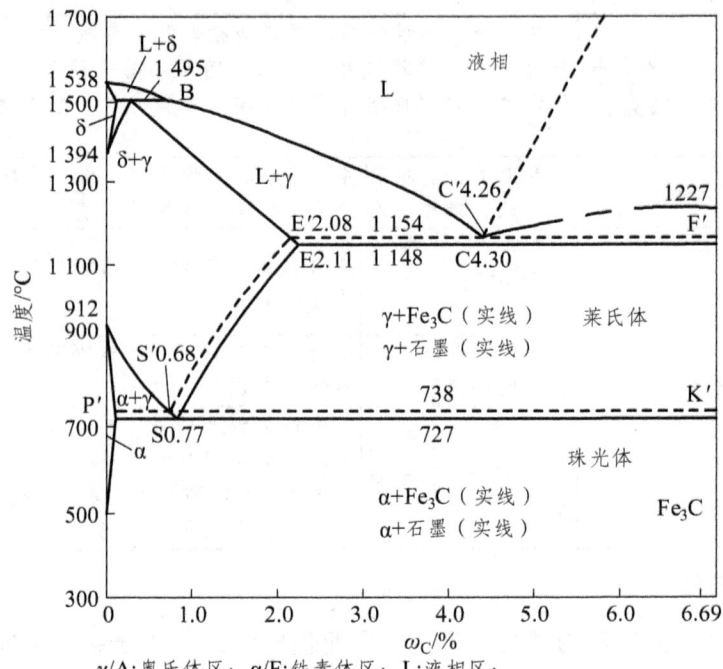

图 1 铁碳相图

二、展望未来

材料、信息、能源作为全球三大支柱产业，一直都是炙手可热的研究对象。功能材料的发展才只有五年左右的时间，但已经显示出它欣欣向荣的一面。功能材料必将向多功能化、高性能化、产业化、智能化及复合化等方向发展，以适应现在社会生活的需求；同时跨学科产业的发展也势在必得，相对于大多数工科类学科，材料学科与其他学科具有更好的融合性，材料专业的许多课题组目前就是材料与电气、材料与机械等跨学科的结合，这对我们发展新材料并提升其性能提供了一个有利的思考方向。

我选择功能材料方向，除了喜欢，也考虑到材料行业是个日新月异的行业，我不喜欢一眼看到未来十年、二十年甚至一辈子的生活。材料不一样，材料是创造性的，你可以发现或者合成很多新的材料，它们在性能上可能会超越目前很多已有的材料，也可能拥有这些材料不具备的性质。材料能让你对世界充满好奇与求知欲望。

材料专业的很多老师都是极其年轻的教授,这也从侧面反映功能材料专业的确是一个年轻有活力的专业。本科毕业后,我们可以选择出国深造或者在国内读研。申请国外优秀大学以及奖学金的可能性很高,一般选择的国家是美国、日本、德国,如加利福尼亚大学、马里兰大学等。2011届的毕业生中有7人出国深造,基本上都是在材料方向比较有名的大学(见图2)。我们这一届功能材料的同学相对于其他届都不算出色,出国深造的只有一位同学,排名前12的全都保研了,大多数同学选择本校保研,也有保送到上海交通大学、中国工程物理研究所、上海硅酸盐研究所等知名院校的。

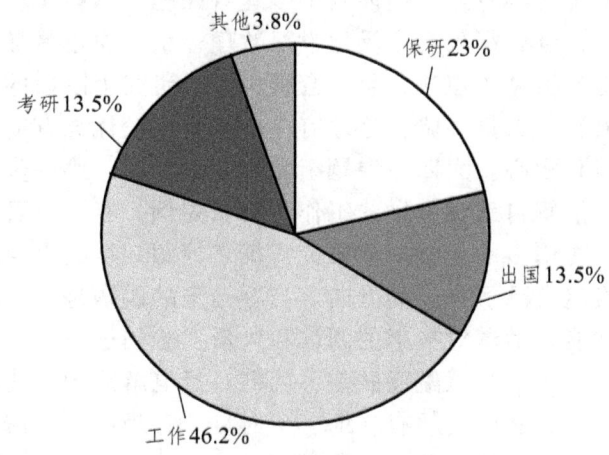

图2 功能材料专业2011届毕业生去向

专业对口的就业主要是进入新材料企业和制造企业。制造业通常涉及材料的性能、成型等,工作要求较低,需求大,相对比较好找工作。功能材料专业的本科毕业生一般从事技术岗或者管理岗。相比IT、通信、电气等热门行业,制造业的收入平均较低,瑞声科技这类公司是行业内薪酬较高的企业,这些公司对个人能力要求高,需要扎实的专业知识和相关实习经历。如果打算去制造业,个人建议去合资或者国有大型企业。小型制造型企业技术比较落后,职业发展前景较差,大型企业相对来说培训机制较完善。

我们在找工作时的选择范围很多,但是很多行业都愿意选择专业性更强的学生,因此,毕业后转行是很常见的事。理工科转文科比文科转理工科要容易得多。在本科期间,如果学业成绩达到要求就能辅修双学位,很多理工科同学都会选择金融、经济、法律方向的学位,这对以后转行十分有利。转行去金融业的同学也挺多,只要个人能力强,数理基础扎实,在金融业还是很受欢迎的，薪酬待遇也较高，尤其是投行、证券和私人银行。

三、个人经历与建议

我的大学生活十分简单，大一参加了不少社团活动；大二举办了两次年级活动；大三申请进入实验室，了解研究生的日常生活，利用课余时间学习以后读研所需要的基本技能，努力提高自身的能力；大四保研成功，正式进入课题组做自己的课题。看起来一帆风顺，但我自己明白这四年中面临选择的迷茫和担忧，有些经验希望能和大家分享。

功能材料是工科类专业，但涉及很多理科课程，本科阶段基本上是作为知识储备阶段，继续更深入更广泛地学习数理知识，这也是最为枯燥乏味的阶段。如果你抱着尝试的想法，恐怕会很失望。研究生阶段的日常也是阅读大量文献，重复进行大量实验，这才有可能得出比较优异有新意的材料，这需要大量的热情和耐心。大四在课题组做毕业设计时，第一步就是阅读大量的国内外文献，了解自己尝试做的工作有没有先例，有没有可行性，其次在实验的过程中面对诸多的化学现象要能根据掌握的知识给出合理的解释，并根据这些结果确定自己下一步的方向。当时确定的课题是探究聚酰亚胺在水系电解液中的性能，随着对文献的阅读和大量实验的进行，发现这一课题可行性不大，就换成了探究聚酰亚胺在不同的有机电解液中电化学性能的差异并阐述相关机理。虽然中途颇有坎坷，历时良久，最终还是研究出了比较理想的成果。图3为实验室配置。

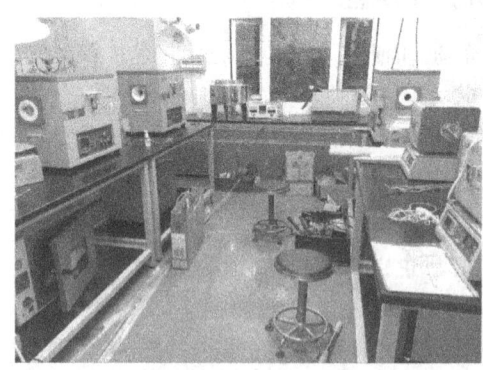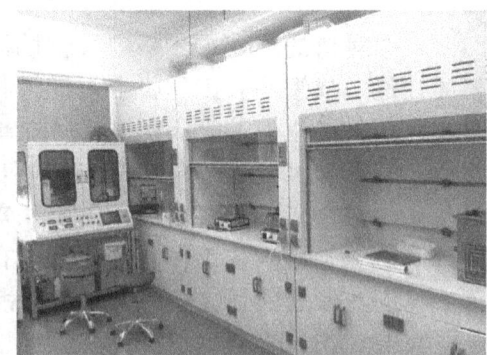

图3　实验室配置

基本上所有的老师在高中都和大家说过，"到大学你就轻松了"这类的话。其实不然，大一是容易决定接下来四年你是否优秀的一年。进入大学，首先应该做的就是摆正自己的心态，你希望变成一个怎样的人，你就应该努力为这个目标努力，而不是当一天和尚撞一天钟，混过这四年拿个文凭就心满意足了。

"学习无用论"在大学里也十分盛行。诚然，大学的学习成绩并不能决定一切，但不能否认不管是专业知识还是学习成绩都跟你以后的选择有很大的关系。就比如我们的"量子力学"课程，由于是双语课程，并且当时认为是纯物理理论知识，当时学的时候心不在焉，后来学到"固体物理"，才发现量子力学是这门课的基石，因此固体物理也学得一知半解，而固体物理又揭示了材料结构的本质，这一串连锁效应下来，导致我在科研经历中总是磕磕绊绊，浮于表面。

研一阶段，我申请当了新生班主任，走过本科四年，再去看别人的新的开始，内心还是感触颇多。年年岁岁花相似，岁岁年年人不同，大学新生总是意气风发，总会觉得自己跟别人不一样，总想特立独行。我总是想把自己这几年的故事分享给他们，希望他们能少走弯路，珍惜时光，但每个没有走过弯路的人大概都不会意识到到底哪条路才是最适合自己的路，每个人都要经历这四年的摸爬滚打才会更加了解自己的位置。遗憾总是会有的，希望我的经验能给各位一点指导。

自动化专业介绍

（作者简介：温韬，本科就读于北京化工大学自动化专业，研究生就读于北京化工大学。）

我是来自北京化工大学（见图1）信息科学与技术学院自动化专业的一名学生。想想当年，和现在的你一样，迷茫又着急。摆脱了晦涩的高中生活，想要进入殿堂般的大学，想要完美的旅行，想要享受自由的生活。

图1　北京化工大学校门

时光荏苒，你已从牙牙学语的孩子成长为有理想的青年，怀揣着对未来无限的遐想，期待着"天高任鸟飞，海阔凭鱼跃"的世界。也许很多朋友认为，高考是学习的终点，目标就是考上一所大学。其实高考刚刚是人生的起点。高考结束后，大家翻着报考志愿的书，想着学校在哪里、住宿怎么样、学习风气怎么样，看着各种专业遐想到底是干什么的。从那时起，你便需要更加深刻地去思考：自己到底喜欢什么，将来自己到底想干什么，将来自己想要从事什么行业，最终想要到达一个什么层次。换个专业名词来讲，这就是将来会在你耳边被反复提及的大学生学业职业生涯规划，只有明确了自己未来生涯的规划，才能够做到不留遗憾地朝着既定的目标大步地走下去。也许在十几年的学习成长经历中，你都还没有好好地探索过自己的世界，就草草地决定了自己未来的四年甚至更多年，而忘却了自己十数载寒窗苦读的目的，那么到头来你只会是徒增遗憾。

我仍然记得当年爸爸问我，"你对什么感兴趣"，我答道我只知道我不想做老师、不想当医生、讨厌写一堆汉字、不想背一堆东西、没有艺术和文学的天赋。父亲问我对自动化有没有兴趣，并以最基本的水箱控制举例。我内心并无过多感觉，不烦也谈不上喜欢。就这样和很多同学一样，我选择了未来四年的学习方向——自动化。

对于自动化，由于对工业生产、机器运行的高要求，因此需要自动化保证生产和运行过程的安全，达到精准地控制，满足日常生产的需要，从而将人力从繁重、危险的工作中解放出来。

简单地说，自动化就是让机器等按照你的指定目标，自动地完成一系列行为。比如说，化工厂要生产一批塑料，设定好各物料的比例和反应的温度等条件后，控制设备根据反应罐中的温度、压力及液位等传感器反馈的信息来自动地控制加入的物料量、反应的温度及反应的压力等，从而保证最后生产的质量等。自动化专业的学生需要考虑通过检测什么量，使用什么样的控制算法，设计什么样的控制回路，从而保证工业安全地自动化生产。再比如，无人汽车的行驶，首先选择合适的传感器，如摄像头，获取汽车周围环境的图像，然后对图像进行识别，判断出在什么位置有什么类型的物体以及道路的情况，再根据识别出来信息和目的地的位置设计合适高效的控制策略来选择最佳的前进方向、前进速度及汽车的指示灯等来达到无人驾驶的目的。

虽然很多学校都设置了自动化专业，但是培养的方向还是有区别的，比如北京航空航天大学的自动化专业主要是航天测控，侧重运动控制，而北京化工大学的自动化专业主要是化工生产行业的控制，侧重过程控制。在大一、大二时，不同学校的基础课程都类似，主要是数学和一些理工科的基础课程，如高等数学、英语、物理、线性代数、复变函数及 C 语言等。学好一门编程语言是非常重要的，算法要运用到实际生产过程中，就需要通过编程的方式变成计算机所能识别的语言。

到了大二后期，自动化专业的学生开始学习自动控制理论、智能检测技术、模拟电子电路、数字电子电路及电路原理等一些本专业的基础课程。如自动控制理论是学习如何判定一个系统是否稳定，如何让一个不稳定的系统达到稳定，以及各种控制算法等。智能检测技术会介绍流量、速度、加速度、温度、压力及液位等的检测方式，还会介绍用于检测各种物理量的传感器及其工作原理（见图2）。这些课程不仅是以后找自动化方向工作的基础，也是考研的课程。后面各学校根据培养的方向，会加入不同的课程。北京化工大学因其化工特色，加入了化工原理，让同学们了解精馏等化工生产的过程。

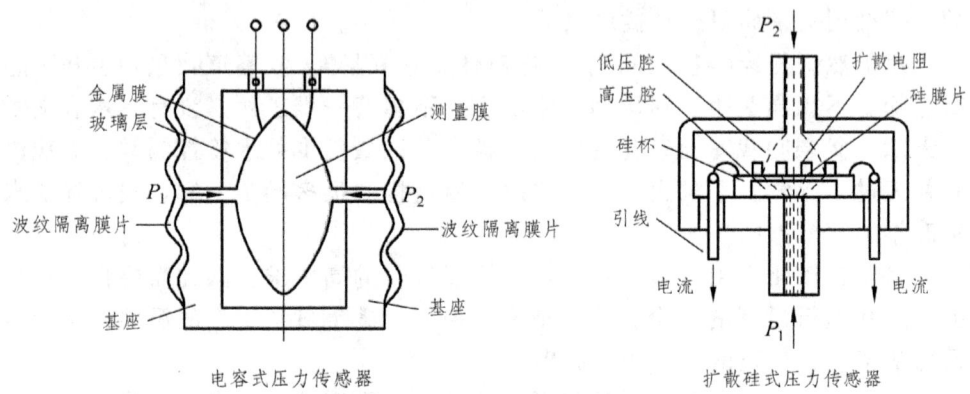

图2 传感器工作示意图

另外，还有很多有意思的实验，不仅开始观察控制中的各种现象，而且开始自己设计电路实现不同的功能并制作一些简单的电子产品，如电子抢答器、收音机、万用表及报警器等（见图3）。

图3 简单的电子产品制作现场图

我们也会开始使用简单控制算法来实现实际的生产过程,如采用简单PID控制来保证多个水箱液位的恒定，当外界条件产生变化时，水箱的液位也可以恢复到设定值。这些不仅更有利于理解之前学习到的理论知识，而且进一步增强了同学们的兴趣，知道了如何运用学到的理论并运用到实践。在我实习期间，看着各种设备按照自己的设定正常地运行，一种自豪感油然而生。

对于学习自动化而言，个人认为需要较强的逻辑思维和工程能力。因此选择这个专业，首先要评估自己的高中物理电学及数学的逻辑推导能力如何，是否热爱计算机软硬件的编程等。最重要的是，要真心喜欢这个专业，学习起来才会更有动力，也会更加开心。

总的来说，自动化专业学习的范围本科阶段是很宽泛的，但这造成了学生学得不够精。学习宽泛的好处是就业面很宽：（1）学过一定的编程、数电、模电等课程，以后可以从事IT行业，可就职于百度、腾讯、网易和阿里等公司；（2）因为有自动化的背景，也可以从事硬件嵌入式开发的工作，可以去西门子、霍尼韦尔等生产自动化设备公司；（3）因为学习过控制理论和检测等课程，也可以去中石油、中石化等企业的设备运行岗位。

当然学习宽泛的缺点是不如专门钻研某一方面的学生学得精。开发软件方面，对程序的框架、软件的内部及底层结构没有计算机专业理解得深刻；化工生产方面，对化工生产过程的理解比不上化学工程与工艺的学生；硬件电路开发方面，经验比不上电子科学与技术专业的学生。因此，自动化对很多行业来讲，处于辅助地位。

下面来说说自动化专业毕业后的一些出路吧。

1. 在继续求学方面

本科毕业后，如果去国外深造，国外没有自动化这个专业，一般有两个相关的方向：一个是电子、一个是计算机。如果在国内读研，有控制科学与工程、计算机两个方向可以选择。控制科学与工程下又分为很多小的方向，如图像识别、检测、数据处理等。在我看来，未来自动化将更大程度上结合信息技术，如现在非常热门的人工智能。

2. 在就业方面

相对而言，本科就业做的是基础性的工作，如果在石化行业，可能是操作工。读完硕士后，可以进入一些企业的研发岗位和设计院。工作环境因所选择的行业有所差别，如果去外企的话，工作环境一般都是不错的，只是可能会经常加班。国企相对更稳定一些，但是工资相对低一些。当然在工作中，需要的不仅是知识，还有能力和性格以及是否具有良好的沟通能力等，因此择业前，要对自己进行深度剖析，慎重选择行业。当然如果不热爱所学的专业，就转行而言，自动化本科毕业还是比较容易转的，毕竟大部分基础课程都相差不多。

选择本科毕业后工作还是读研，要根据自己的实际情况而定，不要盲目跟风。有的同学不适合学习理论知识，但是动手能力很强，这样比较适合工作。有的同学感觉对所学的专业很热爱，还想继续钻研，想继续研究这门专业到底是在做什么，未来还可以朝什么方向发展，那么比较适合读研。读研给我最大的感触不是学到了多少知识，而是对自我的一种提升，思考问题的方式、寻找答案的路径和面对困难的心态等。

  大学生活丰富多彩，摆脱了老师和家长的束缚，诱惑很多，要学会拒绝，坚持做自己。上了大学后，很多人会发现，高中学习好的不一定在大学能学好，高中学习差的不一定在大学学不好。是的，这就是大学，有的人适合这个专业，有的人确实是不擅长某些事情，再加上不喜欢，就越发痛苦。我就是一个不擅长编程的人，我和伙伴熬通宵写程序，不仅没有一些同学一个下午写得好，甚至很多时候都无法运行。所有的事情，不是努力就行了，天赋、兴趣和老师的引导等多方面因素都很重要。在编程的过程中，我渐渐学到了一定的分析问题的能力，如何去解决，还有心性的训练，面对不断出现的问题，烦躁也罢、哭泣也罢，都是没用的……实在搞不定的问题，就放放，睡个好觉，第二天再继续，或许就解决了。良好的心态很重要！但是大学里的生活不仅仅只有学习，还有丰富多彩的社团、各种学生组织，可以让你接触各种各样的人和五光十色的社会。另外，还可参加各种各样的志愿活动，或许还会开始做一些实习，和伙伴一起去实现一些想法。

  结语：志之所趋，无远勿届，穷山复海不能限也。志之所向，无坚不入，锐兵固甲，不能御也。

  人生不是只有一次选择，即使错了也不要怕、不要彷徨，找准自己的方向。大学生活不仅只有学习，还有很多社团和学生组织，你会遇到很多朋友，迸发出很多新点子，发现自己身上更多的闪光点。也许大学会是人生中最美好的时光，有无限的可能在等你。

测控技术与仪器专业介绍

（作者简介：吕鹏飞，本科就读于哈尔滨工业大学测控技术与仪器专业，研究生就读于上海交通大学。）

你好，有缘人。谢谢你接纳了我这个看起来平淡无奇甚至略显晦涩的标题而选择阅读这篇文章。如果不是"清风无事乱翻书"，那你一定是对测控技术与仪器专业有所兴趣，那就让我们先抛开对"理工男"的刻板见解来了解一下这个专业吧。

一、专业介绍

"测控技术"指出了这门学科是一门自动控制类型的学科，测试和控制即是这门学科的出发点。"仪器"指出了此门学科最终落脚点是仪器装置。提到对仪器的控制，就会立马想到仪器的精度。此门学科对精度的要求也很高，精度要求也是这门学科的重点。

其实，测控技术与仪器这个专业有一个非常显著的特点，就是学得很"杂"。这也是我的同学们在学习过程中的共同感受。之所以"杂"，是因为我们需要学习的范围很广，会涉及光、声、电、机等。此外对数学、物理、电学、光学、机械学等知识要求也很高。

二、专业课程设置

表 1 是我罗列出的哈尔滨工业大学本科阶段测控技术与仪器专业学习的大部分课程。

表 1　哈尔滨工业大学测控技术与仪器本科课程

类　别	课程（不全）
基础课程	工科数学分析、线性代数、几何画法与制图、大学物理、C（C++）语言、概率论与数理统计
专业基础课程	电路原理基础、模拟电子技术基础、数字电子技术基础、传感器与检测技术、自动控制原理、单片机原理及应用、精密机械与仪器设计、精密机械制造工程、模拟电子技术基础、控制工程基础、精密测控与系统、工程光学、应用光学、物理光学、误差理论与数据处理、数字信号处理等
专业课程	嵌入式系统设计、光电检测技术、机器视觉及其应用、虚拟仪器设计、数字图像处理、光纤通信技术、精密驱动技术等

通过上面的课程表格，我们可以看到，在本科阶段，测控技术与仪器专业所学课程数量非常多。这其实也是此专业培养综合型人才的体现。在本科阶段，学生主要是抓基础。大一、大二这两年主要是学习基础课，如工科数学分析、大学物理、机械制图等，同时这些课程也是工科专业的必修课。到了大三、大四阶段，哈尔滨工业大学会根据学生的兴趣，把学生分流为三个方向，包括电子测量方向、精密仪器方向、光电检测方向。电子测量方向的学生主要是对电学、软件测试这方面学习比较深入；精密仪器方向的学生对机械学、工程制图等方面要求比较严格；光电检测方向的同学则对光学的研究会更加全面。这也体现了学校因材施教的办学理念。同时，学生也可以结合自身的兴趣来进行学习、科研，极大地调动了学生学习的积极性。

硕士阶段的要求和本科就不太一样了。就拿上海交通大学举例，该专业共分为以下四个研究所：自动检测技术研究所、精密工程及智能系统研究所、导航与控制研究所、智能机电控制系统研究所。这四个研究所涉及传感器、生物医学工程、机电控制、导航等方面的研究。我的科研方向是生物医学感知中的"无创血糖检测"，就是不用通过破坏皮肤组织就可以测得人体的血糖浓度，这是一个很有意义的科研项目。

其实测控技术与仪器这门学科很大一部分是做传感器，因为传感器是所有仪器的感觉器官，最先和外界接触的部分（见图 1）。传感器的质量决定了整个仪器的精度。所以传感器对测控技术与仪器这门学科起到了至关重要的作用。

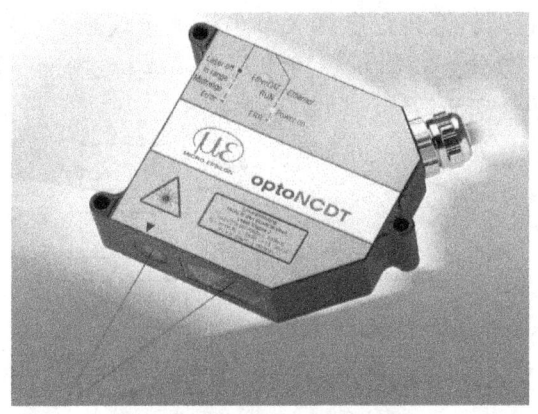

图 1　激光三角位移传感器

三、专业能力要求

测控技术与仪器的毕业生应获得以下几方面的知识和能力：

（1）具有较扎实的自然科学基础，较好的人文、艺术和社会科学基础及正确运用本国语言、文字的表达能力。

（2）较系统地掌握本专业领域宽广的技术理论基础知识，主要包括机械学、电子学、光学、测量与控制等基础知识。其中，让我记忆最为深刻的是大二下学期的机械学课程设计。"机械学基础"是每一个学习测控技术与仪器的学生必须要学习的一门专业基础课，因为在设计仪器的时候就需要运用到机械学的相关知识。我当时的课程设计的题目是"六自由度多关节坐标测量仪"（见图 2）。

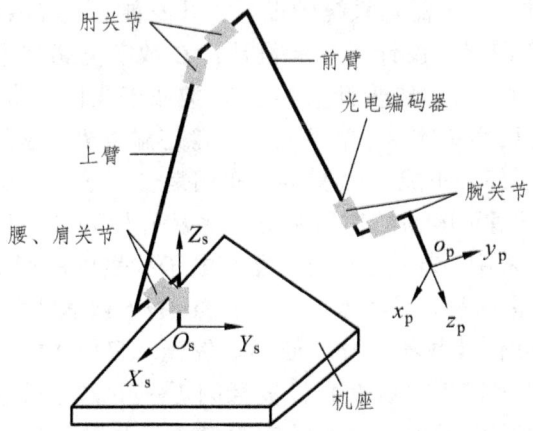

图 2　六自由度多关节坐标测量仪结构示意图

由图 2 可以看出，六自由度多关节坐标测量仪是由多杆件通过旋转关节串联而成的空间开放式连杆机构，可以对空间坐标进行测量，是一个三维测量仪。其结构如图 3 所示。

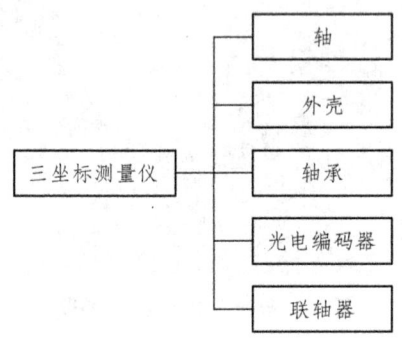

图 3　六自由度多关节坐标测量仪结构图

以上部件都要经过严密的计算和合理的设计，才能组装成完整的仪器。本次课程设计给我印象最深的是很多零部件都要我们自己去设计。在以往的制图和设计过程中，都事先给定某一个零件或部件的尺寸。这次不一样，这从侧面也锻炼了学生对尺寸和空间的布局能力。对一个部件的设计不仅要求合理，同时还要考虑美观和整体，还要顾及和周围零部件的工作关系以及配合关系。要试着站在商家和顾客的角度考虑设计方案，方案既要符合设计要求，还要满足市场要求。

图 4 为此仪器的总装配图。此次课程设计，将理论与实践紧密地结合在一起，极大地锻炼了我们的动手实践能力。

（3）掌握光、机、电、计算机相结合的当代测控技术和实验研究能力，具有本专业测控技术、仪器与系统的设计、开发能力。在我们学习的过程中，有很多科目都会开设课程设计、实验设计。在数字电路技术这门课的自主设计实验中，我设计了一个"跑步计数秒表"。类似于我们日常所见的计时秒表，如图 5 所示。它主要由基本 RS 触发器、单稳态触发器、多谐振荡器、计数器和译码显示器 5 个部分组成。触发器的作用是告诉芯片"你要开始加一秒"了；74LS160 译码显示电路的作用是显示出从开始到现在所用的时间，相当于显示器的功能。其中，基本 RS 触发器在电子秒表中的职能是启动、停止秒表和使秒表暂时停止计数。示波器用来产生 50 Hz（频率可由现实的情况决定）的矩形波。74LS90 作计数器 5 分频使用。发光二极管 LED1 具有记满数的作用，当这一轮的数字记满之后发光二极管闪烁一下，之后进入下一轮的计数状态。通过这次数字电子电路技术的实验设计，我深刻地感受到了电子秒表的工作原理,也加深了对理论知识的理解。

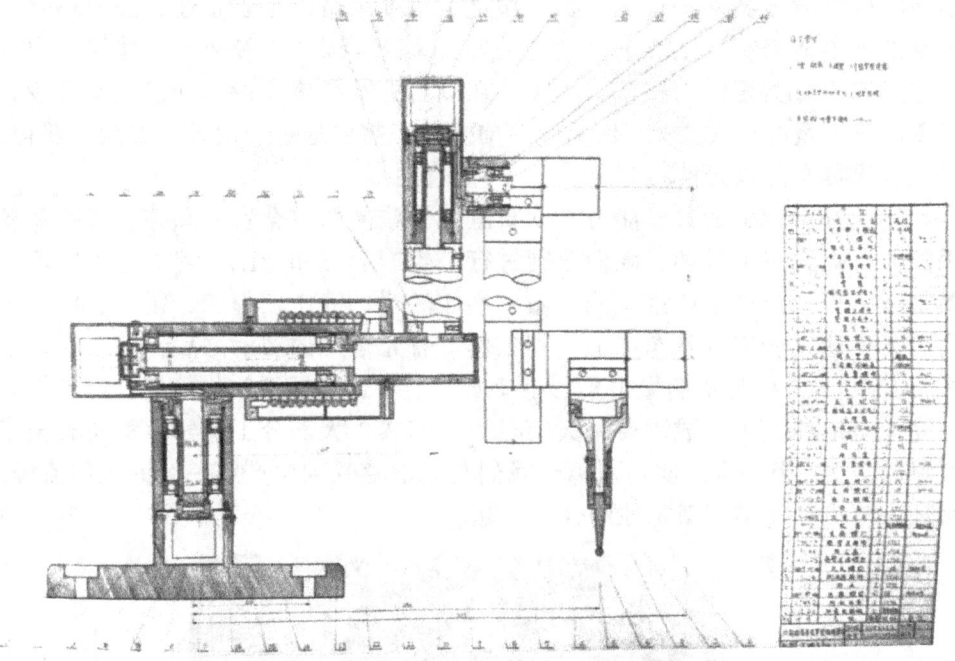

图 4 六自由度多关节坐标测量仪总装配图

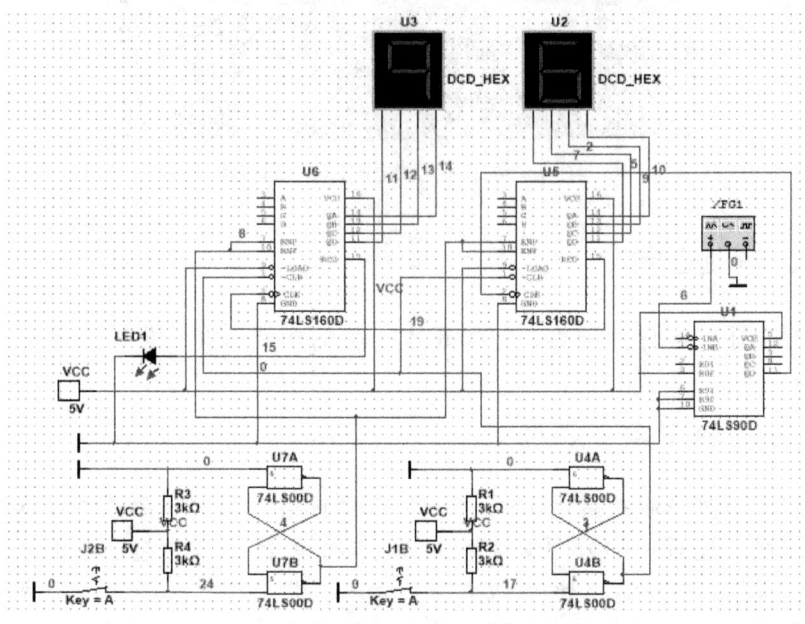

图 5 "跑步计数秒表"电路原理图

（4）具有较强的外语应用能力。说起外语应用能力，还是建议大家在大学期间好好学习英语。首先从找工作这个角度来看，很多企业、公司还是对大家的外语能力有一定要求，主要是看大家的英语四六级成绩，建议大家尽早通过四六级英语能力测试。其次，在以后的本科毕业设计和研究生阶段，还要阅读大量的英文文献，因为很多前沿知识需要通过阅读外文文献来获得，足以看出英文的重要性。

（5）具有较强的自学能力、创新意识、较高的综合素质和综合实践及动手能力。在大三下学期，我们分别进行了生产实习和金工实习。金工实习主要是下工厂，走进生产第一线，做一些如锻造、锻压、焊工、钳工、刨工、磨工、铸造、铣工以及车床加工等工作。看完老师的演示之后，自己要动手进行实践。图 6 是我们做出来的小锤子，别看这把锤子结构简单，但是把它完完全全地纯人工完成需要一天的时间。其实，大部分工科学生都会有金工实习的经历，因为金工实习可以让我们直观地感受到生产第一线的工作流程，将理论与实践扎实而紧密地结合在一起。

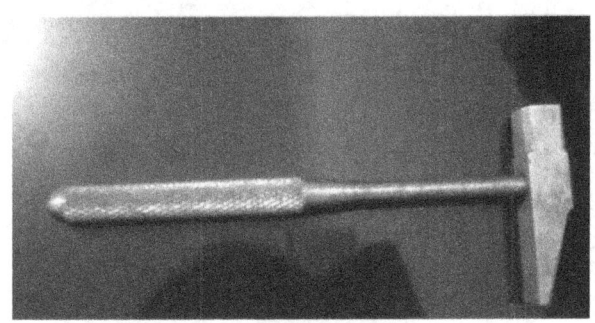

图 6　金工实习做出来的小锤子

四、毕业去向

我把毕业去向分为两类：一类是本科生的毕业去向，另一类是研究生的毕业去向。

（一）本科生毕业去向

我们系当时毕业的接近 80% 的学生都选择继续深造。留在本校继续读研的占大多数。还有一部分同学选择去其他高校就读，其中包括清华大学、上海交通大学、浙江大学、北京航空航天大学、北京理工大学、天津大学、中国科学院大学等。当然还有一部分学生选择到国外深造。相对而言，去国外深造的学生比例较去其他学校深造的学生比例来说要小，大部分同学选择去美国、日本继续深造。当然还有一部分同学选择就业，这部分比例也很小。

（二）硕士生毕业去向

硕士毕业生绝大部分选择就业，其中就业方向包括：计算机应用、电子信息、智能仪器、虚拟仪器、测量与控制、通信、自动化等多领域的产品设计制造、自动化精密科学仪器、自动化检测、控制或生产系统的设计开发、运行管理等岗位。毕业生很多就职于中兴、华为、联发科、航天集团、台湾友达、明基、西门子等企业。

五、结语

测控技术与仪器可以说是一门边缘学科，它和自动控制、工业自动化、仪器仪表以及计算机专业有着密切的联系。仪器仪表设备水平在很大程度上反映出一个国家的生产力发展水平，当前仪器仪表正从自动化向智能化方向发展，发展势头迅猛，前景十分广阔。

下面给出一些高校测控技术与仪器专业的官方网站，大家可以查看详细的招生、专业、实验室、就业等信息。填报高考志愿的学生们应当在填报高考志愿之前，详细阅读和浏览相关学校和相关专业的官方网站，以了解最为全面的专业信息。

① 清华大学精密仪器系：http：//www.tsinghua.edu.cn/publish/dpi/
② 哈尔滨工业大学电子与信息工程学院：http：//seie.hit.edu.cn/
③ 上海交通大学仪器科学与工程系：http：//www.ie.sjtu.edu.cn
④ 北京航空航天大学仪器科学与光电工程学院：http：//yqgdxy.buaa.edu.cn/
⑤ 天津大学精密仪器与光电子工程学院：http：//jyxy.tju.edu.cn/cn/index.php
⑥ 浙江大学生物医学工程与仪器科学学院：http：//www.cbeis.zju.edu.cn
⑦ 西北工业大学自动化学院：http：//zdhxy.nwpu.edu.cn/
⑧ 四川大学制造科学与工程学院：http：//msec.scu.edu.cn

除此之外，还有一些学校（如华南理工大学、大连理工大学、吉林大学、东南大学、同济大学、中国科学技术大学、武汉大学、山东大学、东北大学、北京大学、北京科技大学、北京理工大学、中南大学、重庆大学等）也开设测控技术与仪器专业。若对相关院校感兴趣的话，可以查看相应的官方网站来了解更多相关专业的信息。

地理信息系统专业介绍

（作者简介：舒洪涛，本科就读于中山大学地理科学与规划学院地理信息系统专业测绘工程方向，现就读于北京师范大学减灾与应急管理学院全球环境变化专业。）

一、专业简介

地理信息系统（Geographic Information System，GIS），是在计算机硬、软件系统支持下，对整个或部分地球表层（包括大气层）空间中的有关地理分布数据进行采集、储存、管理、运算、分析、显示和描述。

简单而言，地理信息系统就是将复杂的地理要素抽象建立成一个或多个简单的数学模型，并通过计算机对这些数学模型进行计算分析，得到我们所需要的结果信息，为诸多公司项目或是政府决策、规划等提供有力的数据支撑。

我们会用数据看待这个世界，而并不仅仅是用一个点或是一个面。在我们眼中，世界只是由无数条经纬线组成的简单椭球体；一棵树不止有它的树高，还有它的遮阴面积；一条道路的长度是我们关心的问题，同样它又与许多条道路相交形成道路网格；一个城市的建设需要规划成什么模样，绿化重点放在哪儿等。这些都是这个专业涉及的内容，也是我们必须要参与的内容。这个世界会变成什么模样，就看我们的数据和模型建立得完不完善。

一般来说，对于学习地理信息系统专业，或是从大范围讲，学习地理相关专业的同学，以下三点是我们需要掌握的能力：

①最重要的是需要具备严谨的地理思维，这需要我们长期对地理知识的积累，让我们擅长从地理的角度去看待问题，发掘问题的地理属性，地理无处不在。

②其次需要我们熟练地掌握如何运用相关软件或仪器来解决现实中的问题，俗话说实践出真知，在锻炼我们的实践操作能力的同时，还能与上课所学过的理论知识结合起来。

③当然，我们都知道通过学习地理所认识的世界是三维的，是立体的，

因此我们最好能够善用空间逻辑，这样能够加强我们的三维构图和联想能力，对于复杂的地表问题能够从简解决。

二、专业课程设置

基础课程基本在大一和大二阶段可学完，数学部分主要学习与统计和代数相关的内容；物理部分将对于力学、光学、电磁学有关的内容进行深入学习；计算机部分[Visual Basic（VB）、C语言/C++语言/C#语言]是为以后的分析建模打基础，有计算机编程功底的学生占有很大的优势。

如图1所示，专业课程主要分为三类，由于涉及课程颇多，我从以上各类课程中选取具有代表性的几个进行概述：

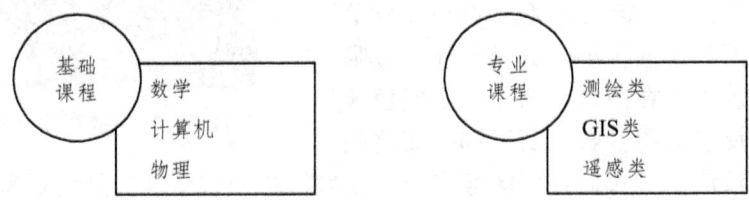

图1　课程设置

① 地图学与地图投影（测绘类）：地图投影是利用一定的数学法则把地球表面的经纬线转换到平面上的理论和方法。由于古时候不存在现在的高科技技术，现在能够通过三维视角观察地球，因此通过一定的数学变换将立体的地球转换为平面图，以方便人们进行研究和保存（见图2），这是一门历史悠久的学科。

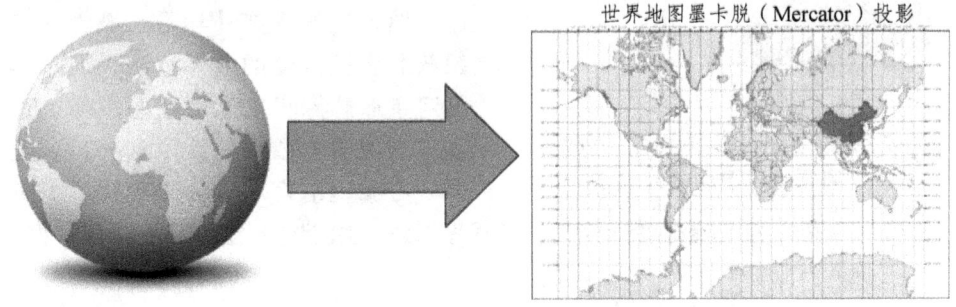

图2　将立体地球转化为平面地图

② 空间分析（GIS类）：主要用于对获取的数据（地理现象的位置、形态、空间布局）进行计算分析。如寻找适宜位置：假如有一个政府项目需要在城

市建立一个公园,那么为了建立一个合适的位置,我们需要考虑这一地点的交通是否便利、环境是否优雅、距离周围居民区的远近如何等因素,将这些因素以数学参数的形式建立公式模型,最后得到最优选址。

③定量遥感(遥感类):它是我们能够将地理这一门定性的学科转化为定量学科的重要依据,能够从对地观测的电磁波信号中定量地提取地表物体的相关信息,区别于仅依靠经验判读的定性识别地物的方法,旨在将定性化的地理问题定量化。以图 3 所示的北京故宫卫星图为例,哪些地方是植被,哪些地方是建筑物,哪些地方是水域一眼可见,但这种只能粗略地识别地表物体(定性),我们有时需要了解植被里面有哪些树种,这是不能通过眼睛识别的。由于在卫星地图中,不同植被对太阳光反射的亮度会有所不同,而这些

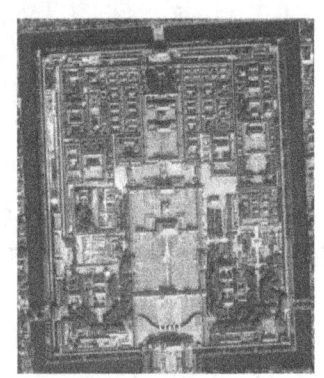

图 3 北京故宫卫星图

亮度会以数值的形式储存到图像当中,在对植被进行精准分类的过程当中,定量遥感是不可或缺的部分。

以我的本科毕业设计为例,要做出这张分析结果图(见图 4),就需要通过学习测量学与地图学获取北京市行政边界内的地表高程数据,了解如何获取地表高程数据并使用它;通过地理信息系统实践课程了解如何对 GIS 软件进行相关的计算分析和成图;通过自然地理学或课外学习土壤学等知识获取土壤湿度的计算算法;通过学习定量遥感课程来学习遥感图像的组成和图像所含数据的读取和分析;通过学习编程语言和软件工程课程可以

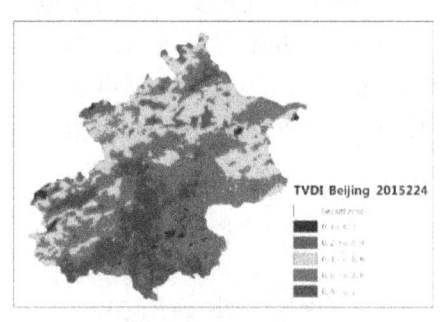

图 4 2015 年 2 月 24 日分析得到的
北京市地表湿度的分布

自己编写一套含有土壤湿度计算算法的程序系统,用于得到湿度分布结果数据。

三、国内外现状对比

1. 国内现状

(1)国内大学中开设地理信息系统专业的比例高,颇受重视。

（2）在国内被专家学者们认为是集多种科学为一体的新型边缘学科，具有很大的潜力。

（3）在学生培养方面，理论强于应用，研究多于实践。

（4）一个需求量巨大的新兴朝阳产业，但是处于资金投入不足、推广应用比较困难的局面，不过现在逐渐改善。

（5）大学本科所学课程大部分不能应用于实际工作。

2．国外现状

（1）国外大学中开设地理信息系统专业的比例极小。

（2）地理信息系统专业被认为是偏重技术与实践的学科，多数被学生选择为辅修专业。

（3）学习的重点在于技术应用，结合其主专业的学习方向，培养用技术解决实际问题的能力。

（4）地理信息系统市场较为成熟和规范，地理信息系统的应用已经深入到各个专业领域，直接影响到日常生活的众多领域。

（5）多用户、跨平台的相关技术已经被国外许多政府部门、高等院校开发利用，实现了不同属性用户之间数据的快速访问。

四、升学或就业去向

在本科阶段，地理信息系统专业的同学主要学习的是如何运用好这门工具，以及这门工具能够运用到哪些领域。

现如今该专业研究生数量逐渐增多，以中山大学地理科学与规划学院2012级地理信息系统方向的同学毕业去向为例，继续深造是近1/3的毕业生的首选去向，对于这些学生来说，要么就是考虑将这一门工具系统运用到其他更加偏向于应用的专业，如气象、生态等专业，要么就是继续决心深入地研究本专业理论，更加深入地学习地理信息系统的相关知识。前者需要重新学习其他专业的基础知识并逐渐了解如何将地理信息系统工具运用到专业当中去，扩大自己的专业涉及面，而后者则会在地理信息系统方面更加深入地学习，并在学习的过程中掌握自己想要涉足领域的知识。国内各大名校是深造的好去处，像引领地信龙头的北京师范大学，引领测绘龙头的武汉大学，还有北京大学、清华大学等学校和中科院等多种选择。

选择出国或出境留学的同学们一般更倾向于国外或境外的学习氛围，美国加州大学圣巴巴拉分校的地信专业一直领先于全球，也是地信最先被定义和使用的学校。英国、法国、澳大利亚、中国香港等国家或地区也有很多优秀的学校可供选择，如香港大学、香港理工大学、英国爱丁堡大学都有同学申请。

另外，就业的选择也很广，如去国土局等重要单位，或是做企业工程师、教师等。一般编程能力强的同学会被网络公司聘为后台工程师，主要进行系统维护和系统开发工作，像百度、谷歌这种龙头公司也非常需要地理信息系统专业的人才；也有一些人会被4399等游戏公司招收，主要负责后台程序运营部分的工作；其他部分同学则会选择考取公务员以谋求相对稳定的工作。一般来说，进入国土局、规划局等单位之后，主要也是向技术部门靠拢，参与一些政府项目。

图5为升学或就业去向图。

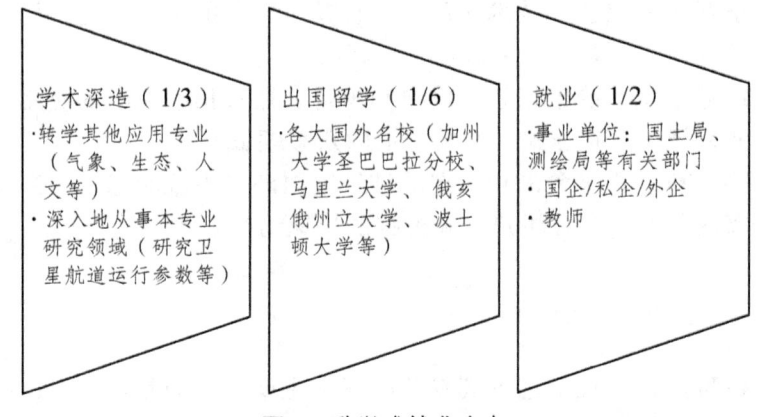

图5 升学或就业去向

五、经验谈

对于我而言，高考之后如何选择大学和专业，有一公式概括得很贴切：学校和专业=父母+兴趣+能力。其中"父母"是指父母的看法和意见，这在一定的程度上指引和影响着大家的选择，建议选学校和专业时跟父母详细探讨；"兴趣"能够潜在地看出你未来的方向，比如偏爱诗词歌赋，可以反映出自己对文学方面的追求与热爱；"能力"则决定了你能够爬到的高度，经过长时间备考和最后的高考后，大家肯定对自己的水平有了一定的了解，在做选择时不能好高骛远。

进入大学后，发现自己选择的专业与兴趣点有偏差，有两种方法解决偏差：转专业和培养兴趣点。如果自己不想迁就暂时选择的专业，一般在大一或大二的时候会有转专业的考试，大家可以选择其他更好或者更喜欢的专业，但需要自己付出很多的努力准备；如果觉得麻烦或者兴趣点不是很明显，可以就现在的专业来培养新的兴趣点，你会发现它也有好玩的地方。我相信每个专业都有自己的亮点，如果发现了，也能找到让自己乐于学习的方面，鉴于本人觉得重选专业颇为麻烦，而且也不排斥地理信息系统专业，因此选择了后者。

在大学四年里，中山大学地理信息系统专业的人在大二一整年的时间里面最忙，经常会分小组来完成一门课程报告，或是做一个相关应用的系统，期末的时候会有考试，也有可能是按照期末大作业的形式进行考核（也就是小组内分工合作完成一个课题报告并向老师进行汇报），偶尔会野外进行实习（调研、测量数据等）。会熬夜，会通宵，真的很累，但这一学年是最充实、学得最多的一年。这一年我们既要打好地信的基础，也开始逐渐了解地信所涉及的知识层面。图6为作者的毕业照。

图6 平时获取数据的无人机也可以被用来拍摄毕业照

在大学期间，最吸引我的是野外实习课。相比于在课上枯燥地学习理论知识，在野外更能放开自己的视野，思维更加活跃。我在大二暑假参加了北京师范大学老师带队的野外测量，主要是在白天使用引进的背携式光谱测量仪在晴朗的天气环境下对田野中每一块稻田的叶子采样测量，同样为了获取当地有关部门欠缺的精确稻田面积，使用手持式GPS实地测算面积，等到了夜晚在宾馆里，几个人围坐一圈将获取到的实验数据导入到计算机中，使用计算机进行分析和成图，对有明显测算错误的数据进行区分，对有疑问的数据进行误差验算，以求精益求精，最后也是在众人的努力下，经过为期一周的实习，获得了相当好的验算结果。同时我也认识了一帮学友，一位很好的老师，更重要的是这对自己的科研兴趣有着很大的促进作用。

兴趣是最好的老师，但不能光嘴上说说，脑子想想，一定要做，一定要付诸实践。学习地理信息系统其实在我的意料之外，进入到这么一个颇为未知的领域，总是会充满新奇和挑战，在高中课本里面也只是略微提过的3S技术，在大学里面才开始深入学习，一切讲究一个"缘"字，无论你决定选择什么专业，或是最终考上了什么专业，我们要做的也就是干一行爱一行。

学习之余当然不要忘了丰富自己的课余活动，作为热爱社团活动，不愿意总是坐在教室里面学习的人，我在大一时将自己的大部分精力和时间都放在了社团活动上，在学习方面就有所精力不足。经历过这种状态的我，建议各位学弟学妹酌情选择一到两个社团来拓宽自己的交际面。

在大学四年的学习里，我其实只学会了一个工具，一个对地理数据进行获取和处理的工具。如果学弟学妹最终决心走上学习地理信息系统的道路，建议在平时课程学习中多进行实操练习，掌握概念知识，不要弄混或弄错相关概念，并配合课外实践活动。但是选择适合自己的实习更重要，以免白白耽误自己的学习时间。

希望各位学弟学妹加油努力，我很乐意与各位学弟学妹进行探讨或是聊天。

工业工程专业介绍

（作者简介：马斌彬，本科就读于哈尔滨工业大学，研究生就读于上海交通大学，研究方向为数据融合。）

一、专业基本介绍

从哈尔滨工业大学到上海交通大学，从本科生到研究生，我一直就读于工业工程专业。为啥呢？因为我就是这么一个一心一意的男人，当然，更关键的是工业工程是一个我所热爱的专业。

什么是工业工程？工业工程最主要的职能就是设计系统，设计包括人在内的复杂的集成系统，通常包括人员、物料、机器设备、能源、资金和在该系统里流动的信息。它需要借助的是数学、物理学和社会科学知识，并且综合运用工程分析的原理，直接利用这些知识和原理或者进一步搭建模型来处理数据。而它所期待得到的结果则是对这个集成系统进行全维度地规划、设计、优化和改善，以此降低系统整体的成本并提高运行效率。其实简单地说，工业工程就是用工程的方法解决管理的问题。

虽然工业工程最初被应用于制造业，但随着它的进一步发展，它并没有被局限在那里，而几乎在每一种行业（工业、农业、建筑业、运输业、金融业、医疗保健业等）中都得到了广泛应用，如航天飞机座舱系统的设计、主题公园热门项目的排队系统设计、全球连锁企业供应链管理、老龄化时代社区医疗布局等。在美国，工业工程是五大主要工程学科之一，其他四个分别是土木、机械、化学和电气工程。这四门工程界限相对分明，而工业工程则是（机械工程+电气工程+化学工程+土木工程+……）×管理。被称为"工业界的医生"的工业工程师利用专业理论，如运筹学、系统工程、人因工程、物流工程、运营计划与控制、流程管理、质量管理中的方法、原理可以解决企业在管理、成本、效率等方面的疑难杂症，并且花钱少见效快。

我国的工业工程起步较晚，但是发展迅速。从大学本科课程体系来看，其设计思路也体现了学科覆盖面很广的特点，有时候真的广到我都开始"怀疑人生"了。目前，国内的工业工程学科设置分为两种：一种是管理学院的分支，如天津大学的工业工程就是在管理与经济学下面的一个学科，其主修课程包括经济学、管理学、会计学、财务管理、基础工业工程、生产计划与控制、质量管理、成本控制、管理信息系统、人因工程、工程经济、可靠性工程、系统仿真、现代制造系统等。另一种是机械学院的分支，如上海交通大学的工业工程和哈尔滨工业大学的工业工程都是机械工程下面的分支学科，授予的也是工学学位，但是在课程体系中，还是包含了管理学的部分。如图1是哈尔滨工业大学工业工程系本科阶段的课程体系。

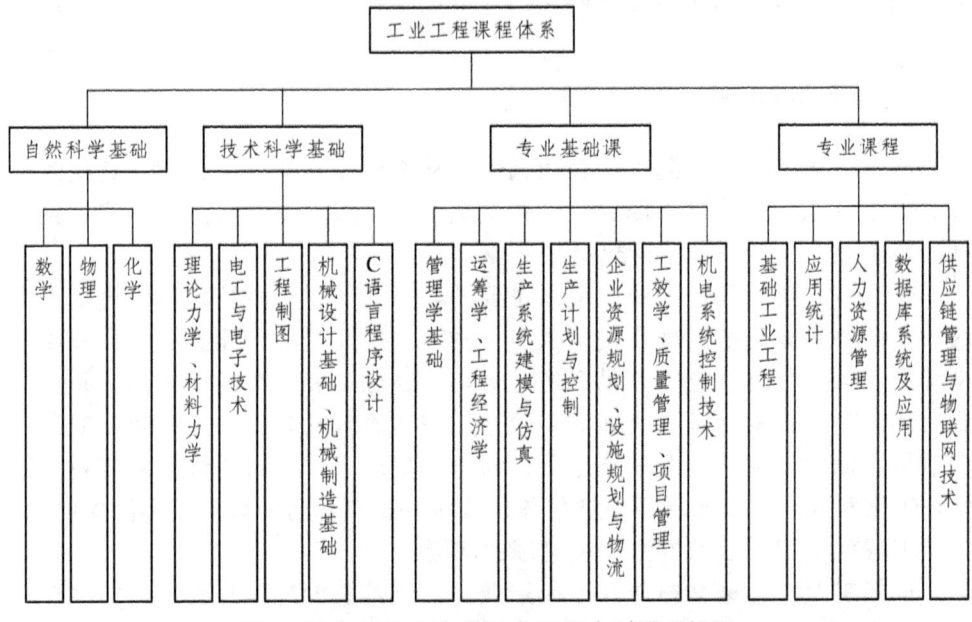

图1 哈尔滨工业大学工业工程本科课程设置

从图1中可以看出，工业工程基础课程设置和机械工程专业区别不大，但是包含了管理学、运筹学和工程经济学等管理学课程和工业工程专业课。此外在哈尔滨工业大学，作为机电工程学院的下属学科，工业工程的一些实践课程则接近机械工程专业。比如我们专业也做机械设计基础的课程设计（二级减速器的设计）、机械制造基础的课程设计（夹具设计）。就我自己在本科时候的学习过程来说，工业工程的本科课程特点是杂而不精，既有机械方向的学习，也有管理知识的学习。然而学机械，没有机械专业学得那么细，方向分得那么清，很多课程的难度也低于机械专业，管理的课程也相对简单。工业工程专业课程设置的这种特点导致部分同学结束本科的学习之后，并不是很清楚自己的兴趣和就业方向。

值得说明的是，工业工程专业的培养目标是，培养的人才需要具有对生产系统、服务系统进行分析、规划、设计、管理和运作的能力。其实要达到这个目标，本科阶段的学习只是一个理论基础，更多是之后的深入研究和真正到企业到社会中的学习和锻炼，毕竟实践是检验真理的唯一标准。本科阶段的学习只是让同学对企业运作有一个基础的认识。企业运作是一个涉及面很广的学问，其中涉及财务、生产计划、物流等很多方面。因此在有限的学时中不可能对每个方面进行深刻地探讨。但是当你对这几个大的方面有一定认识后，可能很多年后，你遇到了类似的问题，你忘了怎么去解决，但是你知道这个问题该翻哪本书，该问哪些人，所以说工业工程培养的"攻城狮"是通才而不是某一方面的专才。

很多同学关心本科毕业后的就业或者继续深造的问题。图 2 给出了哈尔滨工业大学工业工程专业近几年来本科毕业生的去向（每个学校工业工程侧重不同，因此本科毕业去向差别比较大，此图仅作参考）。因为工业工程专业

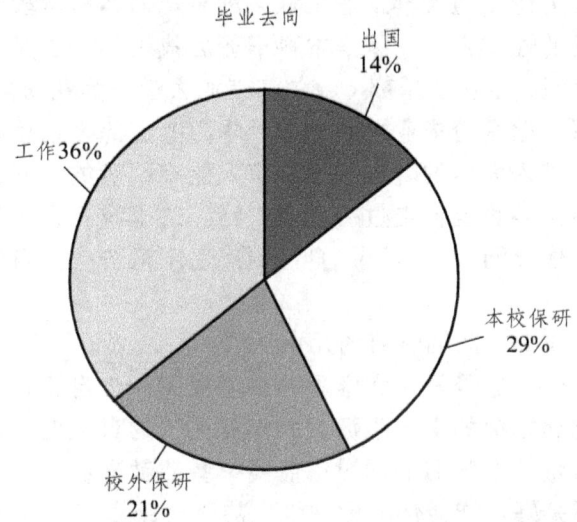

图 2　哈尔滨工业大学工业工程专业 2010—2016 年本科生毕业去向图

是一个偏重于现场、实际作业的专业，在本科阶段所学的概略的知识体系需要在实际作业中得到细化和实施，把理论和实践结合起来是工业工程的专业特点。而职业的方向上，正如我之前所说的，工业工程覆盖面很广，据有关数据显示，美国约有 42%的企业 CEO 曾就读于此专业，70%以上的学生毕业后进入工业界，成为企业管理人员、部门主管、工业工程师或机械工程师。除制造业的人才需求外，农业、运输业、金融业、医疗保健业也存在着工业工程师的人才缺口。记得在本科阶段一个从"台湾清华大学"工业工程系访

学回来的老师说，"在台湾，一个方向就是探讨工业工程技术在台湾医院管理不同方面的研究与应用，使医院在有限的医疗资源条件下发挥最大的绩效，提升医院管理的水平。"而上海，作为国内的金融中心，很多工业工程专业毕业的学长在咨询公司或者银行业工作。这里我想强调的是，选择自己职业的时候不要把自己局限在一个传统视角的行业或平台，可以在心仪的行业内寻找与自己专业的交叉连接点，工业工程专业尤其是如此。

二、综合分析

不同于中学，进入大学之后，每个人都有适合自己的路。有的人适合搞科研，有的人适合创业，没有所谓"最好的方向是什么"，只有最适合自己的方向。我个人性格比较内向，比较喜欢沉下心研究，所以我觉得读研是一条不错的路。因此，大学四年里我学习上抓得比较紧，也参加了科技创新等项目，最后进入了上海交通大学工业工程系读研。而本科阶段的一个同学，进入大学的时候目的性非常强，就是本科毕业后找工作。于是他参加了学校的职业生涯规划社团、企业俱乐部（哈尔滨工业大学华为花粉俱乐部），中间还有几次实习经历，七月份毕业之后进入了华为制造部。这里我想强调的是目标的重要性。刚进入大学的时候，很少有人能有明确的目标，大多数目标都在不断动摇。想当年我也曾走过一段曲折路。这里我想说的是，当你决定读研或者工作时，你要问一下自己，自己到底适不适合，对自己的发展有帮助吗？

下面谈谈我在大学时期学习的几点建议：

（1）培养一个兴趣爱好。大学里如果能找到一个自己真正喜欢的兴趣爱好是幸运的。比起之前的求学生涯，大学有更大的自主性，你需要提升在大学期间的生活质量。在学习的同时，需要一些活动来释放压力。同时这些大学中扩展的兴趣爱好可能会伴随你一生，甚至会让你交到许多真正的朋友。

（2）找到一个适合自己的方向。工业工程是一个发展面广，就业选择多的专业，比起其他专业，也许更加容易找到一个适合自己的方向，但选择多也意味着容易迷茫。所以选择了工业工程专业，一方面要积极地去了解各行各业、各种去向，不拒绝任何一种可能；另一方面也要尽早确定好一个较为明确的目标，不随大流摇摆，尽早做好相关的准备。

（3）正确地认识你自己。在填志愿时，可以问一下自己：我是真的喜欢工业工程专业吗？还是仅仅因为这个专业就业好或者说热门？如果你是个纯粹的技术控，我觉得工业工程并不适合你；如果你喜欢多学科的交叉学习，技术和管理都想涉及，那么工业工程是一个很好的发展方向。

三、未来展望

工业工程是一个注重实际应用的专业。它的精益生产，提高效率的思想在各行各业都会有应用的前景。此外，工业工程专业的就业边界是比较模糊的。如工业工程和计算机结合的典型就是企业资源计划（ERP）。工业工程解决企业信息流的理论研究，而编程则把这些思想和理论变成实际可以操作的界面和数据模块。通过这种多学科结合，把企业的信息流融入到信息化的平台上进行分析和应用，这是目前企业所急需的技术，因此一个懂工业工程又会编程的毕业生在就业市场是非常吃香的。除了和软件结合之外，我身边的工业工程毕业的同学去金融业、医疗或者服务业的也不在少数。但是，去相关行业的前提是，除了你得学好工业工程专业之外，还必须有相关行业的基本技能。比如，大学阶段可以尝试备考 CPA（注册会计师证书，取得本科毕业证书后才能有考试资格）、CFA（特许金融分析师，大四时可以考），这些对进入金融或者相关行业有一定帮助。

以上仅仅是自己的一点看法，介绍了我对工业工程这门学科的理解。看了我的介绍，如果学弟学妹们对工业工程这个专业所做的事感兴趣，欢迎和我一同来领略工业工程的魅力，做一个"搞大事"的"工业界医生"。

机械电子工程专业介绍

（作者简介：艾麦提·布拉丁，本硕均就读于哈尔滨工业大学，研究方向为回转冲击式超声波钻的研制。）

我从哈尔滨工业大学机电工程学院机械电子工程专业的本科毕业之后，又成为了这里的硕士研究生。机械电子工程专业需要学习包括数学、物理等基础理论知识和机械设计制造方法、计算机软硬件应用等专业知识，从而培养能承担各类机电产品和系统的设计、制造、试验和开发工作的专业人才。

一、机械电子专业理论课

机械电子工程专业和机械工程等相关专业学的知识差不多。表 1 为我们大学四年一些主要的课程。

表 1　机械电子工程专业课程

课程类型	具体课程名称（部分）
必修课	高等数学、线性代数、复变函数、概率论、大学物理、大学化学、理论力学、材料力学
专业基础课	工程制图、机械工程材料、机械原理、机械设计、电工与电子技术、机电一体化系统设计、C 语言程序设计等
专业课	单片机原理与接口技术、数控技术、检测技术与控制工程等

其中，我印象比较深刻的课程主要是"工程图学"和"理论力学"这两门课程。

"工程图学"大一一开学就要开始学习，是机械学科重要的专业基础课，从大一开始需要一直用到大四。这门课对很多没有空间感的同学来说是一场"灾难"，当然就包括我。通过这门课的学习主要掌握如何准确地绘制二维、三维机械结构（包括它们之间的互相转化）。记得那时我深深地困惑于不同结构相交时的相贯线，怎么都想不明白，最后只能通过死记的方法掌握。当然，通过大学四年大量制图的经历，我还是没能真正地掌握这个本领，因为自己的机械基本功不太好，所以后来果断选择往"电"方向倾斜。

"理论力学"这门课主要是通过抽象建模的方式解决很多刚体的力学和运动问题，是中学物理受力分析以及运动分析解题的升级版，如图 1 所示。这门课很多工科专业都要学习，对于机械类专业来说尤为重要。通过这门课，你能掌握基本的模型抽象与力学分析的能力，这门课在很多机构的力学、运动学分析中起到很关键的作用。虽然现在力学分析软件越来越多，但是你没有掌握基本的理论知识是根本用不好的。

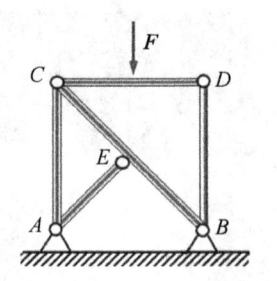

图 1　理论力学受力分析图

下面我用一个例子将大部分课程梳理一下。以图 2 的机械臂示意图为例。通俗来讲，学习机械原理这门课，基本掌握了实现机械臂的方案设计方法；通过工程制图这门课，学会了如何用二维、三维图表示机械臂的结构；通过理论力学这门课，学会分析并计算这个机械臂杆件、结构受到的力的大小；通过材料力学这门课，学会分析并计算机械臂杆件受力的作用下挠度（变形量）的大小、是否会折断等，并选用合适强度的材料；通过机械工程材料这门课，学会了机械臂杆件材料应该选用什么材料并能在什么样的环境下使用；通过机械设计这门课，学会了如何准确选用机械臂里面使用的轴承、齿轮等；通过 C 语言这门课，学会了将高等数学、理论力学、材料力学等知识转化成计算机语言，从而快速、准确地计算仿真；通过单片机原理与接口技术等课程，学会了机械臂基本控制的实现方法。

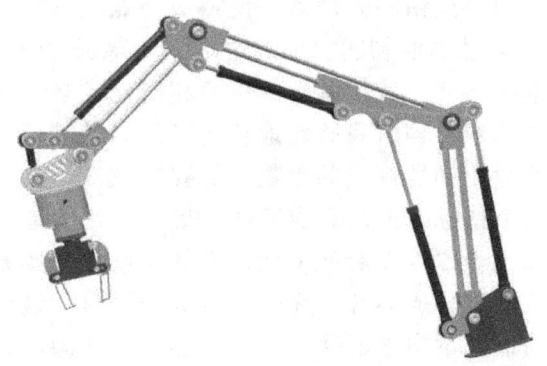

图 2　机械臂

二、学习过程的亲身经历

在学校学习基本理论课的过程中,我在哈尔滨工业大学罗克韦尔实验室学习接触了单片机、PLC 等电子元器件以及 VB、VC 等常用编程软件,并跟周围的同学参加了学校组织的节能减排环保自行车设计科技创新比赛、仿生机器人科技创新大赛。理论与实践结合,不断探索,不断学习,进一步提高了自己的能力。图 3 是我们在仿生机器人科技创新大赛中设计的仿生机械臂,这个机械臂是我学习生涯中做出来的第一个实物。仍记得我们设计装配完此机械臂之后,面临着高精度的编程调试。在调试过程中出现了很多状况,临近比赛的最后几天,我们小组成员在实验室通宵调试,经历了电路板的一次次的冒烟损

图 3　仿生机械臂

坏、一次次电路板的焊接、一次次一条一条地更改程序的艰苦过程,最后圆满地通过了答辩,并获得了二等奖。在这次科技创新比赛的过程中,我学到了很多知识,更重要的是在比赛过程中结识了一群好朋友。虽然当初很艰苦,但现在想起当年的一切,心里很是怀念,也许这就是科研的必经之路。

以上为机械和控制部分结合的例子,以个人的观点来看这也是对机械电子专业的很好的阐释。

虽然我学的是机械电子专业,但平时对计算机编程、电气元器件非常感兴趣,因此从事相关的科研探索比较多。其中比较典型的是,我本科毕业设计做的回转冲击式超声波钻的驱动器,说得通俗点就是超声电机转动的控制器,如图 4 所示为驱动器实物图。说起这个驱动器研发制作过程,我心里还是酸酸的。由于本科期间,我接触到的东西相对比较多,导师分配给我一个驱动器研发制作的课题,当时我欣然地接受了,但随着研究的深入,我彻底崩溃了。因为导师对驱动器规定的参数指标要求较高,之前很多研究生做的驱动器也达不到那个指标,但已完成开题,确无反悔之地。在接到这个课题之后,晚上基本都是十二点以后回宿舍,有的时候也在实验室通宵,通过无数次调程序、无数次烧集成芯片、无数次跟老师探讨,最终成功地调试出来了。还记得我成功地调试出来的那个瞬间,心理非常激动,还给老师发信息说:"老师,我调试出来了"。

工程科学

图 4 驱动器

在大学，我学过机械相关的知识，学过电气相关的知识，也接触过计算机编程 TCP、UDP 等相关的知识。我觉得学机械设计制造及自动化、机械工程、机械电子等专业的同学，都有必要适当地了解其他专业，才能有更好的发展前景。

学机械，不能只学理论课程，实践环节是必不可少的。基本上，学校会统一组织机械电子等专业的同学去企业实习，如图 5 所示，从而在实习过程中能对机械等专业及其就业环境有大体了解。

图 5 长春一汽实习

三、机械电子专业毕业生去向（本科）

我的大学生活比较艰苦，也比较丰富，平时压力也比较大。我本科舍友全部都读研了，有在国内读的，也有出国深造的。虽然上学过程中跟这样的舍友一起学习、一起玩压力比较大，但我还是很庆幸的，正是因为有这么优秀的舍友，才有了今天的我。我曾整理过我们班同学的档案，当时我统计过我们班同学的毕业去向（视不同学校情况不同），我们班总共有 32 个人，其中出国深造、继续读研的 23 个人。具体就业的同学，与专业相关的企业有：一汽大众、成飞集团、中国商用飞机有限责任公司、上海电气等，当然也有一些就业不好的同学，去了一些很小的机械厂，工资也很低。不得不说我们专业的平均工资，在国内，相对于电气、计算机还是有差距的，所以从我们经常说的 ME（机械工程）转 EE（电气工程），EE 转 CS（计算机科学）就可以看到现在国内相关行业的热门程度。国内机械相关行业经历了以前从无到有的飞速发展阶段，再加上不同于计算机行业以人为本的发展模式。机械行业非常讲究积累，很多技术都是时间积累出来的，由于我国机械相关行业发展时间短，没有形成品牌竞争力，所以很难继续跟国外高端企业媲美，行业甚至出现发展停滞、人才饱和的现象。但是又不得不说，现在随着产业转型，机械与控制、计算机等专业的交叉学科兴起，如机器人产业、VR（虚拟现实）、AR（增强现实）等方向也需要很多具有机械背景的同学，说不定这会是机械行业的第二春。

四、给学弟学妹们的建议

大学校园里有各种各样的社团，能认识学长学姐、结交情投意合的知心朋友，也能学到很多东西，这不仅丰富了自己的大学生活，也能提高自己的综合能力。上学期间，我不仅学习了基础知识、进行了科研，同时也参加了很多活动，提高了自己的综合能力。

刚入学时，在全班面前自我介绍时都非常紧张的我，通过参加各种各样的社团活动、社会实践、比赛，在十几人到几百人再到几千人面前答辩演讲，各方面的能力得到前所未有的提高，成为了一名当代合格的大学生（见图 6）。

图 6　2012 届本科毕业典礼上的我（学校唯一的学生代表）

五、后语

我是出生在新疆喀什的一名维吾尔族学生，从小在农村长大。十二岁那年开始接触汉语，通过自己的努力，克服语言关，最终顺利考入哈尔滨工业大学。在上大学之前，由于种种原因，我跟朋友去工地打工、搬砖、扛水泥，有了一段想都不敢想的艰苦的打工经历。我想如果没有那段打工经历，我也不会成为今天的我。建议在大城市长大的同学们可以去工地、农村、偏远地区走访，若有可能待一到两周亲眼看、亲身感受一下那种艰辛的生活，这绝对会成为一生激励你前进的动力。

注：机械类专业大致相同，所以很多学校都把机械类专业合并成机械设计制造及其自动化，这些年又有一些学校把这一专业进行了细分，机械工程专业侧重机械硬件，机械电子侧重软件、电子，但是如果你自己感兴趣，这两个专业基本上都可以做同样的事。

软件工程专业介绍

（作者简介：刘昊东，本科就读于同济大学软件工程专业，研究生就读于卡耐基梅隆大学。）

我曾在同济大学软件学院度过了我人生中最难忘的四年，而后，我前往大洋彼岸的美国，继续追寻心中的理想。回首四年前那个夏天，懵懂的我，机缘巧合地选择了软件工程。当年漫不经心的选择，却选中了恐怕是最适合我的专业，不得不说是冥冥之中才有的幸运。

那么什么是软件工程呢？软件工程，其实追根溯源，是计算机领域研究的一个方向，通过借鉴一些工程方法，旨在提高软件开发的效率以及可维护性。这门学科是2002年国家教育部新增的专业，时间上远远比计算机专业开设的时间要晚。但其实，计算机和软件工程专业可以称得上一对孪生的兄弟，由于和计算机学院过于相似，我们时常打趣到，我们和计算机学院最大的差别，就是我们是"软院"的，他们是"计院"的，在名字上我们有优势。国家开设这门专业的原因，恐怕也是预料到了十年以后甚至二十年以后社会上对软件源源不断的需求。前两年创业氛围比较浓厚，无论是走在路上，抑或是通过手机移动端，总能收到"万事俱备，只差一个程序员"的招聘信息。如果说前面的十年是移动互联网的时代，后面的十年，恐怕会是VR、AR、人工智能的时代，而软件工程师则是为这个时代直接添砖加瓦的人，有着较大的刚性需求。

软件工程的课程，以同济大学为例，大一主要是微积分、线性代数、计算机基础、编程语言和一些通识教育课。和大部分工程专业一样，大一需要先打好知识的基础，大二、大三再进行专业性的学习。表1是一份典型的软件学生的课表。

在必修课程的基础上，同济大学软件工程专业目前分为四个培养方向：数字媒体方向，涉及计算机视觉、交互设计、游戏脚本语言等课程；软件工程方向，涉及Linux程序开发、Windows程序开发等；大型主机方向，涉及大型数据库应用、数据挖掘与数据仓库等；嵌入式方向，涉及嵌入式软件设计以及移动开发等。

表 1　软件工程课程

基础学科	高等数学、线性代数、概率论、大学英语
计算机理论基础	离散数学、数字逻辑、数据结构、现代数值计算、算法设计与分析、编译原理
计算机系统基础	计算机系统导论、计算机组成原理、操作系统、数据库原理与应用、计算机网络
计算机语言	C/C++、Java、Java EE、汇编语言
软件工程	软件工程、系统分析与设计、软件项目管理、软件测试技术

如何能够在软件工程的学习甚至工作中脱颖而出，要求分为两方面：一方面是实打实的硬实力，如编程能力、逻辑分析能力、数理基础等；另外一方面则是专业以外的软实力，如英语能力、表达能力以及团队合作的能力等。对大部分的高中生而言，编程可能是一个陌生又熟悉的名词。很多人会觉得编程很难，加上自己之前没有诸如信息竞赛的经验而放弃计算机专业的学习。另外很多新生刚一入学，就会面对编程的第一个"拦路虎"——C 语言。我回想起刚入学时自己那段挣扎的经历，也是诸多感慨。仔细想想，就软件工程而言，入门是极其容易的。只需要你在高中阶段养成良好的数理逻辑即可。当然，若要做到行业万里挑一的水平，那确实对天赋有一定的要求，但以大部分人的努力还没有达到需要比拼天赋的程度。倘若你真能自律地学习四年，注重动手能力，写写代码（见图1），毕业之日，你再回首时，恐怕也会感慨，之前挡在自己面前的，不过是被翻越的一个个小山丘罢了。

当今，软件工程还是一门更加面向全球化的学科，对英语的要求遍布在学习的方方面面。很多高校的专业课程甚至以英语进行授课。姚期智院士在给清华交叉信息研究院的同学上课时曾说，"之所以现在用英语上课，

图 1　项目截止日期前的忙碌

是因为英语现在以及未来几十年仍会是国际上学术界通用的语言，我们学好它，也是希望语言不会成为将来学术工作的障碍，更是希望几十年后，通过各位的努力，能够将中文作为主流的语言。"而我在大学上课的四年，对曹布

阳教授开设的软件项目管理课程（英语授课）印象颇深。这类课程是软件工程专业独有的课程，是针对具备一定的编程基础与工程能力的高年级软件学生开设的。这门课更多关注的不是技术本身，而是如何运用一套工业级标准，使得软件开发流程化。在这门课上，同学们各自组成一个个小组，讨论软件开发过程中的需求、功能域、标准、风险、工作量、时间安排与人员工作分配，以及当前开发计划失败时的备用方案，如何和客户有效进行沟通，如何跟客户达成软件功能点上的共识等，这些问题也是从事软件开发工作经常要面对的。课程以小组答辩、文档撰写的形式进行考核，以便考查学生对软件工程的理解。制定一个工业级的标准流程，则是软件工程这门学科产生的原动力。

对于计算机学院和软件学院的同学而言，接校外企业的"私活"，非常常见，也是一段津津乐道的体验。一方面完成了知识与实际产出之间的转换，另一方面有一笔足以支撑经济上半独立的收入。我也曾和几个小伙伴一起，参与过某汽车公司自然人机交互平台（见图 2）的一期开发。作为近几年电动汽

图 2　汽车自然人机交互平台

车领域的开创者，特斯拉汽车的显著特征就是其巨大的控制屏。用户可以利用这个大屏幕来导航、查询附近的充电桩、听音乐、收听广播、查看车辆状态等，它不仅是智能汽车的大脑，也是汽车和用户之间进行交流的门面。而我们此次项目的目的，就是探究用户在开车时，对于这样一种交互方式的适应性和需求。这个项目历时 6 个月，前 3 个月用于讨论需求和方案，后 3 个月则用于实际的开发。而实际的开发中至少有一半时间用来修改方案，很多实现的功能也因此被舍弃，真正花在最后的成果的时间可能还不到实际开发

的一半,但这也恰恰是软件开发的特点。项目交付前夕,恰好是二月出头,一群人待在那个寒冷而凄凉的车库进行最后的测试与调整,一边写代码,一边感叹:车库,既可诞生比尔·盖茨、乔布斯这些改变世界的人物,也可以是一群饥肠辘辘的勤劳小蜜蜂们的日常归宿。最后成果移交给甲方,第一次实现了从"无产阶级"到"小资产阶级"的转换,我也因此开开心心地换了台比较好的新电脑,悄悄地做好了下次旅游的计划。

出国交换,则是大学生涯的另一份别样的体验。在大三的下半学期,我选择了去大洋彼岸的美国罗斯-霍曼理工学院进行为期一学期的学习生活。在美国学习过程中,我感触颇深的一点就是美国人的务实。这从课程的设计上可见一斑。国内的大部分课程基本都是一个期末考试,可能还有一个期中考试。倘若是计算机类课程,则再添加一个相关的课程项目。而在美国,大部分课程都由数不清的作业、小型考试、项目组成。如果说国内的很多课程,可以通过期末考试前一两周的突击学习来获取一个不错的分数的话,在美国恐怕行不通。因为在美国的课程设计中,每周的作业和考试加起来可能就占了课程总分的一半。如果说国内的学习是一个 100 米的短跑,考验的是你掌握知识的能力;而国外的学习则更多像是一场马拉松,你要时刻警惕,才能保证不掉队。

软件工程学习非常重要的一环莫过于实习了,而我也是在从美国回来的几个月后,前往北京微软亚洲研究院(见图3),进行了为期 6 个月的全职实习。现在回想起来,这个机会来之不易。亚研院每年面向全国只招几百个实习生,很多岗位还是"一个萝卜一个坑",有些还跟清华大学、北京大学、中

图3 研究院实习结束合影

国科学技术大学里一些实验室是定向关系，所以机会着实不多。公司里，我所在的组是系统算法组，导师是浙江大学与美国密歇根州立大学联合培养的博士。他刚毕业没几年，非常年轻，极具工作激情。我当时和他每两天会碰一次头，讨论手头在做的事情，有哪些成果，面临哪些困难。有时候甚至会一天碰几次头，在工位旁的讨论室，两个人，在白板上边写上想法，边进行讨论，有时候还会发生比较激烈的争辩。互联网公司崇尚人人平等，发扬个性。除了微软，互联网公司中具有代表性的 facebook，也极其推崇工程师文化。很多公司里面的产品与项目，甚至就是几个工程师聚在一起讨论，一拍板就决定开始做的。如果说学土木的希望能建造出百年不倒的大桥，做理论研究的希望能够在自己的研究领域的历史簿留下名字，那么每个软件人追求的可能是，有一天能够开发出世界级的产品，亲眼看到世界因你而改变。

毕业时的场景仍历历在目，回首自己的四年大学，刚刚能称得上不悔。除了当新生的那年，每年新生开学我都会和学弟学妹们分享自己的大学生活，以一个过来人的身份和他们交谈，大学应该怎么过。告诉同学们不要志得意满，不要因为起点高而放弃了后面的努力，笑到最后的往往不是一开始跑得最快的，而是最有热情、最自律、最能坚持的人。许多基础好、起点高的同学由于沉溺游戏而最终面临退学的困境，同时每年也涌现出一批同学，开始时毫无基础，却通过自己的学习与实践，毕业成为了大家眼中的"大牛"。

以同济大学软件学院 12 级毕业生为例，大约有 20%的同学去国外深造，30%的同学选择了保研或考研。还有大约 50%的同学（包含创业的同学）选择了毕业工作（每届毕业生，找到工作的机会接近 100%）。继续学业或找工作的同学，基本都继续从事软件相关的方向。对于毕业工作的同学而言，其选择也是多元化的，想做系统的就去做系统工程师，想搞大数据的就去做数据科学家。人工智能无比火热，也有一批优秀的软件工程毕业的学生加入了无人车团队。人生充满着无限的可能，更多的是兴之所至罢了。

最后，不由想起吴军博士在《浪潮之巅》里描述的愿景："近一百多年来，总有一些公司很幸运地、有意识或无意识地站在技术革命的浪尖之上，在这十几年到二十年间，它们代表着科技的浪潮，直到下一波浪潮的来临。"

"对于一个弄潮的年轻人来讲，最幸运的，莫过于赶上一波大潮。"

生物医学工程专业介绍

（作者简介：秦春霞，本科就读于北京理工大学，研究生就读于上海交通大学。）

唐僧每次介绍自己："贫僧唐三藏，从东土大唐而来，去往西天拜佛取经。"这句话包涵了每人都要问自己的三个问题：我是谁？我为何而来？我要到哪里去？清楚自己是谁，为何而来，要到哪里去，能明确规划自己的人生路，临危而不惧，处变而不惊，所以他成功实现了目标。此刻，你又是谁，为何而来，要去到哪里呢？

一、为何而来？

生物医学工程（BME）这个专业，说起来颇有些奇怪。高中我喜欢学生物，所以顺理成章地报选了北京理工大学的生物医学工程专业。进入大学后，上了几门课，发现好像和生物没太大关系，学长学姐倒是普及了许多的医疗器械以及相关公司，重心成功地由生物转到了医学。直到后来，班主任不苟言笑地告诉我们："'生物'和'医学'都是定语，主语在'工程'"，年少的我们恍然大悟。

简单地说，生物医学工程的任务就是应用生物学的知识和工程学的手段，解决医学中的实际问题。那么，一个生物医学工程专业的学生需要学些什么课程，才能达到会"解剖青蛙"的同时，又能"写代码""修电器"呢？生物医学工程所学课程如表1所示。

生物医学工程，最终目的是解决医学难题，大部分专业课程都与医疗器械有关，从影像仪器的原理到医用检测仪器的结构，再到医学图像的处理，都与人类健康息息相关。众多课程中，认知实习课程最让我震撼。我们去的是中国人民解放军总医院（301医院），为期一周，进行专业讲座和各科室参观，如图1所示。

表 1　生物医学工程课程

分　类	主要课程
公共基础	高等数学、C 语言程序设计、大学英语、线性代数、概率与数理统计、复变函数与积分变换、大学物理、大学化学、工科数学分析、大学计算机基础
大类基础	工程制图、电路分析、人体解剖生理学、生物化学、信号与系统
专业必修	生物医学工程学、制造技术基础训练、模拟电路、数字电路、数字信号处理、医学成像原理与图像处理、生物医学检验仪器、生物医学信号检测与处理、随机信号分析、认知实习
专业选修	生物化学实验、数值计算与常用算法、微机原理与接口技术、数据结构与算法设计、微生物学、免疫学、自动控制原理、生物信息学、光电检测技术、核磁共振成像技术、生物医学光子学

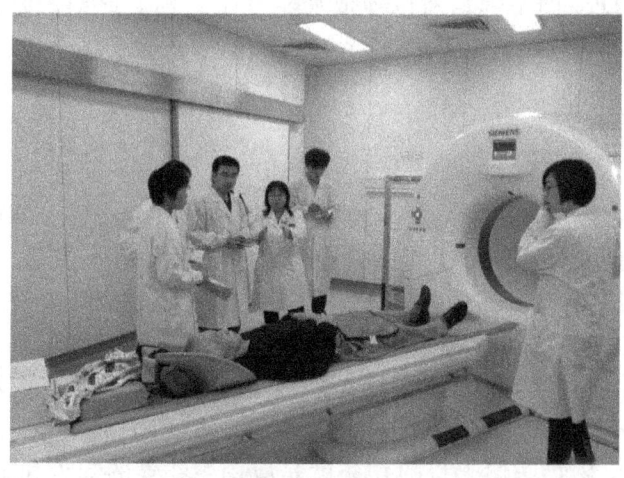

图 1　人民解放总医院医生给病人进行 CT 扫描

认知实习课程让我更深一步了解了各种医用仪器的工作原理、使用方法。在这个数字化的时代，科学的进步让人惊叹。目前，医疗上还有很大缺陷，如常用的呼吸机大部分时候是需要在颈部开口的，然后直接深入肺部，这明显对患者造成二次伤害；而临床肿瘤科，一般会先进行肿块切除手术，再对肿块进行切片检测，最终确定病情，而这样的手术在争取时间的同时增大了误判的风险和进行二次手术的概率。在参观的过程中，我不断疑惑，不断提问，不断地记录。认知实习课程不仅让我获得了大学的第一个满分，更让我明白未来的路任重道远。

二、要到哪里去？

似乎所有的专业都通向两个出口，即读研或就业。

对于读研而言，有 3 种途径可供选择，即出国、保研和考研，如图 2 所示。

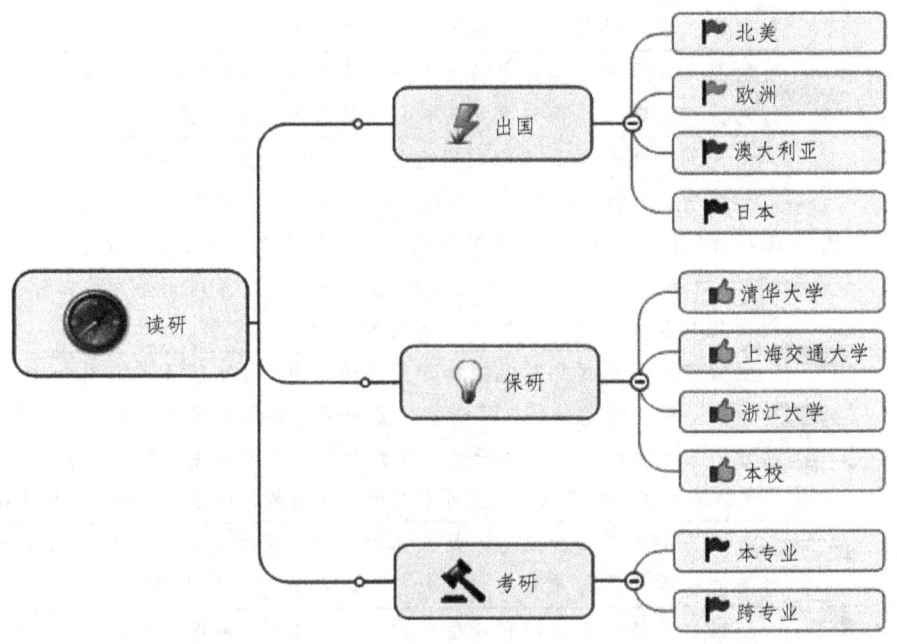

图 2　BME 读研途径

① 出国：BME 起先在美国是博士的方向，后来随着市场的需求，就下放到本科。因此，北美、欧洲等一些国家在 BME 方向上比中国起步早，研究也相对前沿，所以出国是不少立志科研的同学的第一选择。对于选择出国的同学来说，大二、大三就需要着手准备，包括 GPA、英语等级（雅思或托福）、导师推荐信、科研经历等。

② 保研：从 2015 年开始，一些重点大学的保送研究生可自行申请外校，只要对方接受即可。保研一般选择本校或者更著名的高校，其考核的主要依据是前三年的学业成绩、科研成果以及社团工作的综合情况。三者中，学业成绩占较大比重，但具体评分标准各学校不同。

③ 考研：考研是一个艰苦的过程。有的人说考研比高考容易，毕竟竞争基数缩小了好几个量级；有人说考研比高考更难，一个人孤军奋战比众人冲锋陷阵更需要毅力和信心。当然，考研如同高考一样，可以填报你想去的学校。

对于立志科研的同学，BME 的研究生方向如表 2 所示。

表2 BME 的研究生方向

方向	主要内容
生物影像学	根据不同的成像原理，影像学包括 PET、CT、MRI、US（超声成像）的研究，主要分为软件和硬件两部分。软件部分指对仪器产生的影像进行处理，而硬件部分则为仪器的设计等
神经科学与工程	研究人体环境中神经电信号的编码机制，并尽可能模拟其编码机制进行感应和控制，从而与真实的神经系统实现无缝衔接
生物信息学	用不同的编程算法（如数据挖掘），对生物体内一些富含信息的分子进行解析。生物体内富含信息的分子最典型的是携带遗传信息的 DNA、RNA 和携带功能信息（主要是免疫功能信息）的蛋白质。故对于 DNA、RNA 的碱基序列的变化和包含信息的解析，以及对于蛋白质四级结构的变化和包含信息的解析为生物信息学的主要内容
系统生物学	生物体中真正起到系统控制作用的是信号系统。信号系统包含神经信号系统、激素信号系统、免疫信号系统等。神经信号系统由于主要是电信号，主要由电子工程师研究。而激素信号系统和免疫信号系统的基本作用方式是生物化学反应，基于特定的分子结构，需由系统控制工程研究
生物力学	生物力学主要的研究对象是人体内的固体受力情况、流体受力情况，体内的电磁场及其导致的力学效应，以及体内的热力学
生物医学材料	根据生物体内某些器官或组分的材料学要求，再用化学工程的方法实现对仿生材料的人工合成

从我所在的这一届来说，毕业后读研和工作的各占二分之一。现在，BME专业就业去向很多，专业比较对口的主要是去与医疗器械相关的企业，如外企：通用电气（GE）、西门子、飞利浦、强生等；还有国内的一些企业，如联影、迈瑞、蓝韵等，或者去高校、研究所等继续搞科研。也有人转行做与BME相关的工作，比如去医院、做咨询等。

对于BME专业的学生，不管是读研还是就业，医疗器械企业都是一大焦点。长期以来，"GPS"（美国通用电气 GE、荷兰飞利浦 Philips、德国西门子 Siemens）外资医疗企业在国内市场独占鳌头，但随着中国医疗器械企业的发展，这一局面有所改善。在2013年医疗设备市场占有率调查中，大型影像设备依旧以 GPS 独大，如图3所示。国内龙头企业目前主要是深圳迈瑞、东软医疗、乐普医疗、万东医疗等，主要生产基层产品的有新华医疗和鱼跃医疗，产值至少几十亿元人民币。

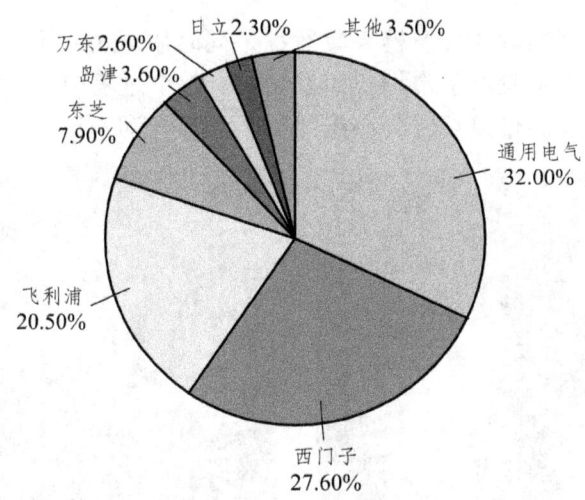

图 3　2013 年放射影像 MRI/CT 类设备市场占有率

三、你是谁？

在这个部分，我聊聊自己大学的经历。

第一年主要是基础课的学习，像是高三的延续。我们从全国各地来，相聚在相同的地方，尽管我们拿着相差无几的通知书，但经过前面十几年的沉淀，一个专业的同学仍然在不同的起跑线上。对于学习能力强的同学，梭罗曾说过"如果我们时时忙着展现自己的知识，将何从忆起成长所需的无知"，所以要脚踏实地；能力稍逊的同学也不要自卑，苔花小如米，亦学牡丹开，真正的高贵不是优于别人，而是优于过去的自己。时间一天天过去，我们终将因为我们的努力或堕落变得丰富或苍白。

大学第二年，我认为是最关键的一年。经过第一年对专业的了解，一般从这个时候参加实验室的课题。同时，大学生创新项目等是提升科研能力的机会。对于 BME 专业，每年都有 IGEM（国际遗传工程机器大赛），由麻省理工学院创办，决赛一般设在美国，是一次出国的好机会。

我参加了 2015 年的 IGEM 大赛（见图 4 和图 5），参赛项目是"Disease Alarm: When Matchmaker comes to Help"，该项目通过设计菌外适配体置换系统以及菌内信号级联放大系统，处理微生物无法检测大分子的难题，最终将其运用于疾病标志物的检测，使疾病的预测更加快速、便捷、准确。我们的队伍由生物技术和生物医学工程两个专业的同学组成，生物技术的同学设计菌内信号放大系统，使菌内检测物浓度达到一定量时，产生荧光蛋白；而 BME 的同学则设计小型仪器检测荧光物质含量，主要使用 IT 的 430 单片机，通过 TCS3200D 系列颜色传感器采集数据，同时用 Protel 软件绘制 PCB 板，绘制好后拿到北京中发电子市场找商家制版。整个过程中，失败过，气馁过，但最后小型检测仪测量成功时，小组的每个人都激动不已。

图 4　2015 年国际遗传工程机器设计竞赛（IGEM）　图 5　马萨诸塞州波士顿海恩斯会议中心

前两年基本完成公共基础课程和大类基础课程的学习，第三年主要学习专业课程。北京理工大学的 BME 专业课主要分为两大类：生物方向和电气方向。我们专业最后选择电气方向的较多。

对于有意向出国的同学，大三更是最苦的一年，不仅要进行英语考试，还要兼顾平时的课程。如果想要申请好一点的大学，发表论文是一个很好的途径。大三的时候，我宿舍的一个同学，决心出国直博，做生物力学仿真方向。为发表论文，她每天在实验室仿真数据到凌晨一两点，最后顺利申请了墨尔本大学。

最后一年，除了毕业设计，同学们就剩下考研、申请出国或者找工作了。北京理工大学的 BME 专业被纳入卓越工程师教育培养计划，所以部分同学的毕业设计在企业或者医院完成。我去了北京大基康明医疗设备有限公司，做图像处理方向，为期 6 个月。在公司做毕业设计，就是把在学校所学的理论知识，运用到客观实际中。

四、后记

大学，是最美好的四年。大学的主要任务依旧是学习，大家在处理很多事情上还会显得蹩脚，希望大家都可以仰望星空，同时脚踏实地，不要高估两年内的自己，也不要低估十年后的自己。努力掌握基本知识，同时多参与社团活动，积极挑战各种比赛，愿大家都在桃之夭夭的年龄，灼灼其华。孤光一点萤，也可散作满河星。

第二部分　理农医学

　　理科一般是自然科学、应用科学以及数理逻辑的统称，与文科相对立。理科学科主要有数学、物理学、心理学、生物学等。国内较知名的以理科见长的大学有中国科学技术大学、北京大学、清华大学、南京大学、复旦大学等。除理科的诸多学科外，医学和农学也是理科生报考大学时不可忽视的两大类专业。通过阅读学长学姐的文章，你既可以被理科的魅力深深吸引，又可以全面了解医学和农学的基本信息（课程设置、毕业去向、就读体验）。

农学专业介绍

——"生命"是第一生产力

（作者简介：张博琦，中国农业大学本硕博连读，研究方向为玉米抗病育种。）

一、专业简介

1. 基础信息

作为一名博士生，在文章的开头我并不想用过于书面化的文字去描述这门专业。用贴近生活的大白话来讲，农学专业就是从理论上学习和研究怎么帮农民伯伯种好地，收获更多更好的粮食。当然如果有一天你有一块地，思考怎么去经营成现代化农场，学这个专业最好不过了。它不是你想象中的那么"土"，但绝对是最贴近自然的一个专业。

作为一所985重点大学，中国农业大学的农学专业有很多，在传统的种植业方面，就有农学（本文所写）、植物保护、园艺三个大方向，本科招生时也是分成了这几个专业。除此之外，还有动物医学、动物科学等其他一些专业。这些都属于广义上的农学专业，你千万不要被"农学"这个专业名字"误导"，农学天地广阔，大有作为。

2. 基本课程介绍

基础课程是每个专业都要学习的，个人觉得如果本科毕业后还要继续深造读研的话，基础学科和某些专业课是一定要学扎实的。如果毕业后直接从事农业相关工作的话，那么重心应该放在广泛涉猎上。农学专业的主要课程如表1所示。

表1　主要课程介绍

基础必修	高等数学、概率论与数理统计、有机化学（实验）、基础与无机化学（实验）、大学物理（实验）、大学英语、计算机基础（实验）、一系列政治课
专业基础	植物学（实验）、分子生物学、植物生理学、生物化学（实验）
专业课	农业气象学、农业机械、试验设计与生物统计、微生物与植物病原学（实验）、昆虫学（实验）、植物病理学、耕作学、种子学、土壤学（实验）、田间实验技术、遗传学（实验）

下面我来给大家简单介绍几门课程吧。

（1）植物学。

农学专业被问得最多的问题是"这是什么植物？"下一个问题可能就是"能吃么？好吃么？怎么吃？"。而这些问题植物学老师会带领你找到答案。植物学的实践中，需要自己动手制作标本，在校园里或去植物园认识植物。在实践中，我们发现了不少有趣的小知识，如菊科的花冠是辐射对称的（见图1和图2），小花是管状或舌状的，观赏用的菊花和路边的蒲公英都是菊科的，算起来还是"亲戚"呢。

图1　菊科植物1

图2　菊科植物2

（2）田间实验技术。

田间实验技术课是我最喜欢的一门课。在这门课上，我种过甘薯、西红柿、黄瓜、花生、萝卜、大葱、小番茄（见图3），扦插过山桃、葡萄，给苹果、梨树剪枝（果子长得好不好，就看枝剪得怎么样），给玉米、小麦、水稻人工授粉，给棉花喷农药，认识了各种园艺花卉和草药。夏天有杏吃，秋天有柿子和山楂。有时候人手一把小锄头就去上课了，有时候拎着一兜花生就回来了。有固定住房（宿舍），有固定收入（每月补贴60元），有固定土地耕种，吃无污染无残留的农产品，感觉真是太棒了！

图3 从实验田采摘的班级一起种的小番茄

我想这应该是中国农业大学最有特色的一门课了,能够在不大的试验田里面接触到很多种作物,从播种到收获一直在照料它们,整个过程不仅可以学习到很多基本的农事操作,还可以经历作物成长的过程,会很有成就感,也会因此喜欢上这个专业。

(3)昆虫学。

昆虫学这门课就像是哈利·波特里的神奇生物课,我们不仅要学习昆虫的生物习性,还要学习昆虫的生理知识和昆虫的分类(昆虫分类和植物分类一样都很有意思)。如在解剖镜下去找蝗虫的"耳朵",解剖它并画出它的肠胃,还可以在标本馆里看到许多前辈们从各个地方采集来的标本,不出门而识天下虫;在课上可以听到老师们讲昆虫背后的文化知识,感受古人心中的昆虫。有些小虫子要在显微镜下才看得到,而有些则是随处可见;有些昆虫"面貌狰狞"却对农作物非常有利,有些昆虫貌美确是不折不扣的农业害虫。总而言之,昆虫虽小,同样蕴含着一个值得探索的大世界,如图4所示。

图4 摄于北京妙峰山附近的斑衣蜡蝉

(4)其他课程。

自然科学本就是实验科学,几乎每门课都有实验课,所以学习起来一点都不乏味。昆虫学里解剖蝗虫;植物学里解剖花;田间课里解剖玉米生长锥;

微生物实验课里除了看孢子,还可以做泡菜和酸奶。

课程中除了有趣的和生活相关的事情以外,还有一些课让我们了解国家农业的行情,与国外相比的优势劣势,以及很多现代农业技术。在实践中还学习将不同学科的知识相结合,应用到农业生产中。我们参观了吴桥的有机农场(见图 5),亲眼看到土地有机转化后种植的粮食就是有机粮食,用有机粮食饲养牛、羊就是有机的牛肉(见图 6)和羊肉,再将动物粪便回收肥土形成循环圈,无污染无浪费。动物的粪便还可以产生沼气,给农场供电,几乎完全自给自足。

图 5　吴桥一个有机农场产沼气用的化粪池

图 6　有机牛

3. 未来发展(见表 2)

表 2　农学专业升学和就业情况

学院	专业	专业人数	升学比例	出国(境)比例	就业率
农学院	农学	63	47.62%	11.11%	92.06%
	种子科学与工程	11	54.55%	27.27%	90.91%

来源于《中国农业大学 2016 毕业生就业质量报告》

本科毕业后大部分同学会选择深造,国内读研或出国,一般出国所选专业与国内比较相似,有与作物相关的,也有与其他植物相关的分子生物学研究。本专业如果继续深造的话,可以去研究所、大学、企业等。待遇薪资和其他行业比不算高,但是有人吃饭就要有人种田,农业是立国之本,我国农业现代化还远远不够,所以发展空间还是很大的。

如果毕业之后想转行,也是可以的,如表 3 所示。

表3　农学专业转行方向

生命科学	由于同属于自然科学领域，读研的方向有生命科学、植物、动物、微生物等专业
生物信息	现在生物信息很火，所以读研转向生物信息方向的也很多，但是要看对统计和编程感不感兴趣，是否愿意做生物程序
人力资源	转向人力资源方向的大多都有很多工作经验，并且对此非常感兴趣
自主创业	现代农业采摘园、农产品营销等
其他	会计、教育、法律、经济等，选修双学位可能转得更容易一些

如果选择工作，农学专业找工作比较有优势的是村官和选调生，另外农药、种子等相关公司也是很好的选择，类似中粮、先正达、新希望等国企外企也是比较对口的。下面举几个发生在我身边的例子，我同学小A属于文艺青年型，写得一手好文，本科毕业后读的微生物专业的硕士研究生，硕士毕业后考取了家乡的选调生，在工作中写报告发挥了文笔好的优势；小B同学属于学霸型，从大一开始成绩就很好，本科毕业参加了清华的夏令营，保送到清华大学生命科学学院，现在进行肥胖相关的研究；小C同学毕业后自己创业，在北京郊区种草莓，办采摘园，创业的过程虽艰难，但现在事业小有起色，同学们也都在帮忙做营销；小D同学从大一开始做学生工作，从班长到院学生会主席再到校学生会主席，本科毕业后读硕士研究生，找了一份人力资源管培生的工作；小E同学本科时非常热衷于党组织活动，毕业后考上村官，两年后考取了农业部的公务员。总之他们虽然选择了不同的发展道路，但是相同的是他们始终怀抱着一颗对农学的热爱之心。

二、个人心得

对于专业的介绍多少都会偏主观一些，因为每个人不可能去经历别人的人生。我的同学有那种特别学霸型的，结果保研的时候因为英语六级成绩没过而留下遗憾；有玩乐团的，毕业之后出国搞了科研；有学生工作做得特别棒的，毕业之后去了人力资源管理部门；而我则是参加了社团和NGO（非政府组织），毕业后搞了科研。

农学专业比较开放，平台比较自由，不会限定你一定要搞科研，或一定要去走仕途。但是一定要培养自己独立思考、自主学习的能力，刚开学院长就告诉我们，要思考毕业之后的目标。虽然还有很多人没事的时候泡在图书馆，但绝不像高中备战高考一样去学习，没人会看着你学习，没人会管你在课余时间去做什么。

我所在的寝室有 6 个人，被学霸带领的学习风气特别棒。毕业之后一个保送到北京大学，一个保送到清华大学，一个保送到本校，一个公派美国，两个考研。同门的姐妹们都很追求上进，从大一开始就热爱学习，把时间安排得很满，但是社会实践、业余活动、学生工作也很活跃。所以在这样的氛围中，我也自然不能颓废度日。大三的时候，舍友带我一起组队参加了国创（国家大学生创新性项目），就是在这个项目中，我对科研产生了兴趣。我们的项目由一个博士师姐辅导，主要是她的博士课题分支，与玉米油份相关。自己动手做项目和给别人打下手不一样，需要思考想要得到什么结果，需要做什么实验，可能会出现什么问题，还要分析结果等，这锻炼了我们思维的严谨性、团队合作能力，还有不怕吃苦的精神。项目大部分时间都是在实验室，可是实验室里工作强度也非常高。另外，农业领域的科研比较特别一点的是实验材料每年要去实验地里种，春天耕种，夏天去地里给玉米人工授粉，秋天收获。

不论是想要出国还是保研，或者是工作，都可以早一点参加科研训练。有的同学做完 URP 项目之后，发现自己不喜欢搞科研，果断转向其他方向；如果准备出国的话，提早做项目可以丰富自己的简历，言之有物；如果是喜欢科研的话，提前进入实验室更是必要。总而言之，建议针对个体的自身条件和需求拥有清醒的认识，并据此在大学初期逐渐确定自己的发展方向，对自己的未来有明确的规划，这样课程计划和业余时间安排就会比较有条理。如果想保研，那么学习成绩和实践活动要有的放矢，并且还要参加科研训练。如果想要工作，那么实习经历可能更加重要。建议不要一味地追求高分，这样你就会错过人生的很多精彩。

最后想把朴树唱过的《在希望的田野上》歌词写下来："都会好的，总会有的，关于未来，就请你坦然，不要离开，请你等待……。"年轻无关年龄，所以正在人生十字路口的你别着急，别沮丧，像大地一样拥抱风霜雨雪，接受时间的拷打与锤炼，才能收获时间的粮食。

生物专业介绍

—— 生物专业好吃吗？

（作者简介：吕卓慕，本科就读于北京林业大学生物科学专业，研究生就读于北京大学生态学方向。）

我本科毕业于北京林业大学（简称北林）生物科学专业，现在是北京大学生态学硕士生。高考之后，我满心热血地报考了生物专业，也因这一选择而度过了愉快与迷茫并存的 4 年。

第一次发现生物的奇妙是在高中学习生物课程时，在课堂中，我学习到了有丝分裂的精确与减数分裂的精妙，了解了 64 个密码子翻译的精巧，这些经历了数十亿年的试错而最终产生的生化反应时刻发生在我的体内，而我却一无所知，从课本简单的几幅图中，我感受到了深深的震撼与一种莫名的悸动。而让我真正爱上生物学则是高二生物课的生态学部分，在这一部分里，讲到了生物的进化，讲到了群落的演替。生物的进化是没有方向的，而我却从无序中看到了秩序。从那时起，我开始惊叹于自然的力量，我想知道生命是如何从无到有，又如何在随机与选择的作用下一步步走到今天，形成如今环环相扣又丰富多彩的世界。

中学时的我亦是一个环保主义者，一直关注着环保领域的新闻报道，心痛于人类对自然环境的破坏，心痛于生物的灭绝。那时的我天真地想，如果我能学习到扎实的生物、生态学知识，也许我就可以保护好我们的地球了。

于是，怀抱着对生物问题的好奇与"拯救世界"的宏愿，我在高考志愿单的每一所学校的第一专业上都填下了"生物科学"。

我怀着一腔热情进入了大学，在入学的第一天，我问我遇到的每一个同学他们为什么要选择这个专业，得到的答案大概可以归为 3 类：喜欢小动物或者植物；对生物学的某些领域或机制性的问题感兴趣；第三类也是最多的，就是对这个专业没什么特别的感觉，只是听说"21 世纪是生物的世纪"或者冲着北林的生物学基地班而报考的这一专业。

喜欢动植物的同学们对这个专业的看法也许是大部分人对生物专业的看法：生物专业学习的就是动植物，生物专业的学生会认识所有的动物植物——这也是我最初的想法——而实际上并非如此。生物专业关注的重点其实是分子、细胞、生理，即生命活动的机理。而传统的生物学，如分类学，目前处于较为边缘的位置，而且传统的形态学分类越来越受到挑战，分类越来越多地开始考虑分子分类的证据。在本科的课程设置上亦是如此，以北林为例，在大一时就会与基础课一起上完传统的植物学和动物学的全部内容，之后两年半里专业课的视野便会转向微观世界：生物化学、分子生物学、遗传学、生理学、细胞生物学等。其中将会更加深入地学习高中生物课中曾提到的生物代谢与调控原理。生物技术和生物工程专业的基础课基本相同，在部分专业课的设置上略有不同：这两个专业更倾向于工业生产与应用，因此会开设更具体的微生物工程、酶工程等生物工程类课程。不同的学校对于专业课的设置会有所侧重，以北京高校为例，北林由于具有林业类院校的特长，因此对传统生物学比较重视，开设有植物育种学等较为有特色的专业课程；而清华大学则完全没有传统生物学的相关课程，但是却会在神经科学等领域开设前沿课程。由于学校间强势学科的差异，若需了解更详细的课程设置，还是建议到所填报学校的官方网站查看专业培养计划或课程表。

高中时，生物是数学、物理、化学、生物 4 门理科课程里最像文科的一门——绝大部分时候需要记忆而非计算。在大学里，这一特点更为显著：几乎所有的专业课都是在背书，每到期末，打印出来的要背诵的厚厚的资料都变成了生物系学生们的噩梦。但这并不意味着数学和物理就不重要，实际上，生物学的发展，正是建立在物理与化学发展的基础之上，如今还要算上数学和计算机。因此，生物系的基础课包括了大学物理、3 门数学（高等数学、线性代数、数理统计）和至少 6 门化学课（无机化学、分析化学、有机化学、生物化学、物理化学、仪器分析）及其实验课。这些课旨在奠定学生的理科基础——这一初衷是好的，然而事与愿违，在专业课的学习中，这些基础性的知识鲜少被提及，而应付考试也只需背下教科书中的长篇大论而已。因此，生物专业的专业课与基础课常常是脱节的，在学习基础课时看不到它们的应用价值，而学习专业课时则无法进一步利用、巩固数理知识——这也无怪于学界自嘲"生物学家不懂数学"了。

我想生物世界的迷人之处就在于它的广博，不论是多样繁杂的宏观世界，还是精密复杂的微观世界，生物学都有无数的谜题等待着学者去解决。而这也是生物学本科课程设置的弊病之一。由于涉及的层次和领域太多，因此需要开设大量的课程来领学生入门。4 年的时间有限，为了保证广度，就不得不牺牲课程的深度。而学校为了保证学生的"自主学习时间"进行的短课时改革，更是压缩了课程的内容，使得很多内容浅尝辄止。一个普通的生物系本科生，若不进行自主的学习和科研训练，毕业时也许只会拥有一些零碎而无用的知识，而这不能不说是一种悲哀。因此我认为，对于大部分专业而言，功夫都在课外，生物学专业也应该如此：下课和期末考试不是学习的终点，平日的自学与积累才能真正点亮技能树。

如前所述，很多同学选择生物及相关专业是觉得自己喜欢自然，想做自然、生态保护的工作，这也是我的初衷之一。这一爱好也带给了我许多快乐。本科的学习中，除了动植物学等专业课及其实验课，学校还安排了一周的植物学实习、一周的动物学实习与两周的生态学综合实习，可以让我们在与自然亲密接触的同时学习知识。植物学实习中，我们白天跟着健步如飞的老师满山跑着认植物、采标本；晚上则回到学校整理标本，努力背诵着上百种植物的名字。在动物学实习中，我们住在山上，每天清晨 4 点起床观鸟，白天漫山遍野地捕虫，黄昏下用鼠夹捕鼠，夜里整理标本到深夜，同时还得绷紧了神经来观察山林中的现象，以作为我们的课题研究。有时累得躺在路边的大石头上便能入睡，有时为了爬山只能带着简易的午餐早出晚归……但是至今回忆起那段时光，也只有甜而没有苦，想来那时在山顶 6 个人就着馒头分食的一小盒橄榄菜，应该是此生吃到的最好的橄榄菜了吧。

从入学起，我就积极地跟着学长学姐们去认花认鸟。时至今日，我也依然喜欢到自然中走走，在北京见到的大部分鸟类、植物都还能叫出名字。当我走在路上时，身边的不是"行道树"和"绿篱"，而是在向我致意的毛白杨、大叶黄杨和榆叶梅——见到它们仿佛就是见到了朋友，我的整个世界便也因此丰富了起来。

另外一些被生物学吸引的同学是有志于从事科研工作的。生物学是一门实验科学，尽管"大数据"的理念在生物领域越来越火爆，但收集数据与验证理论的最根本方法还是进行实验。生物学对实验的重视也体现在课程设置中，几乎所有的专业课都会配备相应的实验课，从动植物解剖、生理生化到细胞培养、分子实验，不一而足。也许在非本专业的人眼里，基因、分子、细胞之类的词听起来很高端，而 PCR（多聚酶链式反应）、转基因、组织培养、电泳等实验似乎也很厉害。但实际上并非如此。这些名词背后确有复杂的物理、化学过程，然而对于一个进行实验的学生来说，最重要的只是使用这些昂贵的实验仪器学习做完冗长的实验。而大部分时候，学习使用仪器乃至学会实验，不过是一两天甚至几个小时的事情。当然，实验也并非如此简单，很多生理实验需要精准的手法，细胞、组织培养以及分子实验需要严苛的条件，因此在学会基本的操作之后仍需要不断地练习提高技术，摸索实验条件——前期预实验的失败率则总是很高，对很多刚入门的新手来说，这的确可能成为一个打击。

本科期间，我参与了一项科研项目，这一研究需要从植物的基因组中找出一些特定的核苷酸序列，并利用这些序列的差异来研究其不同地区种群的亲缘、分化与遗传多样性。我在其中花费了数月时间寻找可用于我的 PCR 实验的 DNA 引物：阅读相关文献寻找引物序列，然后请生物公司合成这些序列，拿到引物后，不断更换、摸索实验条件来试着在已有的植物 DNA 样品中扩增所需的片段，然后再送到生物公司测验……就这样，我试验了 40 多对潜在引物，最终成功找到了 8 对。另外一个实验室的类似课题中，虽然花费了近十万元筛选引物，却依然没有成功，其中挫败感可想而知。而在实验能稳定进行之后，就需要数月甚至数年的时间收集数据，不断地重复，重复地处理几十、上百以致上千种样本——唯一不同的只是样品而已。甚至，在很多领域，不管做哪一个物种的研究，研究手段和实验方法都是相似的。仍以我曾经做过的植物种群群体遗传的研究为例，在预实验结束后，我需要在我的两百多个植物个体的样本中各自扩增所需的 8 个核苷酸序列；加上失败重做的实验，我相当于总共处理了两千余份实验样品。曾有三四个月的时间，我朝九晚十一地待在实验室里重复着提取 DNA、PCR、电泳这几个实验，最终处理完了两百多份植物样品；而与我同期待在实验室的师兄，研究的是一种动物的群体遗传特征，除了物种和一些具体步骤上的差异，我们每天做的事情几乎一样。简言之，生物专业的绝大部分实验工作都是机械化的。

在得到数据之后，需要进行数据处理。而对于很多较为成熟的领域，都已经有较为完备的数据分析软件进行"一键分析"，很多时候，做科研是一项流水线化的工作。在某些领域，不懂数理，仅靠实验便可以顺利拿到学士甚至硕士学位。可是若想真正有所建树，则必须要有良好的数理基础。生物领域的创新，依赖于基础科学的发展和学科的交叉。如结构生物学的发展离不开 X 射线晶体学、核磁共振技术以及冷冻电镜的发展与发明；生态学领域常需要各种统计模型进行解释与模拟；近年来提出的"个体医疗""精准医疗""医疗大数据"等，也离不开信息学中的数据挖掘方法。因此，若真的热爱生物科学，想要探索生命奥秘并在其中取得一番成就，就一定要学好数学、理化并掌握编程的技术。

关于就业问题，相信每一个学习及想要学习生物学的同学都听说过"21 世纪是生物学的世纪"这句话，从我浅显的经验来看，这句话的确没有错，然而这句话的重点在于"生物学"而并非"生物学学生"。借助精密仪器、信息算法的进步，生物学在新世纪中长足发展，人类越来越接近生命的本质，对癌症、糖尿病、阿尔茨海默症等疾病的研究也不断有所突破。站在学科的前沿追本溯源，或是寻求解救世人于病痛的方法，这无疑是激动人心的。科学可以"了却天下事"，可以为学者"赢得生前身后名"，这是科学闪耀的光环。然而，由于研究周期长等因素，生物学研究可以算得上是"一将功成万骨枯"，在成功的光环背后，是无数研究生、博士后们夜以继日的努力。而由于高校、研究所的职位有限，他们其中的大多数，在经历几年甚至十几年的学习与工作之后，难以在这个领域找到一份能让他们继续走下去的工作。

在教育部公布的《近两年（2012、2013年）就业率较低的本科专业名单》中，生物类专业"名列前茅"，这一情况直到我毕业的2015年仍未改善。我的本科同学及校友们，一部分选择了毕业后转行找工作，拿着还不错的薪水漂在北京；大多数人则选择了继续读研究生，其中的少部分人因为热爱而继续读了博士，而其中的大多数选择了硕士毕业之后工作。博士毕业的师兄师姐们，少数拿到了教职可以继续自己所爱的事业，但很多人仍在苦苦挣扎或者直接转行——其中不乏优秀刻苦的人才。硕士毕业后工作的人里，有因为生物专业就业面窄而找不到好工作的人，但也有靠自身较强的综合能力和统计学知识而拿到高薪的银行职位的人。近年来，随着生物信息学的发展，从大量的生物数据中挖掘有价值的信息进行科学研究、药物制备乃至基因治疗变成可能，目前市场对生物信息学人才也有较大的需求。然而人生沉浮，有太多的影响因素，自身的努力与历史的进程都不可忽视。

在本科的学习里，我一次又一次被生命的奇迹所震撼，也常常怀念野外实习时的欢乐时光。走到今天，我想我还是爱着生物学的。但虚长几岁，也难免想着要把自己走过的弯路、听过的故事写下来告诉后来的年轻人们。若真有满腔的热情、顽强的毅力、数理的天分与亲友的支持，欢迎拿着这张生物科学的寻宝图来碰碰运气。但请时刻记得不要忘了磨砺数学与编程这两个也许短期用不到但却十分有用的工具；若只是单纯地热爱自然，还请另走他路，并珍藏这份初心，多到自然中走走，多读读相关的书籍文章，多参加些探索自然、保护环境的活动，这便也足够了。

中药学专业介绍

（作者简介：杨靖，本科就读于北京中医药大学中药学专业。）

一、专业介绍

中药是指在中医理论指导下，用于预防、治疗、诊断疾病并具有保健功能的一类物质。中药学是研究中药的基本理论和临床应用的一门学科。而中药资源学是中药学中的一个分支，是研究中药资源的特点、种类、分布、蕴藏量、活性成分及其时空变化规律的科学。

对于中医药的喜爱源于高中时期的一次生病，于是乎在高考的时候，我毅然报了北京中医药大学。通过对本专业的学习，你将了解中药原植物的栽培环境，栽培技术，采收、加工方法、制成饮片的过程，饮片的真伪优劣，宏观微观的鉴别，各种中药的功能功效、配伍应用，中药有效成分的提取分离、鉴别分析，以及药理药效。总之，跟中药搭边的，都会学习。

二、课程介绍（见表1）

表1 中药学专业课程设置

学科基础	英语、高数、无机化学、大学语文、物理学、中国近代史纲要、思想道德修养等
主干课程	有机化学、分析化学、仪器分析、药用植物学、物理化学、中药学、方剂学、中药资源学、中药药理学、药理学、中药药剂学、中药炮制学、中药鉴定学、生物化学、中药化学、药用植物栽培学、中药资源开发与利用
主要选修	中药学简史、拉丁语、现代医学基础、药物分析、药用动物养殖、现代生态学基础、植物生理学、分子生药学

北京中医药大学的中药学专业在大二时期会分为3个方向：中药、中药

分析、中药资源。中药课程是大众课程，中药分析在中药课程基础上多学习药物分析等3门课程（药物分析是专业主干课程），而中药资源则在中药方向基础上多学习中药资源学、药用植物栽培学以及中药资源开发与利用3门课程。3个方向除了3门课程的差别，其他并没有什么不同，拿到的毕业证也是相同的，都是写的中药学专业，理学学士。而我选择的则是中药资源方向。

在主干课程中，重点课程是有机化学、中药药剂学、中药化学。虽然高数学着辛苦，不好学，但在我们专业高数才"一学分"，这三门课都是"七学分"的重量级课程。

首先是有机化学。中药的有效成分大多数为有机物，而有机物的成分是很复杂的。有机化学主要研究有机物的提取与分离方法。这门课的实验部分很有趣，每次都会有不同的中药提取成分，分离，鉴定。在实验中通过自己的努力将中药的有效成分提取出来，通过鉴定证实是目标化合物的时候，会很有成就感。而在有机化学实验中，可以接触到很多之前未曾遇到过的仪器、实验方法，但是每次有机化学实验的时间比较久，有时甚至要两到三次实验才能完结。整体来讲，有机化学构成了整体分析的基础。

然后是中药药剂学。该专业方向会学习到中药所有能制成的剂型，并且会全部亲自动手制药：最常见的汤剂、平常吃的中药片、小颗粒剂、大中药丸、水滴丸、注射剂、膏滋、糖浆剂、膜剂、栓剂等。在中药药剂的学习过程中，你就会感觉到：原来我们平时吃的药都是这样做出来的啊！而且我们自己做出来的药除了不能吃（没经过灭菌），跟市面上卖的也没什么差别了，成就感也是巨大的。

最后是中药化学，这个是最难懂的课了。在上中药化学课的过程中，最大的问题就是"这个念什么？那个是什么？这个怎么会是字呢？"，言归正传，中药化学主要介绍一些有机物（鞣制、甾体、生物碱、三萜类等）的提取与鉴定方法。在中药的分析中，首先应用中药化学、有机化学方法提取，分离，经过简单鉴定后，应用分析化学的方法进行精确的定性定量分析，构成中药分析完整的圈。

另外说两门有趣的课程，即药用植物学和中药鉴定学。这两门课都是历时一年完成的课程，为什么说有趣呢？因为这两门课都附带外出实习，包括在北京延庆松山（见图1）和河北安国药材市场（见图2），既能学习到专业知识，将书本上学习到的理论知识与实际生活中见到的结合起来，又能在实习的过程中增进同学之间的友情，在玩乐中学习，在学习中玩乐，是一次难得的人生体验。

图1 松山实习

图2 安国药材市场实习

三、专业路径分析（见图3）

保研：一些重点大学的保送研究生可自行申请外校，只要对方接受即可。保研一般选择本校或者比本校更好的。主要依据是前三年的学业成绩、科研成果以及社团工作的综合表现。三者中学业成绩占较大比重，但具体评分标准各学校不同。

考研：考研是一个艰苦的过程，如同高考一样，可以填报你想去的学校。

就本专业来讲，国内比较好的大学有北京中医药大学、上海中医药大学、成都中医药大学，这 3 所大学专业是非常对口的，中药学专业在国内排前三；之后是南京中医药大学、广州中医药大学、黑龙江中医药大学，这些学校的相关专业也是国内一流学科。如果再拓宽一点，药学、药植资源学、药物化学等也都是一个很好的转专业选择。如果考虑这些专业的话，北医、协和的药学，协和药植所，中科院药植所等也都是很好的选择，这些学校相对难考，接收保研直博的多一些，所以相对考取的名额也较少。但是一些很好的院校相对冷门的会很好考，如北师大生命学院的老师就很喜欢我们专业的学生。

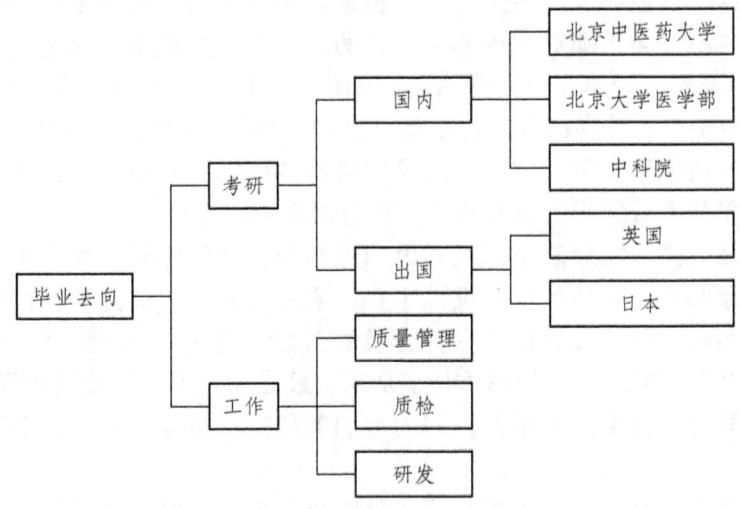

图 3　本校学生毕业去向

出国：虽然说中医药是中国的国粹，但是主要的研究方法是化学，所以国外也有很多先进的方法与技术是值得我们学习的。我们这边的同学去英国或者日本的同学比较多。因为我对于出国没有做过过多的研究，没什么发言权。如果有想要出国的同学，建议早做了解，出国需要做的准备很多。

就业：本专业对口的工作有很多，但都说不上特别的对口。如有在药企作质量管理或质检人员（跟质检、工艺相关），或者做采购。对药企来说，本科生的工资一般都不怎么高，一般三千到五千元，但是在生产线上可以有很多动手的机会。采购的话需要与人打交道的能力。如果想赚钱不怕累的话，做销售是一种不错的选择，这是最考验个人能力的一种工作，做得好月薪可以过万，但是相对心理压力也很大。若对研发有兴趣，则一定要选择读研读博，进入企业做研发，一般企业研发岗的学历要求最低都是硕士。研发岗的工资相对高些，又有项目奖金，是一份高薪工作。

四、个人经历简介

很多人觉得中药和中医差不多，毕竟医药不分家嘛，而事实上却区别很大，中药不会学习中医中望闻问切的本事，而注重中药的研究。不过我认为中药学专业还是有很多的灵活性。无论之后选择在药材基地搞种植，还是在药厂做一线生产，或在药厂外线做销售，或者进入研发团队做新药的研究，均有理论可依据。本专业学生尽可根据自己的兴趣选择喜欢的行业。

记得当时报志愿时，中药学是我选择的第一志愿。那时候想得不多，主要是喜欢这个行业，又不想选择太有框架的医学。刚开始我也很迷茫，因为这个专业并不像学医那么明确具体，目的就是为了当医生，悬壶济世，治病救人。记得有同学说本来打算学医的，被调剂到了中药学，有些同学认为："大不了修个双学位，兼顾医药，岂不是更好。"然而这种想法是不实际的：一是因为这个专业是不支持双学位，二是中药所要研究的东西从大到小，太错综复杂，所需要学习掌握的东西很多，没有时间修双学位。

也就是这样，在迷茫中，我在大四做毕业设计的时候，才终于找到了选择这个专业的意义。我的毕业设计主要是研究几种合成的药物在抗癌之中的应用。在实验室中，我做出了一种合成的药物，将它们应用到癌症细胞时，看着它们对于癌症细胞的抑制作用。从而，最终找到了一种抗癌先导化合物。这也是医学生不会考虑的东西，因为他们的研究对象是人，而我们的研究对象是药。

因为对研发有了浓厚的兴趣，我最终决定走上考研的道路。在这段过程中，我无比庆幸大二时期跟随老师在实验室做科研，虽然那时候没找到目标，但也培养了基本的科研素养，奠定了坚实的基础，为最后所要做的事铺平了道路。要相信，做什么都不会是徒劳的，总有一天会用到，即使当时多么不喜欢。

五、后记

最后，欢迎所有喜爱中医药的学弟学妹们报考本专业，虽然在中学阶段我们不会接触到这些，但是我相信，最后你会爱上这个行业，中药的魅力真的超乎想象。我也相信，大学 4 年的生活会是一次洗礼，洗去尘埃，发现自己身上的闪光点。大家，加油！

数学专业介绍

（作者简介：陈睿，本科就读于中国科学技术大学数学专业，研究生就读于新加坡国立大学数学专业。）

"每一门学科，当我们不是将它作为能力和统治力的工具，而是作为我们人类世代以来孜孜追求的对知识的冒险历程，不是别的，就是这样一种和谐，从一个时期到另一个时期，或多或少，巨大而又丰富；在不同的时代和世纪中，对于依次出现的不同的主题，它展现给我们微妙而精细的对应，仿佛来自虚空。"上面这段话出自法国著名数学家格罗滕迪克的自传《收获与播种》。之所以引用这段话，是因为我非常同意他的看法——数学就是这样一门学科，是"孜孜追求的对知识的冒险历程"，不为别的，就为"这样一种和谐"。

尽管大家从小学开始就一直在学习数学，生活中也一直离不开数学，但是，谈到数学专业，我想大部分人都还是缺乏了解的。作为一个基础数学系的学生，我想谈谈我对数学系的看法。

首先是数学系的一些概况。数学系的方向大致可以分为基础数学、应用数学和计算数学。其中，基础数学偏向于研究数学自身产生的问题或一些来源于理论物理、理论计算机等相关学科的问题；应用数学和计算数学偏向于通过建模等手段将数学工具应用到计算机、工程、经济等其他学科中。但整体而言，数学系（尤其是较好的学校的数学系）的主要目的还是培养数学研究人才，因此课程与培养计划等都围绕这一目的而展开。以我的本科举例来说，大部分都是近现代的数学基础课、专业课以及与物理、计算机相关的一些基础课程。对科研与教学之外就业等问题，我认为数学系可以说是有所欠缺甚至是一定程度的脱节的。尽管数学系也会有一些如数理统计、数值分析等偏向"应用"的课程，但在学习这些课程时基本上也是分析解决其他学科的理论问题，要应用到实际工作当中转化成生产力，仍然需要就业后花时间培训以适应"工业界"的思维，因此很难讲能为以后的就业带来什么优势。

因此我认为，如果想进入数学系学习，这一点是很需要考虑的：要问问自己是否对数学真的有兴趣。否则，进入数学系后，面对众多困难的课程，非常容易觉得枯燥无味。现在社会上许多人说，"数学是基础，学好了数学以后学别的都很容易，有优势"，以此鼓动学生在本科去学数学，而后再转金融或计算机等领域，我想这种言论是不大负责任的。为了"打好基础"这种目的而选择数学系，实在没有必要。正如前文所说，首先这样做未必能获得某些人想象中的所谓"优势"，而且容易搞得自己苦不堪言。事实上，我的本科同学中就有这样的例子。因此我认为，这样的行为是对自己时间的浪费，并不值得鼓励。俗话说，好钢用在刀刃上，学生应该选择自己真正有兴趣的专业。从另一层面上来讲，如果大家都能够做到优先选择自己真正喜欢的专业，做到合理竞争，我想这是对每个人都更有利的。

那么，如何确认自己是否对数学感兴趣呢？我想，首先要试着去了解数学，特别是近现代数学。数学系学的近现代数学和中学的初等数学从研究对象到研究方法都有很大区别，也更有系统性。中学时期对所学的数学有兴趣，未必会对近现代数学有兴趣；反过来不怎么喜欢初等数学，也未必不会被近现代的数学所吸引。幸运的是，现在发达的网络使我们每个人都能相对方便地获取信息，大家不妨去看看"网易公开课"或 Coursera 等网站上的数学公开课（如数学分析、线性代数），试着去认真地学习一门课。我想，在这个学习的过程中，你就能积累一些对于数学的新认识，并且能够自己产生一些心得体会；"知乎""豆瓣"等网站上也有一些关于数学的很好的问题，有心去找的话也能有很多发现。有了一些自己的基本认识之后，也可以再和认识的数学系的学长学姐们，或者高中数学老师、大学招生老师聊一聊，接触更多的信息。我想，如果经过了所有这些，你仍然愿意学习数学的话，那就说明你对数学是有兴趣的，数学专业对你是一个不错的选择。

至于数学系本科毕业后的出路，以我所了解的情况（身边的同学、学长学姐们的情况），大致有 4 种：

（1）继续深造，出国或读研。

（2）从事数学教育。

（3）从事计算机或金融等相关领域的工作。

（4）从事和数学关系不大的工作，如销售。

仍以我本科的学校来举例，绝大部分同学选择了出国深造或者读研，继续研究数学、统计、经济、计算机、密码学等相关学科。其中选出国的同学大多从大二开始准备语言成绩等材料（托福、GRE 等），大四开始申请（以美国为主，欧洲其次）；而读研的同学则都是保研、考研，大都从大三下学期开始准备，并联系导师；个别同学出于选择直接工作（但鉴于笔者本科学校具有一定的特殊性，别的学校情况可能有所不同。对于就业这一点比较重视的同学，笔者建议填志愿时可以直接咨询报考学校的招生老师，如往年的就业情况、是否有长期合作的研究机构或企业等，这样能够获得学校的第一手信息，也更有助于自己做判断）。

谈了这么多基本情况之后，我想接下来可以谈谈数学本身了。数学系本科的学习大致可以分为两个阶段：第一阶段是学习一些基础课程；第二阶段是分专业的学习。

（1）其中基础课程分为3类：分析、代数与几何。

① 分析包括数学分析、实分析和复分析，主要内容是微积分的建立及其推广。

② 代数包括线性代数和抽象代数，主要研究各种代数结构。

③ 几何包括微分几何和拓扑，研究特定的几何对象（如空间、曲线、曲面等）以及它们在某些变换下的性质。

（2）专业课则根据专业方向的不同而有所区别。

① 如果是基础数学，可能会继续学习一些现代数学的基础，如泛函分析、偏微分方程、代数拓扑、代数几何等。

② 如果是应用数学或计算数学，可能会学习一些有应用背景的学科，如数理统计、数值方法、有限元等，并选定导师开始一定的研究工作。

总体而言，相对于其他一些专业而言，数学系的生活可能是相对无聊的，既没有很多交流交换的机会（当然这一点可能也和学校有关），实习或科研也相对较晚。但数学系也有自己独特的乐趣，那就是数学本身。不同于中学的数学大部分是散乱的现象和公式，现代数学非常强调"自然""普适"和"整体的图景"。

① 对于一门学科内部要理解研究它的动机，即要"来得自然"。

② 然后是有哪些结构，有哪些工具应用其中，有哪些技术，哪些结果。

③ 接着是它们需要哪些条件，本质是什么，其中的思想与方法能否应用于其他地方，即是否"广泛普适"。

④ 对于不同的学科，要研究它们之间的联系，找出它们的相对位置；

⑤ 还要对比它们，找出相似之处与不同之处，即"整体的图景"如何。

正是这样的特点，使得现代数学威力巨大，魅力无穷。

利用"现代"的观点与工具，数学家们解开了以前看来无比困难的经典问题，如费马大定理、庞加莱猜想等；为物理学家们进一步揭开自然与宇宙的秘密创造了合适的工具，如黎曼几何之于广义相对论、纤维丛理论之于规范场论；甚至在意想不到的地方也起到了巨大的作用，如群表示论应用于晶体结构的研究、数论应用于密码学的研究。这些成就都是现代数学威力的展示。

联系与抽象又反映着现代数学的魅力。所谓联系，就是不同领域的交汇，从不同的视角来看同一个东西，以及对不同领域交叉的研究反过来对原先领域的影响。如在几何里有一个概念叫作黎曼面，简单来说就是局部"看起来像复平面"并满足某些条件的曲面。由于局部的性质，复分析可以应用到它上面。它整体作为一个几何对象，又可以应用拓扑、微分几何的手段去研究它。甚至代数的工具也可以应用其中。而且，对于黎曼面的研究也反过来促进了人们对分析、几何和代数的认识。而抽象则是从现象中抽取它的本质以应用在其他地方。如代数几何这门学科，在相当长一段时间里，代数几何都致力于研究一种称为"代数簇"的几何对象；后来以法国的格罗滕迪克为代表的一批数学家极大地发展了代数几何这门学科，他们推广了"代数簇"的概念，对任意的交换环定义出了一种叫作"概型"的几何对象，将它应用于数论之中且取得了巨大的成功。甚至，在各种方法或工具中，数学家们试图寻求它们之间更深层次的联系——站在它们背后的"哲学"——并将它抽象出来指导学科的发展，典型的代表有"局部整体方法""量子化方法"等。

每当学到这样一些东西，我都会为它们的美感到震撼。引用我本科一位老师说过的话，"午后，你在林荫小道散步时，或者夜深人静思绪迸发时，不经意地，你想到那个定理、问题，并为它的精巧构思惊叹不已，这就是数学。"

同样不可否认的是，在发展的过程中，数学逐渐变得复杂而抽象，对一般人来说变得越来越不友好。为了掌握一些看似酷炫的名词，往往需要一个学生好几个月甚至几年的时间去学习、适应，不断地积累知识与例子。我本科的时候学习抽象代数、代数几何等几门课时都花了相当长一段时间来适应其中的各种概念和符号。因此作为数学系的学生，你可能需要付出比想象中多得多的努力，而且经过长时间的努力却没有（或暂时没有）得到回报的例子也是常有的，这种时候尤其容易感到失落、沮丧，但正是在这个时候也更需要努力与坚持。

总之，可以说，做数学系的学生既是幸福的，也是痛苦的。幸福在于能够有一段时间去心无旁骛地追寻美与真理，按照阿蒂亚爵士的说法，"links Art and Science in one great enterprise, attempt to make sense of the universe"；并且有机会结识一些同样怀着求真之心的师友，他们可以让你受益匪浅，与他们结伴同行的一段时光会让你难以忘怀。我本科期间曾数次与朋友一起办讨论班，每每回想起当时为了某个定义或者定理吵得不可开交，经过讨论后达成一致时那种纯粹因知识而开心的日子就觉得十分怀念。痛苦则在于需要付出更多而无法期待在世俗世界中的回报，有时可能还得不到亲友的理解，孤独可能会常常笼罩着你。

  但是，正如最开始我所表达的观点，数学是一门纯粹的学科，如果你对它有真正的兴趣，并且愿意踏上一段"对知识的冒险历程"，不为别的，就为"这样一种和谐"，那么我想，这一切都是值得的。即便以后出于种种原因没有继续在数学的路上走下去，这样的一段经历也多少能成为美好的回忆。从更远的角度来讲，学习数学也好，学习其他专业也罢，这都只是人生的一部分。探寻人生的意义，才是一辈子的大问题。最后，让我用一句古希腊奥运的格言来结尾。

  "切勿要求胜利，只应要求有一往无前的勇气。"

物理专业介绍

（作者简介：祝漩，本科就读于武汉大学物理系，博士研究生就读于美国弗吉尼亚大学。）

千百年来，我们所生活的世界引发着无数人的好奇心：世间万物都是由什么组成的？时间从哪里来又要到哪里去？广袤无垠的宇宙又是否有尽头？而物理学，正是研究自然界中各种物质和能量的本质与性质，以及它们相互作用规律的一门学科。一代代物理学家们用他们的智慧，创造了一套又一套的理论来解释我们对这个世界的疑问，这些理论或被实验验证，或被推翻，又或被不断完善补充，但只要我们的好奇心没有终止，物理学的探索就会无休无止。

还记得刚刚高考完填报志愿的时候，身边总有人会问我："物理好难啊，你怎么会想去学物理呢？"那时的自己，回想着高中时做不完的物理题，实在谈不上对物理有多么热爱。也许是因为师兄师姐说学物理可以打下更牢固的基础，也许是因为有人说学物理将来方便转专业，然而这些毕竟是别人说说而已，让自己心甘情愿选择物理的原因，大概还是自己内心对这个世界的好奇吧。因为好奇，想知道天空为什么是蓝色的，想知道为什么会有引力常数，想知道原子为什么会有能级，想知道黑洞到底有多可怕，这世间的规律，物理总可以给你最基本的思路，引发内心无限的遐想。只要你还怀着好奇心，物理就可以带给你意料之外的乐趣。

高中时，物理对我们来说似乎就是考官出的一道一道难解的试题；大学中的物理，更多的却是看前辈们如何漂亮地解出自然界里一个又一个费解的问题，然后自己小试牛刀，品味探索过程的酸甜苦辣。大学物理专业的学习主要围绕 3 个方面：理论、实验和科研。理论是物理学已有的基础，实验是对理论的验证，科研就是自己小试牛刀了。

理论方面的课程（见表 1）主要围绕四大力学，了解各种物质的运动和相互作用的规律。在理论力学里求解旋转陀螺不倒的秘密，在电动力学里探索电磁波是怎样传播的，在量子力学里感受那若有若无的概率事件，在统计力学中了解玻色粒子如何"群居"而费米粒子如何"独处"。除了物理理论基础，还需要有数学、化学、计算机、电路等各方面的基础。这些理论课程看似枯燥杂乱，实则互相关联，支撑起物理这座"大厦"。学习这样多种多样的知识，也足够为转向其他专业提供了坚实的基础。

表1 物理专业的理论课程

基础物理课	经典力学、电磁学、热学、原子物理学、光学
四大力学	理论力学、电动力学、统计力学、量子力学
其他物理课程	固体物理、粒子物理、量子场论、广义相对论、激光原理、非线性光学、傅里叶光学、原子核物理等
数学基础课	高等数学、线性代数、常微分方程、数学物理方法
计算机基础课	C语言、数据结构、汇编语言
电路基础课	模拟电路、数字电路

实验方面，学院会提供各种实验课程，一般有四类，第一是热学与力学实验，第二是电磁学实验，第三是光学实验，最后还有近代物理实验。这些实验主要是为了训练动手能力，对知识的运用能力以及数据的处理和分析能力。我自己最喜欢光学实验，虽然每次调光路都会头晕目眩，但是看到那些漂亮的干涉条纹（见图1）、七彩的折射光，还是会兴奋不已，不住地感叹世间怎么会有光这样美丽的物质（见图2）。

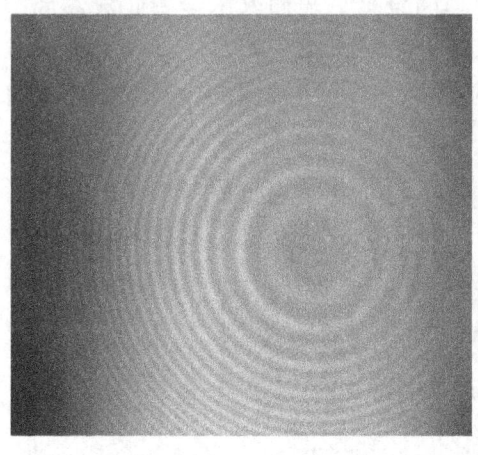

（a）两套干涉条纹分开　　　（b）两套干涉条纹重合

图1 钠黄光双线干涉条纹

图 2　光学器件及光学实验平台

除了这些必需的实验课程以外，一年一度的中国大学生物理学术竞赛（简称 CUPT）为我们提供了另一种学习物理实验的机会。正是这个实验竞赛，让我感受到了物理研究的真正乐趣，才让我敢说自己选择继续学习物理是因为自己热爱物理。这个竞赛的题目都是基于现实生活中各种常见却又不一定引人注意的现象，要求我们以五人为一个团队，查阅资料，自行设计实验，分析数据，完善理论，尽可能地解释这些有趣的现象。记得那年我们研究的一个题目是将水滴放置在冷却到-20 ℃ 左右的板上，结冰后液滴可能会成为有锋利的顶部的圆锥状。在用简单的冰和盐就创造出-20 ℃ 左右的环境时，我们兴奋不已；在观察到水滴结冰顶部变尖的时候，我们忍不住赞叹冰晶的美貌；在利用方程给出拟合图像的时候，我们第一次感受到了探索的成就感，如图 3 所示。这才是我心目中的物理的模样，有数学公式的精巧，也不失自然的美貌。

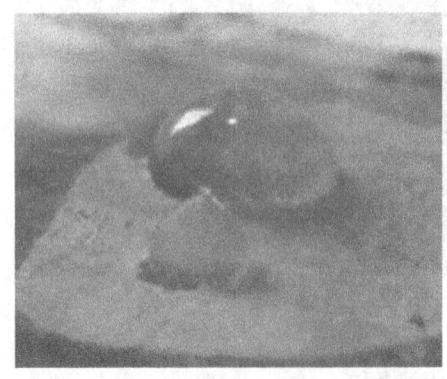
（a）大水滴没有结冰，小水滴刚结冰

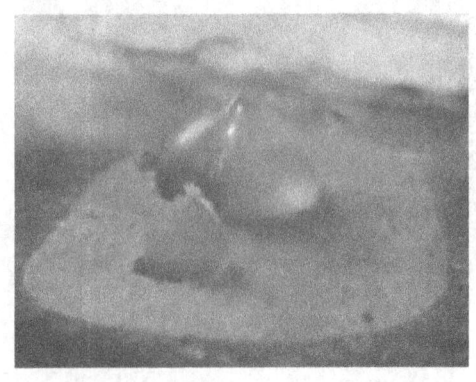
（b）大水滴结冰后顶部变尖，小水滴尖部出现冰树

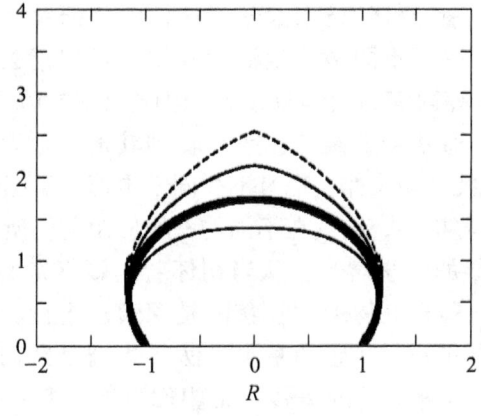

（c）拟合水滴结冰过程

图 3　水滴结冰

科研方面，在对物理理论有了一定了解后，学生一般选择自己感兴趣的研究方向，加入到课题组，在老师以及师兄师姐的指导下参与一些基本的研究项目。也有同学会利用出国交流的机会，参与到国外科研小组的工作中，积累经验。物理学现在的前沿主要包括以下几个研究方面：

（1）原子分子光物理：主要研究原子、分子和光的相互作用，如原子钟（原子频标）、原子喷泉等。

（2）凝聚态物理：以固体物理为基础，从微观的角度研究由大量粒子组成的凝聚态物质的结构、性质。

（3）量子信息：以量子力学为基础，研究量子系统的计算、编码和信息传输的过程。

（4）高能物理：在高能量作用下，研究基本粒子的相互作用。

（5）核物理：研究原子核的成分和相互作用。

（6）天体物理学：研究宇宙、星体之间的相互作用。

这个初步接触科研的经历，给了我们应用前面所积累的各种理论实验知识的机会。然而真正的科学研究并不会一直都是欢乐无比的，在探索未知事情的过程中，总会遇到公式求解不出、计算程序一直报错、实验数据一直异常等各种情况。在一次次分析处理这些问题的过程中，锻炼的不仅仅是技能，还有自己的耐心。那最初的好奇心，依然是支持自己一直走下去的最原始的力量。

本科毕业以后，如还想继续在物理的各个领域进行科研工作，大多数同学会选择继续读研。如果在国内读研，可以通过保研或者考研的方法进入清华大学、北京大学、中国科学技术大学或中国科学研究院继续研究物理。也有很多愿意出国体验一下不同学术生活的同学，可申请去美国、加拿大、德国、法国、澳大利亚等国家的大学攻读物理博士（PHD）。当然，如果毕业后不再想研究物理了，通常会直接工作或是转到其他专业读研。不少同学在毕业后进入到了各种科技公司工作；也有不少同学申请到了国外大学电子、材料、经济等各个专业的学习机会，继续在不同的领域应用他们所学到的物理知识。

  回顾自己这4年的大学时光，从当初怀着一颗好奇心走进物理，到慢慢体会到物理的美妙，喜欢上物理，收获的是探索这个世界的一段纯粹而宝贵经历，学到的是处理和分析问题的基本方法。物理复杂而又单纯，会带着好奇的我们体会这万千世界背后的美妙。希望你也能和我一同领略这种美妙。

应用心理学专业介绍

—— 以华东师范大学应用心理学本科经历为例

（作者简介：李明，本科就读于华东师范大学，曾在迪斯尼人力资源部实习。）

一、基本介绍

心理学是研究人的行为和心理活动规律的学科，是在生理层面以及内心活动进行的，旨在发现、预测、调控有关人的行为和心理活动，目标是培养有扎实的应用心理学基础理论，又有熟练的心理学专业技能，能够从事科研、教育、管理、咨询等专业人员。该专业学生毕业后，一般进入人力资源和市场咨询行业，当然还有很多具有潜力的领域有待开发。应用心理学专业的课程设置如表1所示。

表1 应用心理学专业课程设置

基础学科	高等数学、神经科学、大学物理
专业必修	心理学导论、实验心理学、心理统计学、心理测量、心理学史、心理学研究方法、发展心理学、生物心理学、社会心理学、人格心理学、认知心理学、异常心理学、教育心理学、管理心理学、心理咨询理论、临床心理学
主要选修	经济心理学、团体心理训练、性心理学、法律心理学、健康心理学、学校心理学等

接下来我会主要介绍几门心理学的专业课，从介绍中你能大致了解心理学学习的内容。

（1）神经科学课在本科阶段一般被我们称为"神学"，双语授课。我们会接触人体标本、生物实验等，考试烦琐复杂。如果未来打算从事科研工作，这是一门相当有用的基础课程。在科研专业趋势上，前沿方向主要还是神经科学的东西，以及一些基础的心理学规律，或一些心理疾病，如自闭症、精神分裂，这些都与脑科学有关，如图1所示。

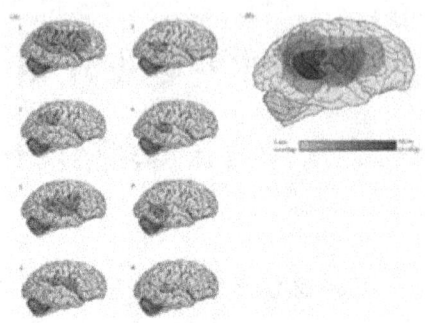

图1 我们需要学习的脑部分区图

（2）实验心理学课上，我们会具体操作很多实验。如关于 Stroop 效应的实验，实验材料分为3组带有某一个颜色红、蓝和黄的字图片（如下），所有的材料呈现顺序是随机出现的，要求被试者在材料呈现中，尽快地根据字本身的颜色按键，选择红、黄、蓝中的一种，记录被试者的反应时长。

（1）颜色和字的意义一致：　　　　　　红　黄　蓝
（2）颜色和字的意义不一致：　　　　　红　黄　蓝
（3）颜色和自的意义不相关：　　　　　身　所　范

实验结果是：（1）组的反应时长显著高于（2）组的反应时长。这是因为字体颜色和字体意义是两个认知，如果字体颜色和意义有矛盾的话，会干扰判断，导致延长反应时长。

本科生做的实验都是一些简单的小实验。但是我们也常常接触到一些先进设备，甚至有机会设计实验，亲自参与，如图2所示。

图2 ERP（事件相关电位）脑电实验

（3）心理统计学是一门很重要的基础课程。大部分的研究都涉及实验数据的处理，这门课锻炼的是我们对于市场调研、咨询方面的技能或者说一种思维能力。学习这门课，我们需要对数字比较敏感，逻辑思维清晰。

在本科课程中，基础课程大多带有理科性质，专业学科部分带有文科性质。当然华东师范大学法学心理学专业也只招收理科生，正是因为对数学和逻辑思维方面有一定的要求。

心理学专业本科是没有明确的专业方向划分的，从研究生开始才会细分，主要方向如表2所示。

表2　心理学专业方向划分

发展和教育心理学	研究儿童发展过程中语言习得、学习提高之类，或者是研究儿童异常疾病，如自闭症
应用心理学	临床和咨询、管理心理学、经济心理学等
认识神经科学	和脑功能有关，如研究某个脑区专门负责面孔识别
基础心理学	比较基础的实验心理学

大学里所学的心理学专业，和社会大众了解的心理学有很大区别。大众对心理学的了解一般是咨询心理学，或者临床心理学。其实，现在热门的咨询心理学其实只是心理学很小的一部分，主要是给普通人做咨询辅导，如职业规划、家庭婚姻等；临床心理学大多是医科类大学里以后做精神医生的专业。

二、本科后的选择

1. 读　研

我所在学校的心理学是很适合继续深造，做科研工作的。从我现在班级的人数比例来说，国内保研的占1/4，国外读研的占1/4。

心理学专业，出国是优先级，一般从大二开始准备。出国除了对你的GPA（平均绩点）、GRE、导师推荐信、科研经历有要求外，还看重你是否有大公司的实习经历。国外的主要流向是美国、英国、日本这3个国家。我有同学去了密歇根大学，她大二时在加拿大当交换学生，这个经历很加分。去日本的话，需要自己另外辅修日语。当然，出国申请失败的也有不少，但是有些甚至会选择修读一年，来年再申请。国内保研一般来说是选择本校或者是比本学校好的学校，我同学的选择基本是北京师范大学、中国科学院和一些带有师范两字的大学。

现在热门的心理咨询师属于应用心理学中临床和咨询方面。国内的咨询行业和国外相比非常不成熟，但潜力很大。如果你选择做心理咨询，理论上来说是需要读研深造的。一个合格的咨询师成长周期很长，培养成本也比较高。咨询师也分领域，如婚姻咨询、职业规划等。可以说，心理咨询师是一个很有魅力的职业，但需要在时间上慢慢沉淀。

2. 本科就业方向（见表3）

表3　心理学专业就业方向

HR（人力资源）	结合我在上海迪士尼的实习经历，一个大型企业的HR部门基本分为招聘、运营（签署、休假、保险等）、培训三大块，薪酬另说。心理学专业适用在HR的招聘和培训领域。HR就业市场比较广，但这个职位的性质决定了它所要求的专业性不是很强，基本上任何大学本科专业的人都可以来做
市场调研	结合我现在实习公司的项目，飞利浦公司需要了解中国各个地区、各个经济阶层的剃须工具的消费情况，每年做两个季度。流程是先涉及问卷结构（除了基本的信息以外，有很多概念）；然后是做出网页版在线问卷（较低等级的编程、较好的逻辑思路）以及后续的网页调试；接着是从全国收集数据（基本上公司都有自己的样本库），并将拿到的数据进行分析；最后做成报告给飞利浦公司
产品开发	这份职业和市场调研有一些衔接，举个例子，在一家基金公司里面，有很多的基金产品。这些产品就是来源于产品设计，部门其实已经有很多不成熟的产品方案，需要在投放市场前进行调研、测试、调整等
用户体验	这个是在产品出来后，去调查消费者的消费情况，相当于上一个方向的后续步骤。公司会根据用户体验和收集的数据，再做产品的投放调整或者是修改产品，这也是一个要做数据的工作。心理学就业的大部分工作和数据有关系，学好统计很重要
其他	少数特殊的，如监狱管理人员

三、本科经历

下面我将简单介绍一下我本科的一些科研经历。

第一个是质性研究，大学生性行为与性态度的相关研究。心理学是研究和人有关的主题，所以有些内容还是比较能带动人的兴趣。这项研究主要是访谈各类大学生，了解他们的性经历，以及他们对性话题的主观态度。研究的大致流程是访谈提纲、访谈（录音）、眷录录音、提取编码、整合编码，并且访谈的对象不得是自己认识的人（社会关系的人可能会影响访谈效果）。这个研究的部分结论：性态度不等于性行为，贬低性行为态度不代表实际行为频率低，认可的态度也不代表频率高；婚姻性行为对于个人发展是否有益取决于个人家庭的文化、自身的教育发展和经历。有些心理学实验是有经费支持的，而我自己的这个实验都是需要自己掏钱给被试者报酬。做这个研究发现一些事情是自己都预期不到的，毕竟涉及隐私。思考深入的话，对自己的生活很有帮助。

第二个是量化研究，关于上海方言和上海特色商品匹配的广告。这个是和同学组队申请的，有经费支持。我主要负责编制实验软件的程序以及进行数据分析。最后得到的结果是无论是否听得懂方言，方言匹配下的特色商品更合适。这个研究是心理学科研很典型的例子，需要编制实验所需的软件，分析得到的数据。编制软件需要懂得一些基础的编程，分析数据就是一直强调的统计学知识。

我在大学里有一部分时间在实习，最开始是去培训机构做学生助教，其次是在华东师范大学的档案馆做兼职实习。后来做了两份全职性的实习，分别是迪士尼人力资源和市场调研。实习是从大学过渡到正式工作的一个桥梁，可以在很放松的状态下，了解自己对于工作的理解和喜好。

四、后话

心理学还是比较好玩的一个学科。它学习程度的弹性比较大，你可以比较轻松地度过本科。当然若你想在这条道路走下去，也是很有难度的。

要读心理学，很有可能要走继续科研的道路。本科里面我只参加了一次和同学组队的项目科研，其余有关科研的就是自己课上的题目研究。但团队研究做起来有更多的乐趣，能发现自己的更多问题。如研究广告语言对产品影响的课题，从前期采集实验材料，到实地做实验收集数据，分析，撰写报告，整个流程下来能学到很多，了解一个科研项目的方方面面。

对于我自己来说，学心理学有一个很大的好处，就是对于自己的了解更深刻，可以用学到的东西分析自己，确实是比较好玩的。能够很好地知道自己有什么缺陷，但真正行动的时候这些缺陷当时可能还是意识不到，主要是不能做到知行合一。

最后要说的是，大学里学到的很多东西会在你未来慢慢发酵体现出来，好好珍惜，开心学习。

五年制临床医学专业介绍

（作者简介：蔡文心，本科就读于中南大学临床医学专业，目前已考上北京大学医学院的研究生。）

医学是旨在保护和加强人类健康，预防和治疗疾病的科学体系和实践活动。临床医学主要指医学中侧重实践活动的部分，需要直接面对疾病、病人，对病人直接实施治疗。同时，根据病人的临床表现，从整体出发结合研究疾病的病因、发病机理和病理过程，进而确定诊断，通过预防和治疗，最大程度上减弱疾病、减轻病人痛苦、恢复病人健康、保护劳动力。

临床医学有五年制（本科）、七年制（本硕连读）和八年制（本硕博连读），长学制是医学的一大特色，接下来我重点介绍五年制临床医学。

临床医学培养目标：学生应具良好的敬业精神、职业道德和强烈的社会责任感，一定的人文社会科学知识和自然科学基础知识，较坚实的医学科学基础理论和基本知识，一定的群体健康知识，较强的临床实践能力、创新思维、终身学习能力和发展潜能。简单来说，临床医学专业就是培养一个医技高超、医德高尚、自己问心无愧又让患者放心的医生。

一、整体介绍

问过周围很多同学对于专业的看法，得到的回答都是"累，别学！"医学学生的大学生活的确很单调乏味，时常还要牺牲掉自己的一些爱好和自由，能回家的机会也会越来越少。每到学期末都会听到每门课的老师讲一遍每一页书都是重点，这样的笑话。

医学虽然只能理科生报考，但在本科课程里背诵记忆是一个关键。期末考试前，大家要抱起五六本书开始背，小到选择填空，大至简答讨论。讨厌背诵的同学可要注意啦，想想自己能不能接受这样的学习。期末考试前一个月，从早到晚一直在自习室复习是常态，学医苦，学医累，真的不只是简单的6个字，都是学姐学长含着泪花、流着泪水的亲身体验，图1就是佐证。

除了学习课程以外，还可以和同学组队申请学院里的创新项目。找一个有兴趣的研究方向，看看有什么研究价值，再找相关老师指导，进一步确定课题、试验方法等。如果获批，就可以开始一系列的研究工作，有的动物实验，甚至需要自己喂养小动物。这些项目可以丰富自己的简历，培养科研思维，增加团队意识，提高实验能力，收获颇丰。

图1 大二到大四的专业书

临床技能大赛也非常锻炼个人能力。比赛之前，科教科会安排涵盖比赛范围的各项内容的培训课程，会有各个科室经验丰富的优秀老师为我们上课。培训结束，我们基本能掌握临床各个科室的主要临床技能、操作，这是多么让人羡慕的机会啊。比赛分个人赛和团队赛。个人赛中，每7分钟就要完整且优质地完成一项临床操作，难度还是很大的。团队赛中，默契、信任至关重要，我们都很庆幸有机会能结识一群好队友。

实习也是很重要的一部分，它是将理论知识和实际相结合。这样我们能更好地认识临床常见疾病，以及其诊断、治疗方法，有助于培养临床思维，体会到患者的焦躁忧虑以及治愈后的欣喜和感恩。实习中，我们能感受到医生的不易，也认识到很多优秀的学长学姐和老师。

本科毕业后，绝大多数会选择考研，考研的压力并不小。除了英语、政治这些公共科目（不用考数学）外，西医综合是考研所有专业课程考试中最难的一门，包括生化、生理、病理、诊断、内科、外科，6门课6本书（2017年改革新增"医学人文"），一本比一本厚，从第一页到最后一页，多么不起眼的小知识点都可能会考。

医学生的培养周期很长，学费+宿舍费为10 000元/年，本科5年+硕士3年，这就要8年，可能还要读博，还有专陪、规培。如果想早点工作或者不想给父母太大经济压力的不建议学医。热门科室的就业也很难，优秀学生众多，而就业岗位有限，就业压力也不容小觑。但学医也有很多好处，如增加自己对于健康的理解，及早发现大病，早诊断早治疗；会被很多亲朋好友咨询病情，提高自我存在价值；磨炼耐心，提高心理承受能力；救死扶伤，提高社会价值等。

医学学生的生活取决于自己的态度。大一时，我们和其他专业学生没什么不同，一起上高数、大学物理、英语、计算机这些大课。课余生活也很丰富，可以挑自己感兴趣的社团参加。随着课程压力的增加、生活校区的变化，我们也慢慢退出这些社团。医学生的课程安排紧凑，我们还是常常在晚上、周末或者某个没课的下午约朋友玩桌游、唱歌等。医学院也会组织歌唱大赛、跳绳比赛、运动会这类活动，我们同样可以把每日寝室、图书馆、教室、食堂4点一线的生活过得多姿多彩。

二、基本课程介绍

各类课程学分表如表1所示。

表1 临床医学专业课程学分表

课程模块类别	通识教育		学科教育		专业教育		个性培养	总计	其中实践环节
	理论教学	实践	理论教学	实践	理论教学	实践	课外研学		
占总学分比例	19.0%	2.3%	11.3%	2.6%	38.3%	21.2%	5.3%	100%	26.1%

大多数学校大一学的都是与医学不相关的数理化课程。专业相关课程是从大二开始的，学习方向为基础医学→临床医学，正常机体→疾病。

基础医学又称临床前科学，是指与临床医学和预防医学实践有关的医学基础理论诸学科的总称。基础医学是研究机体正常结构和功能，各种因素对机体的影响和疾病的发生、发展与转归规律的学科群，根据研究内容和性质的不同分为两大类，即形态学科和机能学科。

临床医学以疾病为研究和诊治对象，根据疾病的特性、诊断和治疗的技术、手段再作相应的分科，包括细胞生物学、分子生物学、生物化学、生理学等。

1. 形态学科

学习方向主要为人体解剖学、组织学与胚胎学→病理学。

人体解剖学是形态学科的典型代表。在普通人和尚未入门的医学生眼里，人体解剖学是最神秘的医学课程，它为我们通往医学新世界打开了闸门，揭开了人体结构和各器官的形态位置及其基本功能的面纱。医学给人带来的"难学""辛苦"的体验就是从这门学科开始的。这门课给人的视觉和嗅觉带来的冲击比较大，学习过程中需要克服较大的心理障碍和生理不适，学会用一种剖析的目光来看待人体是一项很实用的收获。以下是收集到同学们学习人体解剖学后的体验。

（1）解剖楼下就是浸泡尸体的太平间，每到上课之前都由班上的男生下去找尸体运上来，脂肪少、新鲜、好辨认的尸体都是要靠抢的，每到下课还要自己运下去器官四肢，物归原位。

（2）由于尸体太少，所以实验课上经常能看到一个人紧抱着一些器官零件，满实验室乱窜，后面一群人紧追不舍抢着看看摸摸。

（3）医学老师非常喜欢把任何事物都比喻成食物，还叫我们可以剥一剥晶状体，一层一层的像洋葱一样，摸一摸玻璃体，晶莹剔透弹指可破，像果冻一样。

（4）有一次开胸，我把一个"老太太"的锁骨掰断了，画面令人震惊，从此再也不敢吃锁骨类食品。

（5）刚接触课程时，大家进了食堂再也不敢吃肉，多看一眼都是罪过。后来渐渐地有人因起床太晚而把早餐带到教室啃，丝毫不为所动。

2．机能学科

学习方向为生理学→病理生理学。

生理学是机能学科的典型代表，主要研究人体正常生命活动。从生理学开始，医学书本越变越厚。

3．临床学科

临床学科主要分为：诊断学、内科学、外科学、妇产科学、儿科学、传染病学。

大三上半学期结束后就要分医院，我们学校（中南大学）分 3 个医院：湘雅医院、湘雅二医院和湘雅三医院，每个院组成一个大班，大概 150 人，每个大班分 7~8 个小组。临床学科上课的方法比较独特，分为理论课和见习课两大块。一般是半天上课，半天见习，晚上选修。理论课是大班上课。见习课是在医院的教室上的，以见习小组为单位，老师带领小组去病房看典型病例，学习体格检查、技能操作，学习病例的诊断分析，练习病历书写等。

4．实　习

大四结课后紧接着便是为期一年的实习，我们学校的实习分为两站：基地医院和湘雅本院。湘雅的基地医院都是市级三甲医院，如益阳市中心医院，每站实习半年。在这一年中，内科、外科、妇科、儿科、传染科都会涉及。

当实习医生的一年大概是大学 5 年中最有趣的一年了，在这一年中，你会遇到各种各样的病例，会有机会自己管病人，有机会上台做手术，会感觉曾经啃过的"砖"都变得鲜活生动起来。但在你享受临床乐趣的同时也会遇到一些因为漏诊、误诊而延误病情的情况，也会遇到病情瞬息万变让人措手不及的情况。这些经历更加使人深刻理解到"行医使人战战兢兢，如临深渊，如履薄冰"的道理，也使我们今后在工作岗位上更加胆大心细，严于律己，争取做到对自己管理的每一个病人都没有遗憾。

三、专业路径分析（见图 2）

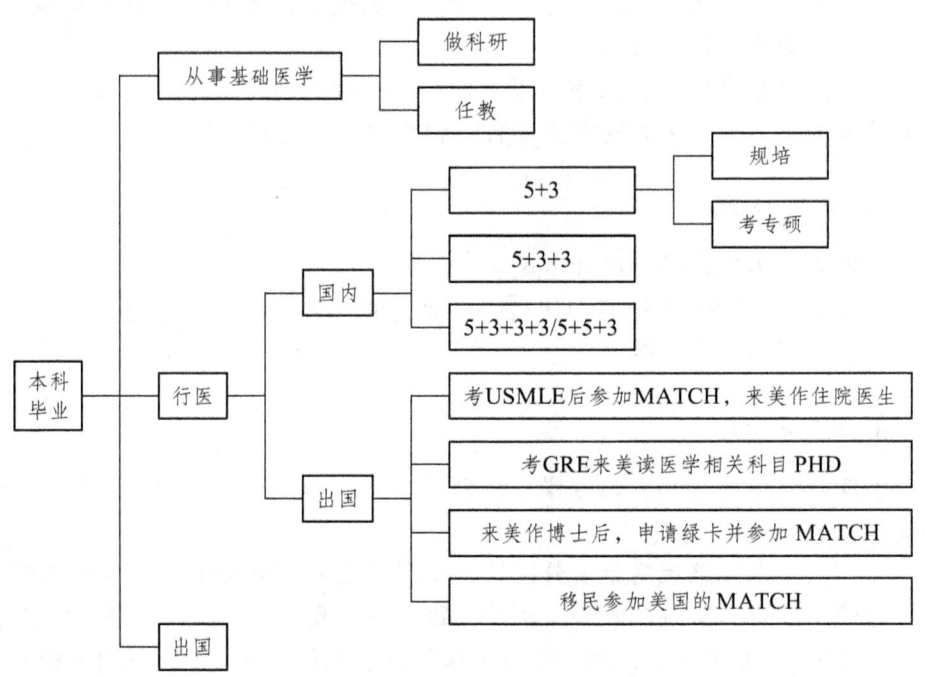

图 2　临床医学专业路径

1. 读　研

医院改革之后，所有学历的医学学生都要在国家认可的医院里经过"国家住院医师规范化培训" 3 年后才能成为正式医生。本科毕业后，要么规培找工作，要么读研后再找工作。硕士研究生分为学术型研究生（学硕）和专业型研究生（专硕）。

临床医学科研型硕士一般要求在实验室以从事科学研究为主，培养其一定的科研思维和能力。临床上以实践学习为辅，跟着导师在自己的专业科室里从事临床实践，掌握临床工作的一般流程和基本技能。科研型硕士研究生相对于专业型硕士，在毕业学术方面的要求（文章和答辩的水平）更高一些，适用于一线城市的三甲医院。

专硕侧重临床实践能力的培养，在临床实践时间较学术学位的硕士时间长，除了在本专业科室跟随导师从事医疗实践活动之外，往往还进行其他临床科室与辅助科室轮转。如今已经走向"四证合一"——《执业医师资格证》《住院医师规范化培训合格证书》《硕士研究生毕业证书》《硕士学位证》，即读研期间的轮转等价于规培的3年。因此，目前本科毕业急于工作的学生更倾向于毕业后考专硕，既能拿到硕士学位，又能拿到规培证书，适用于非一线城市的二级或三级医院。

2. 出国（以美国为例）

美国医学教育是大学本科后，经MCAT（相当于GRE）和面试进入医学院，前两年学习基础，后考USMLE（美国执业医师资格考试）STEP 1（基础医学），进入三四年临床学习，第3年末考USMLE STEP 2（临床科学），第4年3月参加全国住院医生比赛。然后开始3~5年不等的住院医生规范化培训。住院医生第一年末要考STEP 3（临床医学考试），拿当地的执照。最后考专科考试，成为可开业的普通医生，或再干3年FELLOWSHIP作专科。但中国接受美国认可的医学院的毕业生，可以不用上美国医学院，而直接考USMLE拿到美国执业医师资格证，即承认你有和美国医学院毕业生一样的资格参加比赛，竞争住院医生的职位。

四、报考学校和学制的选择

医学专业很重学历，无论是考研还是工作，都存在这样的规律：八大院校>211、985医学类名校>非211、985医学类名校>其他学校。八大院校有协和、北医、华西、复旦、上交、中山、湘雅、同济。其中，协和是不设五年制本科专业的，只收八年制和研究生、博士生，同济医学院是隶属于华中科技大学的。五年制重临床，八年制重科研。如果毕业之后定位在一线城市的大型三甲医院，八年制的学生显然更有优势。七年制相对来说比较折中，没有很大的优势，有些院校（如湘雅医学院）目前不设有七年制的临床医学。

临床医学录取线相对来说大多高于其他专业，由于八年制比较有竞争力且培养时间相对缩短，录取分数线更高。我的建议是，能考八年制就不要考五年制，能考名校就不要考其他院校。

五、未来展望

临床医学是知识型专业与运用型专业的统一，是自然科学与社会科学的统一，对人各方面，甚至是体力的要求都很高。医学知识更新非常快，我们学习的教科书上的知识大多都已经被淘汰了，这就要求从医人员要随时保持自己的医学知识是不被淘汰的，也就是说要保持终生学习的态度和习惯。临床上所运用的理论很多讲的都是概率，如果潜心研究，会发现它的魅力。

临床医学虽然是一个生命线很长，且会随着人类的发展一直发展的专业，但找工作并不那么简单。科研能力和英语能力在一线城市的三甲医院中比较重要，次一级的医院只对临床经验和实践能力有要求。尽管投入的时间、精力和金钱比较多，刚开始住院医师的待遇也不会很好。如果30岁之前对经济方面有需求，不推荐学医。当前政策变动频繁，类似规培政策和四证合一的政策也是近几年出台的，今后大概还会面临一系列改革。当前的医疗环境也不是很稳定，医患关系不是很和谐。选专业之前这些因素都需要考虑。

虽然大部分医生在医学生和底层医生阶段都会建议别人不要学医，但客观来说，从医也是有很大的幸福感和获得感的。从过医的你，一定是一个更强大、更厉害的你。对于从医人员来说，高考并不是人生的最后一次考试，而是走进医学领域的第一次考试，今后你在医学领域停留多久，考试就会相伴你多久，但是请不要害怕。

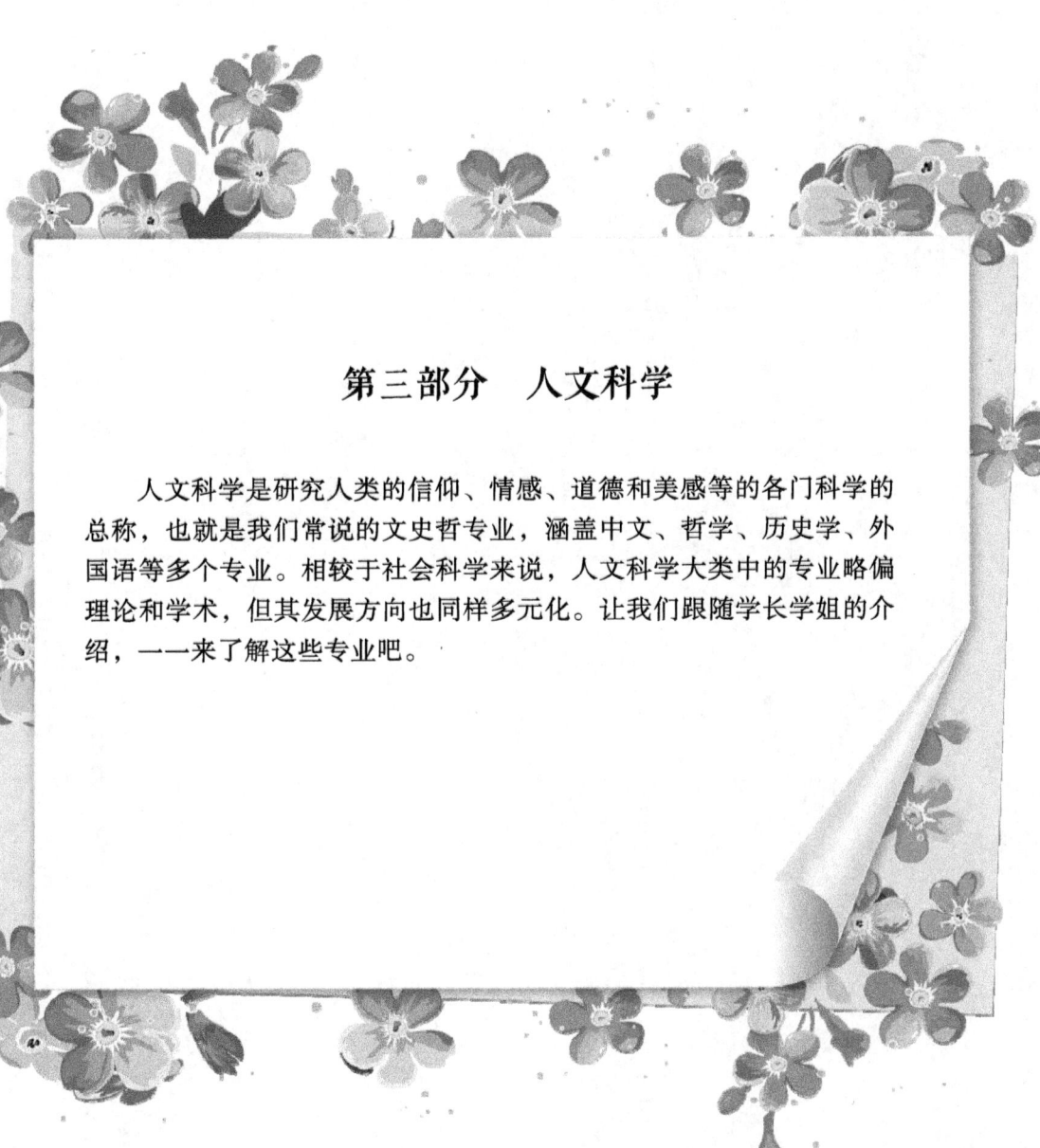

第三部分　人文科学

　　人文科学是研究人类的信仰、情感、道德和美感等的各门科学的总称，也就是我们常说的文史哲专业，涵盖中文、哲学、历史学、外国语等多个专业。相较于社会科学来说，人文科学大类中的专业略偏理论和学术，但其发展方向也同样多元化。让我们跟随学长学姐的介绍，一一来了解这些专业吧。

法语语言文学专业介绍

(作者简介：黄可以，本科就读于南京大学法语系，研究生就读于南京大学法语语言文学系。)

在南京大学法语系徜徉了4年后，我又在2016年秋天升格成一名南大法语语言文学研究生，我深深地爱着这里。外院的学生常说，不同系的师生明显地表达着不同语言的文化特质。法语系的精致、温暖、平和，对学术和生活的满怀热情，也深深印刻在我们身上。

我们都说自己是"法语系"的，其实我们的专业官方名称叫作"法语语言文学专业"。我所在的南京大学法语系（见图1）对语言和文学这两方面都十分重视。大部分同学都是零起点，对语言本身的学习仍然是重点。法语系培养的人才偏文学方向，也不乏其他方向的毕业生。我有同学去法国学新闻，每天采访不同民族、不同肤色的人，从不同的文化视角反映同样的现实；有同学进入外交部，接受最系统的培训和最高规格的待遇，在各法语国家中穿梭，为中国发声；有同学选择外企，或者去法国读商科；也有的像我一样，坚守在法语语言文学的阵地，在全中国数一数二的学术环境中，探寻人文社科的光亮。

图1　南京大学2016届法语系的同学们毕业啦！

外院的大部分同学都是从零开始，课业压力还是非常大的。学院的老师大都是名家教授，同龄人之间也盛产学霸。有人说，"进到外院，年年高三"，还是很传神的。学好一门语言，也许要具备一定的天赋，但刻苦和勤奋必不可少，因为什么也不能代替努力。语言是一个载体，在这个平台之上你可以畅想任何你感兴趣的东西。一旦迈过语言坎，每节课都会成为一种享受。

法语系的课程主要分为技能类课程和知识类课程。技能类是重中之重，包括精读课，即通过语法、单词、句型搭建整个语言的框架；阅读课，即通过阅读分析，提高语言整体把握能力；听力课，即通过全法语环境摆脱中式法语，适应本土化发音等。高年级会开设口译课、翻译理论课和论文写作课，对法语技能有更高的要求。语言不是独立存在的，它是一种表达媒介，也是一种思维方式，其背后的文化支撑不容忽视。知识类的课程正是以寻根的方式对语言学习进行补充，如法国概况，上完这门课你就能画出一幅密密麻麻的法国地图；法国经济，了解法国人的创业之道；西方文化史，除了法国本身还要了解一下"邻居们"的状况。

如何学好一门外语，在学霸如林的外院混出一片天，我个人的经验首先是热爱。选择语言的时候一定要多了解其背后的文化，包括这个国家的氛围和这个国家人民对于外部世界的态度。当你发自内心的渴望与这种掌握这门语言的人交流时，你的动力才能达到最强并持久。其次是刻苦，大量和重复的练习是本科阶段最有成效的技巧。最后是运用，在一句也听不懂的人面前对答如流的时候完全满足，享受到的巨大成就感是最大的奖赏。等到了一定的水平，将语言完全地融入你的生活，起床打开国际广播，睡前用外语写日记，放松时看原版电视节目，这些都是使你的语言能力突飞猛进的好方法。

法语系的老师们都是知名学者、作家、翻译家。以南京大学法语系为例，有的得过法国骑士勋章，有的出任翻译家协会会长，还有的收到过法国总统亲笔书信，分分钟上头条，发个微博就网红。听他们的课，眼界会变宽变远，能脱离一间教室的面积，挣开思维的桎梏。在外院，外教也是必不可少的。本科时期，我有两个外教，一位在本科学的哲学，负责我们的口语课。每节课上，他会选择一个非常日常的主题，如"金钱""理想的装修"。大家可以畅所欲言，除了纠正语言上的错误，老师还会引导大家进行思考，每节课我都收获满满。另一位外教在本科学的心理，研究生学的时尚学，开设了自己的形象设计工作室（见图2），在商界有丰富的实战经验。他带的法国经济的课，结合其自身实践，内容十分丰富。

出国交换几乎是外语专业学生的必经历程。大三，我们系的大部分学生都是在法国度过（见图3），各自在自己心仪的学校进行一年的交流学习。这一年对语言的帮助很大，也对个人三观和能力有着极为有利的培养。出国交换是风驰电掣的人生竞赛中难得的减速机会，不用担心因此被淘汰出局，还有机会细细品味路上的风景。在异国他乡的这一年，正是你打造自己的好机会。你不仅外语更流利地道，增长了见识，更重要的是重拾好奇心，开始对细节敏感，对美敏感。这个年纪，作为学生，当然是要多汲取知识的营养。但是作为一个女儿、一个女友、一个同伴，也该努力成为一个独特而有趣的人，这或许与学业、工作和前途一样重要。像乔布斯所说，"人生应该去积累很多点，当下你并不知道这些点的意义何在，但有一天会有一条线将它们都串联起来。"

图2　在外教的形象设计工作室进行翻译实习的我

图3　大三在法国交换的我

外语类的实践机会非常多。高校外院通常与出版社有合作，如新华社等，主要是翻译、编辑、校对工作；还有媒体机关，如中国国家广播电台等，主要参与播音稿的翻译、校对，也会有少量播音工作，让学生参与实践。政府机构的外事部门经常会举办大大小小的活动，或者有各种级别的接待任务，这样高强度的锻炼机会能让外语类同学在短时间内大幅度提高口语和听力能力。长假期间，外企也会频繁地招募实习生，对于法语学生来说，经常有机会进入LV、Accord这样高端的集团之中，着实诱人。另外，学长学姐也是大家寻找实习的好途径，问问他们都是在哪实习，怎么找到实习，会弥补自己信息和想法的遗漏。分享几个我自己的外语实践经历吧。

2014年南京青奥会（见图4），从3月开始的团长代表大会，到8月的正式赛会，我们外院的学生一直在赛事交流的第一线。代表团团长、前来助阵的政府官员全部由外语系的志愿者陪同翻译。我有一个同学分到的任务是接待太平洋上一个小岛国的国家总统，该同学直接成为了国家元首翻译级别的陪同，这样的经历十分难忘。

图 4　青奥会开幕式当天

2015 年 8 月，江苏省外事办公室举办了第一届江苏省青年足球友好邀请赛（见图 5），学校找到了我们去做代表队助理。一周的比赛里，我们直接和领队华侨对接，负责代表队所有事项。这是我第一次在休息室和汗津津的球员们勾肩搭背唱着队歌，第一次在夜灯下围在圈里拉筋压腿，也是第一次坐在绿茵场边跟着主教练站起、握拳、抱头、再坐下。分别的时候，每一个队员都和我拥抱贴面，教练们又最后一次唱起和我同名的法语歌。

图 5　开幕式前候场的法国队

2015 年 11 月，商务部国家官员培训中心的经济区域合作班选择了我们作为助理。昌平的爱博园里、首都机场的到达出口、故宫积雪的台阶上，我们协助非洲的官员们（见图6）更好地了解中国，憧憬自己国家的发展。

图6　阿尔及利亚官员们

当然也有非志愿性质的实践，如之前提到的有自己形象设计工作室的外教，我作为翻译参与过很多他的讲座和授课，自身也学到不少搭配技巧。我本人并没有将就业放在毕业目标的第一位，但是我一直非常积极地参与各种实践。能够运用我学到的知识是一件很有成就感的事情，而且跟课堂上的多元化一样，实践的机会也在法语这个平台上以多重角度、多重形态展现。各种身份的转换，各种行业领域的转换，给了我一份独一无二的人生履历。

关于毕业后的出路问题，我们这一届法语系在国内外深造的占了大部分。国内保研的都在南京大学和上海外国语大学，专业都是法语相关的专业。出国深造的大都转了商科和新闻，英语国家和法语国家都有。小部分就业，包括外交部定向培养、国防生定向就业，以及企业，如华为。初始的薪酬待遇中等，但是多有外派机会，而且因为掌握了语言，一般外派的职位较高。据我了解，之前的毕业生有在国内深造的，读的是和法语不相关的专业，就业还包含其他国家部委，以及媒体报社等。总的来说，外院毕业生深造的比例比较高，深造时专业的选择大多集中在文学、商科、新闻传播等社科专业；就业范围很广泛，而且对口的单位和机构层次较高。

很多人觉得语言只是工具，不能当专业。还有人觉得语言并不能像其他学科一样培养人的一种思维方式。我个人觉得本科学语言是一个非常好的平台，特别像在南京大学这样开放式的综合性大学里，你有4年的时间去考虑自己到底喜欢什么，以后想做什么，在掌握一门语言这一巨大的优势下，研究生阶段将会作出更为理智的二次选择。而且语言优势是很难被超越或者替代的，这是需要时间积累，需要大量精力沉淀出来的优势。这个技艺将是你人生道路上的金色勋章，永远不会褪色。劣势的话，我觉得主要在于课业压力大，课时多，相对来说选修别的专业的课或是参与学校活动的时间就比较少了。

总的来说，大学专业选择外语，就是选择一份独特的人生经验，人生的轨迹也有可能就此改变。语言像一叶扁舟，载你在世间的海洋乘风破浪。如果你充满有好奇，如果你怀揣热爱，如果你对生活、对人类、对世界初心依旧，那我诚挚地邀请你和我一起，一猛子扎下去，一辈子相守。

哲学专业介绍

（作者简介：史晨，本科就读于南京大学哲学系，研究生就读于南京大学哲学系科学技术哲学方向。）

我是史晨，图 1 就是漂亮的我啦！现在，我的学习方向是科学哲学。上大学之前，我以为哲学就是文科高考政治科目无聊的必考题，报志愿时完全没有考虑这个专业。但当我点开志愿申报结果的那一刻，"哲学"两个大字赫然映入眼帘。那一刻我真有高考复读的冲动，因为不知道这个专业会讲什么，将来有什么用处，能否找到工作……然而，对高考复读的恐惧、不愿回头的一点点傲气，再加上随遇而安的脾性，让我硬着头皮与这个学科开始了漫长的纠葛与磨合。

图 1　在图书馆的我

抱着"既来之，则安之"心态的我在温暖的南京大学哲学系待了一年后，逐渐产生了"学哲学似乎也没那么糟糕"的印象。我渐渐认识到像哲学这样的所谓冷门学科，大家往往因为纯粹地不了解而对它抱有一种排斥的心理，但当你偶然推开它的大门时，竟然会有一种"不到园林，怎知春色如许"的惊喜发现。说起我心态转变的契机，那要追溯到大二时参加的一场中国哲学读书会。那次的讨论主题是庄子的"齐物论"，会前准备需要熟读（最好背诵）

"今且有言于此，不知其与是类乎……无适焉，因是已"选段，当我读到"有始也者，有未始有始也者，有未始有夫未始有始也者"一句时，顿觉朗朗上口却云里雾里不知所云，信奉"书读百遍其义自见"的我确实把这段读了十遍八遍，然而背是背过了，理解却着实说不上，只是隐隐觉得这里面似乎蕴含着说不清道不明的大道理。听过老师的讲解和学长学姐们的讨论，我才渐渐体会出了庄子"齐物论"中的些许意味，并深深为先哲们的智慧所折服。我恍然领悟到有和无、始与终的关系并非绝对，突然感受到概念的澄清与转圜第一次这么有趣。不仅如此，看到师长们善于多方位、多角度把握思维方式，乐于在概念的海洋中肆意遨游，勇于一次次迎击头脑风暴，我的崇拜之情油然而生，不愿服输的斗志也高昂起来。经过这次读书会，我感觉自己终于打开了哲学兴趣之门的门缝，并从中瞥见了哲学大智慧的些许光芒。兴趣果然才是最好的老师，渐渐地，我开始对哲学书籍变得如饥似渴，也喜欢与老师、同学们分享自己的一些不成形的观点，慢慢学会表达和写作。我认识的一位学姐，本科专业是新闻传媒，她偶然接触哲学之后对其产生了浓厚兴趣，尤其感兴趣的是让本系学生都很头疼的西方哲学。她跟我们一起选修了3年的本科课程，研究生阶段跨专业保研至哲学系，目前被推荐到德国弗赖堡大学交换学习。

学习任何一个专业需要的不仅仅是兴趣。在某种程度上，哲学是一门孤独也有些困难的学科。在本科阶段，积累知识和养成持之以恒的读书习惯很重要。同样本科是新闻传媒的一位学妹本着对哲学的些许兴趣希望保研哲学系，最终因为本科并未修读相关课程，同时也没有扎实的读书功底，面试结果不甚理想。

一、课程设置与培养计划

说完兴趣，让我们来看一看哲学系的本科生需要学习哪些课程。一般来说，哲学专业存在于综合性大学里，哲学系通常包括马克思主义哲学、中国哲学、外国哲学、逻辑学、伦理学、美学、宗教学、科学技术哲学8个二级学科，不同学校设置侧重有所不同。如今在南京大学（见图2）学习哲学已经是第5个年头了，对本校本系的课程设置与培养计划最为熟悉，以下内容介绍均以南京大学哲学系为例。

南京大学哲学系下设马克思主义哲学、中国哲学、外国哲学、逻辑学、伦理学、宗教学、科学技术哲学、东方哲学与宗教等大类。本科阶段大类招生不分方向，课程内容主要涉及哲学史和经典著作选读研究，如表1所示。

图 2　南京大学校门

表 1　哲学专业课程设置

课程分类	具体课程名称（部分）
必修核心课	欧洲哲学史、马克思主义哲学原理、马克思主义哲学史、中国哲学史、现代逻辑、现代西方哲学、伦理学、宗教学导论、科学思想史等
重要的平台课程	哲学导论、逻辑学导论等
实践课程	国学实践论，一般走访佛教道教圣地，加深对哲学与宗教关系的了解

大一、大二阶段主要涉及哲学史和导论性质的课程。一方面，哲学问题确实难有是非对错，众多著名的哲学家们对终极实在的追问和对人生价值的思考均有独特的看法，重要的是学习他们思考和解答问题的方式，厘清哲学史中基本问题的发展演变，想要脱离哲学史来研究哲学是不可能的；另一方面，导论课程的开设在于为大类学习的哲学系本科学生介绍分布于哲学一级学科下的 8 个二级方向，逐步培养学生对哲学的兴趣，为以后走上哲学专业研究道路打好基础。

讲个小例子，对于大一新生，贯穿大一一整年的欧洲哲学史是一块难啃的硬骨头。哲学基本概念纷至沓来，毕达哥拉斯的"数"、柏拉图的"理念"、康德的"纯粹理性"、黑格尔的"绝对精神"　以及本体论、认识论、经验论、实在论……绕得我们头晕目眩，再加上西方哲学逻辑的严密性和语言表达习惯上的不同，没有老师课上的循循善诱和大家课前课后的预习复习，要想清楚理解基本不可能。

不同于本科前两年开设的基础课程，大三开始的原著选读课属于哲学系的高阶课程，有了前两年的思维训练和知识积累，难度较深的原著课程开始让大家直接接触一手文献，获得原汁原味的哲学家思想。这里简单列举几本课堂上我们跟随老师一起研读过的经典原著供感兴趣的读者们参考：《共产党宣言》（马哲）、《不真空论》（中哲、宗教）、《斐多篇》（西哲）等。

对历史的重视并不意味着哲学不关注当下，恰恰相反，哲学史上众多思想对解决当前问题有着较大的启迪意义，正如当下浮躁的社会使我们逐渐开始反思人的价值和自我的意义，而这些问题早在几千年前就有哲人苦苦思索；另一方面，在课堂教学过程中，哲学系老师能够紧密结合当下时事热点，将历史与现实巧妙结合，充分调动了我们的积极性，课堂气氛十分融洽。如从事科学哲学教学工作的刘老师经常给我们讲解以黄金大米为代表的转基因技术显现出的科技伦理问题，他还积极利用身边素材，从南京大学校园 BBS 上关于中医科学性的热议过渡到如何界定科学，如何区分科学与非科学、伪科学，课堂互动性极强。近年来，随着新鲜血液的输入——不断引进高素质海外留学人才，哲学系课程的设置逐渐具有鲜明的时代性特征，如开设的心灵哲学与认知科学课程主要研究意识与自我、知觉、行动以及认知态度的内容与逻辑，与当下的人工智能等联系紧密。

二、发展方向与前景展望

尽管国内对哲学的认知度不高，但它在西方高等教育中占据着牢牢的基础地位。哲学在西方基本属于必修课程，如法国就将哲学作为高考必考科目之一。除去对西方哲学传统的重视，哲学的开放性和时代性也逐渐进入西方学术视野。如在科学哲学领域，以哲学视角审视科技的科学技术论（Science and Technology Studies，简称 S&TS）逐渐成为一门显学，哈佛大学、杜克大学均开设相关通识课程，康奈尔大学甚至专门为此成立独立的系，哈佛大学迈克尔·桑德尔教授的政治哲学课一度在国内引发热潮，牛津大学开设的物理学哲学、普林斯顿大学的伦理与技术等，均与时代的发展息息相关。随着向西方学习过程的推进，浮躁而急功近利的社会风气、快餐文化等追求短平快的求知方式不再满足当代国人的需要，哲学重新进入大众视野并日益受到重视。

在古希腊，研究哲学是有钱有闲的贵族阶层做的事情，他们衣食无忧，不用担心基本的温饱问题，便开始思考人生，我是谁？我从哪里来？要到哪里去？历经千年，这个问题至今仍争论不休。关于这一点，同学之间还曾有个小笑话，我们自嘲以后找不到工作完全可以去当门卫了，每天问"你是谁？从哪儿来？到哪儿去？"没钱没闲的我当初仅仅因为服从调剂来到了哲学系，但经过本科4年的熏陶，对自身和社会不断的反思让我形成了较为恰当的人生观、世界观，也坚定了继续读研的决心。在我看来，哲学作为一门学科，除了知识的传递，更注重的是综合素质的培养，它以非功利性为特征，在于启发人作为一个主体有意识地对世界、社会和自身进行认知与反思，简单来说就是帮助人们形成独立的世界观、人生观和价值观。上大学之前，我一直认为自己有着固定且正确的三观，但进入哲学系学习之后，课堂上书本里却存在着对上帝存在、人反过来被由人创造出来的物所控制、睁眼世界存在闭眼世界消失等说法合理性的证明。然而看完这些哲学家们清楚的表述、严谨的论证之后，我竟然觉得好有道理，完全无法反驳，逐渐意识到哲学教会我的不仅是知识，还有包容的心态、开放的思想和批判的思维。固定的思想会使人抱残守缺，一旦三观不合便拒绝交流，结果只能是原地踏步没有任何长进。因而现在即便是与我针锋相对的观点，我也能够站在对方的立场，认真仔细考虑一番，而不是直接无视。

这样的思考方式或许能够解释为何近年来，越来越多的公司青睐受过系统哲学思维训练的大学生，据我所知为数不少的企业高层以能懂能谈哲学为傲，企业的运营策略也不断融入哲学思考，因而即便看似不对口，哲学专业的毕业生在教育、医疗、商业、艺术等领域也能游刃有余。我认识的一位学长本科毕业后做了一位私企老板的助理，事业风生水起。除直接就业外，大部分的哲学系应届毕业生选择出国深造或国内升学，前者一般会在英国、德国或者法国之间选择。在语言达标的情况下，一般还需要有一个具体的研究问题或方向，以及自身的理解与大致研究思路，申请成功之后就可以尽情汲取西方本土的哲学思想。一般情况下，研究生专攻某一特定方向，注重研讨学习和深入探究，专业化程度相较本科阶段更高。

我所在的班级中直接工作的同学就业领域涉及教育、新闻、房地产、通信等行业，因而根据调研结果和周围实际情况，我认为哲学专业的发展方向主要有5个方面：① 学术/科研。知识经济时代，科研事业单位的高素质人才仍旧供不应求。② 编辑/文案/作家。网络媒体竞争激烈，有社会科学背景的编辑逐渐占据主流。③ 教育/培训。全社会对知识和人才的重视，使得这一新兴市场急需大量知识密集型人才。④ 咨询/顾问。革新能力、创造精神以及认识并解决问题的能力在市场竞争中日益重要。⑤ 行政/后勤。思想开放、思维敏捷，协助作出决策，给出意见与建议。

作为人文科学领域内的基础学科，哲学专业培养的是具备一定理论素养和专业知识，能运用科学的世界观和方法论，高角度、深层次分析解决现实问题，具有一定的哲学思维能力、科研创新能力、口头与文字表达能力、社会活动能力及较高外语水平的复合型人才，因而绝非人们所想象中的就业方向不明朗、就业前景很惨淡！

历史专业介绍

——不忘历史，心怀远方

（作者简介：杨诗繁，本科就读于南开大学历史学院，研究生就读于南京大学比较文学与世界文学专业。）

从南开大学历史学院毕业已近一年，自己在南京大学比较文学与世界文学专业的学习和生活也已踏入了新的阶段，本已将本科的记忆封存，接到编辑的约稿，又想起那些逝去的岁月长河中闪闪发亮的日子，故作此文来介绍一下本科专业，谈谈自己的亲身感受以及可以向高中生们介绍的经验。

一、基本介绍

历史学是研究和阐明人类历史的演变，揭示演变规律和趋向的学科，大类下分设3个一级学科：中国历史、世界历史、考古学与博物馆专业。从2014年开始，除部分省市外，中国史和世界史专业均以"历史学类"进行招生。考虑到该专业的特殊性，考古学与博物馆专业单独招生。以"历史学类"招收的学生在本科前两年修读的课程包括中国史和世界史，到三年级才需要选择进入历史学（即中国史）或世界史专业学习。这样的安排能够为学生提供更长的了解专业和发现兴趣的时间，同时有助于学生建立相对完备的知识体系，博而后专。我选择的是世界历史专业（见表1），归纳起来就是以上下千年和世界全局的观点，综合考察有关人的各地区、各国、各民族的历史。

表1 世界历史专业课程设置

公共必修	高等数学（文史类）、政治课（马哲、毛概、思修等）、基础外语
专业必修	世界通史、中国通史、史学概论、历史文选、西方史学史、中国史学史、古代汉语、专业外语、历史学电子资源应用以及史学名著选读
专业选修	世界地区国别史、中国各朝断代史、东亚国际关系史、近代社会专题史等

世界通史分为世界上古中古史和世界近现代史，中国通史是中国古代前期史、中国古代后期史、中国近代史和中国现当代史。4年认真学下来，会接受一套完整系统的历史学学术训练。此外，史学史也是很重要的一门基础学科，会研究历史的历史，会涉及很多历史学家及其著作，其中印象较深的是法国历史学家马克·布洛赫写的一本小书《为历史学辩护》，这本书写得十分生动易懂，对初步了解历史研究的功用和门径大有裨益。古代汉语和历史文选属于专业必修课，用繁体竖排无句读的古文教材（见图1），上课明句读、正反切（音）、通史义，着重锻炼古文阅读能力和表达能力。

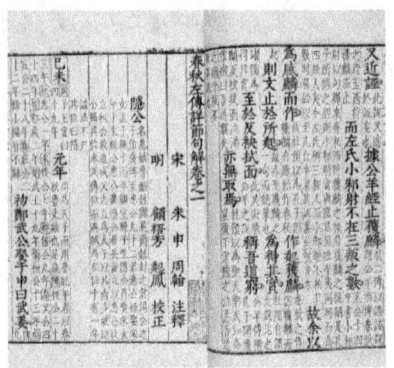

图1 历史文选《春秋左传》

英语是除了计算机之外大学生必备的技能之一，重要性不言而喻。世界历史专业尤其注重外语，包括英语甚至二外，加上写论文需要参看大量外文文献（见图2），借鉴国外研究成果，翻译功夫显得尤为重要。开设的外国史学名著选读课，类似于专业英语加翻译，一般由外教或有丰富国外留学经历的老师来上课，主要是通过具体的篇章、人物和事件来讲解世界历史、文化乃至政治、经济、外交方面的内容。

图2 外国史学论文

通过大学英语四六级，是一些学校毕业标准之一，也是很多用人单位的基本门槛。我们的口语相对缺少练习，除了找语伴，也可以争取校内和院内出国交流的机会。有短期寒暑假交流的项目，也有半年到一年的中长期项目，有的国家基金委员会提供全额奖学金，也有一些免学费或者自费的校级交换项目。对于历史学来说，出国也是一个不错的选择，不过出国只是一个环境，最终还是要看自己想做什么。

二、本科经历

接下来简单介绍一下自己本科撰写毕业论文和小组合作做科研的经历。我参加的两个科研方向不同，一个是世界史方向，另一个是中国史方向。

第一个是在自己专业课程上，对19世纪英国和阿根廷签订的一份商约进行相关研究。选择这个题目，一是对这个话题比较感兴趣；二是除了我的导师，国内还没有人对这份商约做过专题研究；三是由于历史学主要是研究和人有关的主题，对当下现实也有一定的借鉴作用，做起来既有意义又有意思。这项研究主要是阅读外文文献，翻译包括英国外交档案在内的原始材料，了解时代背景和人物彼此之间对商约签订的态度。大致流程是搜资料定选题，列提纲找导师，整理阅读写初稿，反复修改，编排格式，提交查重。阅读的范围不限于历史学，还需要一部分文学、政治学乃至经济学的背景知识。对于选择导师，个人比较倾向于找能真正学到东西的老师，名气大的老师不一定有时间亲自指导。做这个研究有一些困难是自己没有预料到的，毕竟时空、距离都有些远。但是阅读和思考帮助我跳出个人的小圈圈，从宏观上明白了一些事情，人也会变得更加成熟。

第二个是和中国史、政治学的同学一起组队申请的课题——关于当代长沙县宗族状况研究，是为期两年的国家级大学生创新项目。我负责的部分主要是文献整理、实地采访和PPT展示。做出来的部分结论是长沙县地区宗族实物遗存如祠堂较少，但民间一直有修谱活动，还有自费修建乡土博物馆，对此政府的态度也在变化。这个研究需要运用到历史学的文献搜集和田野调查法，主要利用寒暑假时间跑当地省、市、县三级图书馆和档案馆，有的档案资料还需要开介绍信才能查阅到。同时，采访当地村民进行田野调查，和政府人员打交道等。两年下来，过程有些坎坷，但沟通协调能力与学术研究能力都得到一定的提升，与小伙伴们也结下"革命"友谊。

总的来说，在历史学院学习的4年，充实而愉快。和同道好友一起上课、吃饭聊天，课上课下和老师互动交流，是大学4年美好甚至受益终生的回忆。

前两年比较忙碌，课程较多，大三、大四则经历了出国交换、专业实习（去青岛市博物馆、党史档案馆参观学习），并开始毕业论文写作，进入人生的下一个十字路口。

三、毕业出路

谈到毕业出路问题，无非是读研、就业两种选择。历史学院的学生相对来说，选择读研的会更多，大概占 80%。本科就业出路比较广泛，这主要看个人兴趣爱好、性格和能力。以我们这届的同学为例，有的去了外交部、文化部，有的去了新闻出版单位，还有的去了房地产和保险行业，也有支教去当老师，通过双辅修或考证去当会计的。

1. 读 研

历史学很适合读研读博，继续深造。按地域来分，国内读研的途径排序是南开大学、北京高校和其他地区高校。以我们学校这届毕业生为例，研究生大部分集中在本校，此外还有北京大学、中国科学院、中国人民大学、南京大学等。

选择做学术，要根据自身方向多读书，如古文档案、近代报刊和外文文献，同时要积极申请做课题项目。本科时期，做好做精一个课题，或是多参与项目申请，这都是未来继续深造的资本。以我本科班级的情况来看，考研的最多，保研的大概占 1/3，申请出国的占 1/5，工作的不是很多。就读研而言，近几年，保研的比例在逐步提高，考研难度加大。

出国主要是去北美、英国、日韩。去日韩的话，需要自己辅修韩语或日语。英国硕士一年的居多，美国需要一至两年。对于出国来说，最好从大二就开始准备。申请出国主要看 GPA（平均绩点）、语言成绩（雅思、托福、GRE 等）、PS（个人陈述）、导师推荐信和科研经历。学有余力的同学可以早点准备雅思和托福。有出国想法的同学基本会选择在大二下学期或者大三上学期的时候出去交换，看自己能否适应国外的生活环境、课程节奏和学术氛围。我当时去哥伦比亚的安第斯大学交换了半年左右，期间和小伙伴四处游历，体验国外风土人情，也锻炼了语言能力和自理能力，过得十分开心。交换可能会耽误一些课程学习或是工作实习，但出国交流的经历也会成为自己日后保研或出国的资本。

保研的同学大多选择本校，外校有北京大学、中国人民大学、中国科学院、南京大学、中山大学等。南京大学的历史学是学校的四大支柱之一（其他三门为经济、化学和数学），在国际上有一定的声誉和影响力。学校非常欢迎本校学生，而且学院有个不成文的规定是，教授一定要给本科生上课。保研主要看 3 点：学分绩点排名、科研经历和诚意。也可以选择直博，毕业一般是五到六年，主要是要达到 CSSCI 论文发表的条件，毕业不易，要慎重考虑。

就历史学发展的前沿来说，跨学科的趋势越来越明显，主要是研究一些和当下现实密切相关的问题，如环境史、经济史、社会医疗史，也涉及多个交叉学科。

2. 本科就业去向（见表 2）

表 2　就业方向

中学历史老师（小学语文老师）	基本去向是公办学校、民办培训机构、在线教育三大块。教师门槛不高，基本上任何人考了教师资格证都可以来做老师。老师这个职业还是比较吃香的，特别是对女生而言。我们这届毕业的有去中学当历史老师，教学任务相对主科更加轻松，可以走行政管理路线。也有选择去新东方之类的培训机构当小学语文老师，多劳多得。还有改教其他科目（数学、英语居多）的，这与个人能力和机遇有关
公务员（含选调生）	历史学专业比较对口的有文化部、教育部文综考试命题委员会、档案馆、外交部、世界文化遗产等。笔试要考行测和申论，面试则一般是结构化面试，热门岗位竞争压力比较大，常常是百里挑一或是千里挑一，需要有比较强的交际能力或执行力，有时也会看性别和背景。选调生一般要求下基层锻炼至少两年，中央选调生会被派往贵州、江西等地，外交部则会有海外工作机会，需要外派但何时回国则不一定
编辑（教育、新闻出版行业）	我自己在一家互联网教育创业公司实习时，主要负责教育类产品（教材、教案）等的开发、图书审校、活动及宣传方案策划等。实习时，同屋的学姐刚参加工作，在一家国字号的事业单位做少儿图书编辑，日常工作也是图书选题策划、联系作者、审稿改稿之类。还有一位大学同学毕业后去的商务印书馆，现在每天对着计算机读稿，要完成一定的工作量。现在整个新闻出版行业正在转型，对于学历史且文笔不错的同学来说，编辑也还是一份不错的职业
HR（人力资源）	人力资源分为规划、招聘、培训、绩效、薪酬、员工关系 6 大模块。本人在企业咨询公司实习，主要是负责招聘。HR 的就业市场比较广阔，各行各业都需要，所以做 HR 最好也要定位好行业。因为历史学很多是研究和人相关的内容，做 HR 少不了和人打交道，所以两者也有共通之处，关键是能否将所学运用到实践当中
其他	少数特殊的，如房地产和保险。要么是双辅修，要么是社团负责人并有不错的实习经历，属于个别情况

四、结语

因为自己从小对文学和历史感兴趣，当时填志愿时也并未过多考虑就业的问题，所以根据兴趣报了南开大学包括汉语言文学和世界历史在内的几个专业。现在想来，当时确实有点草率，不过我不后悔。不管想做什么，提前规划，早做准备，虽然也要看历史的进程和时代的发展，但坚持做自己喜欢的事，有方向地努力，未来选择的主动权就会把握在自己手中。不知道自己真正喜欢什么，抓住机会，多多尝试自然就会有感受和体会。

"俱往矣，数风流人物，还看今朝"，更多的真实和未知还等着你们去探索，去发现，未来是我们的，也终将是你们的。从终点回望起点，从起点眺望终点，是两种截然不同的感觉。高考只是人生这场长长马拉松中的一个分水岭。考得好，也要继续努力来保持优秀和水准；考得不好，也可以通过选择和努力在未来超越别人。无论未来去向何方，不忘历史，心怀远方。不忘初心，继续前行。加油，共勉！

汉语言文学专业介绍

——以兰州大学汉语言文学本科经历为例

（作者简介：王思容，本科就读于兰州大学汉语言文学专业，硕士生涯于国外求学。）

一、专业简介

汉语言文学，大家听起来好像并不陌生，甚至可以说是和日常生活最贴近的专业了。从小学一年级开始，我们就在学习汉语言，那么到了大学阶段，汉语言文学到底在学什么呢？让我们从兰州大学（简称兰大）文学院简介中摘出的一段文字来体会一下。

汉语言文学专业：培养从事汉语言文学研究与教学的专门人才和从事文化管理、行政管理、文秘、宣传编辑及其他文字工作的应用型人才。要求学生掌握汉语言文学方面的基本理论和专门知识，能顺利阅读中国古籍和外文专业文献，有较强的写作能力和初步科研能力。

以上是对汉语言文学专业的介绍。兰州大学（见图1）的汉语言文学专业隶属于文学院（除汉语言专业外，还有戏剧影视文学专业），算兰大里办学历

图1 兰州大学

史比较悠久、发展比较早的学科。即使是这样一门学科，有时候说起我就读的专业，很多人都还是会产生误解。如以为就是读读古诗古文，接触到的完全是古代文学；后来说我读的是中文系，又有人以为就是读读小说、写写文章，将来毕业就是作家，让人哭笑不得又有几分无奈。

其实汉语言文学不完全等同于高中的语文课程，高中所学的语文课程是比较基础和机械的，而汉语言文学专业则包含更广，所学更深，如图2所示。

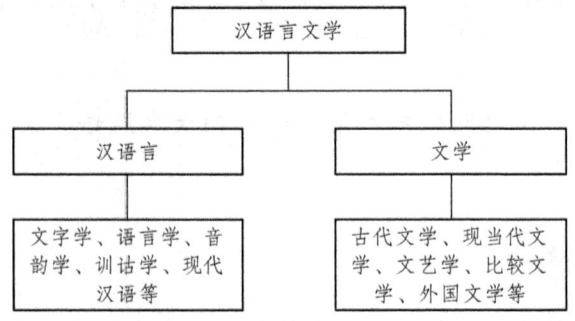

图2 汉语言文学

当然，图2所示的分支中列举的学科之间会有交叉研究的部分。有些高校中，汉语言专业在大二学期时会分语言、文学两个方向让学生选择，在兰州大学没有这个分流，所以大学4年中学习的专业范围会比较广和杂。

汉语言文学专业主要是以中国语言文学为主干学科，课程设置和平常学习中接触的大部分都是有关中国语言、文字、文学的东西，如图3所示。老师会要求学生平时就有很大的阅读量，在本科期间我也接触到了除鲁迅、季羡林、朱自清等中学课本常见的大家之外，更广阔的文学天地。

课程名称	选课限制说明	课程号	课序号	课程属性	考试类型
中国古代文学(2)		080110202	1	必修	考试
中国古代文学(2)		080110202	1	必修	考试
中国当代文学(2)		080110206	1	必修	考试
外国文学(1)		080110207	1	必修	考试
外国文学(1)		080110207	1	必修	考试
古代汉语(2)		080110210	1	必修	考试
美学概论		080110212	1	必修	考试
美学概论		080110212	1	必修	考试
西方文论专题		080110302	0	限选	考查
中国文化专题		080110311	0	限选	考查
汉魏六朝诗赋散文专题		080110313	0	限选	考查
中国现代诗歌史论		080110320	0	限选	考查
鲁迅研究		080110324	0	限选	考查
中国当代小说研究		080110326	1	限选	考查
现代汉语语法研究		080110336	0	限选	考查
书法艺术		080110350	0	限选	考查
写作理论与实践		080110351	1	限选	考查
媒介概论		080110355	0	限选	考查

图3 专业部分课表

二、求学经验

如何学好这门专业呢？说易不易，说难也不难。我觉得首先要紧跟老师好好听课，这很重要。这门专业，有看不完的书，写不停的笔记，翻不完的PPT，所以老师在课上会系统地总结出学习重点，会有条理地帮助我们理顺知识要点，上课时跟着老师，课下整理笔记，重点加强记忆，这门专业的性质使我们避免不了对记忆力的反复使用。

其次，一定要好好利用学校的图书馆资源，加大阅读量，多读书，且要涉猎广泛。当然，每位老师都会在课上列出必读书目，如果你是有自制力的人，这样一学期下来，接触的作家、作品肯定不会少，再加上根据自己的兴趣选择阅读书目，在大学4年中，阅读量肯定飙升。我现在不敢说在本科期间学了多少实用的知识，但可以底气十足地说在本科期间我读了多少本书，且每一本都让我获益匪浅，收获颇多。

我尤其记得在大二下学期（大二学期正是由基础课程向有难度课程过渡的时期）修的中国现当代文学选读，开课第一堂，老师就要求我们在一周之内，上交20篇以上关于本学期选读的5位作家作品的读书笔记，接下来的一周只要不上课，我都泡在图书馆里，抱着一摞一摞的书苦读。当时觉得很累，心里也有埋怨老师太过严厉的时候，但不知不觉我逐渐享受这种苦读，读完一篇立即写下读书笔记的学习方式，确实能帮我理清各位作家作品的风格、流派、特点，更有利于日后的学习。到最后，我交上了30篇读书笔记，而且也自此养成了看完一本书就写短评的习惯。

还有一点，就是要学会泡图书馆（见图4）。泡图书馆，一方面是去看书，另一方面就是利用那里安静认真的氛围让自己沉迷学习。大三的时候我们开始接触到外国文学及外国文学理论的部分，虽然我很喜欢外国文学，很享受阅读外国文学作品的过程，但其中一些拗口的外国作家、外国文学理论家的名字以及文学理论的概念实在是背得人头晕眼花。对我来说，宿舍是供我休息娱乐的地方，在宿舍学习我始终心是浮着的，只有到了图书馆，我才能沉下心学习，才能安安静静地畅游在文学的世界。

也许是受文化气息的浸染，文学院的老师都是风度翩翩、温文儒雅的，不管是向他们请教学术问题也好，还是简单的聊天，他们都会非常仔细耐心地给出建议，学生和老师之间的相处氛围特别亲切自然。

兰州大学文学院和甘肃本地各类杂志、报纸、书刊编辑部以及北京校友会都有实习交流，尤其和《读者》杂志编辑部（总部就设在兰州）联系紧密，本科期间可以利用这些难得的机会锻炼自己。

图 4　兰州大学图书馆

我是一个比较安静内向的人,所以大学 4 年参加的社团活动都很少,但有一件事让我受益匪浅,就是大三有幸赴台湾师范大学交流学习(见图 5、图 6)。兰州大学和港澳台以及国外的许多名校都有交流来往,每一学期和寒暑假都会提供交流生名额。一开始我想着竞争太过激烈,只是抱着试一试的心态,没想到最后能成为小组第一并获得交流机会。其实汉语言文学专业的学生很值得去台湾学习研究交流,因为在很多方面,台湾对这个领域的研究方法会比大陆先进,文献保存也做得很好。比如台湾师范大学开设的课程就非常细,在古代文学这一块就根据古代文献著作,开设《论语》《孟子》《墨子》《汉书》《隋书》等小课,这样更有利于学精学深。

图 5　在阿里山的我　　　　　图 6　台湾师范大学图书馆

在台湾求学的日子令人难忘。因为开设的课程又多又细，所以一般都是小班教学，老师认识班里的每一个同学。除了每周的小测验和每月的大考之外，老师还会要求同学上台做演讲，尤其是实践性强的课程（如我选修的《中国文化概论》，这门课在台湾师范大学属于教育系）。因为我选修了《文字学》《音韵学》《训诂学》这3门难度比较大的课程，所以课下要复习记忆的内容非常多，我的室友在环岛旅游的时候，我还在闭门苦读。好在努力有了回报，我的各门成绩都很优秀。我的台湾老师们对大陆学生都很照顾，课下常常来找我聊天，对大陆不懂的问题也会认真询问我，尤其是大陆的日常生活。这些细节，不论是对我在台湾的学习还是在台湾的生活，都有莫大的鼓舞。

三、发展路径

汉语言文学专业作为一个传统学科，应用范围很广，算是一个"万精油"专业，它虽然平淡无奇，但社会各部门对此专业需求量是源源不断的。

1. 关于汉语言文学专业的就业前景和工作适应范围（见表1）

表1 汉语言文学专业就业前景

工　　作	职　　务
在文学艺术、新闻出版等文化部门从事文学评论、创作、编辑、新闻写作、语言文字应用等方面的工作	如杂志主编、新闻社社长
在高等院校及科研单位从事教学和科研工作	如大学教授、博士生导师
在党、政、军、企事业单位从事秘书、宣传和行政工作，在文化产业发展	如公务员

但是，由于此类专业的可替代性较强，而且各高校对此专业都有扩招，中文类人才有增无减，趋于饱和。因此在就业阶段，毕业生还是面临巨大的压力。传统的汉语言文学课程大多只限于文学类科目，内容单一，其知识构架已经不能满足时代的要求，而社会又需要有更多的复合型人才，因此，学习此专业的学生如果能再掌握一门其他学科或具备其他特长，在人才市场上将会有更强的竞争力。

2. 关于本科毕业后的走向

毕业后主要分两个方向：一是工作，二是读研。而读研又可以分为国内读研和国外深造。在我这一届，工作和读研比例基本相当。大四开始，大家的目标都很明确，要考研的日夜奋战，要找工作的东奔西走，忙得焦头烂额。而在读研大军中，有少部分成绩优异的同学可以直接保送，我认为这算是一个不太辛苦的小捷径，当然，这需要你前三年的绩点足够优秀，并在高校面试中脱颖而出。

关于出国读研，我自己就是选的这条路。由于汉语言文学专业在国外并没有很大的研习价值，所以我选择了教育专业。出国留学首先要过的就是语言关。现在很多国外大学并不是太看重本科绩点，而且对985和211的大学都有适当放低录取要求，所以有时候难过的反而是语言关。如果去欧美国家留学，就需要托福和雅思成绩，不同学校、不同专业都有不同的分数要求。如我申请的澳洲莫纳什大学教育专业，要求雅思总分不低于7.5，这对我来说是出国路上第一道关卡。

总之，不管是选择哪个专业，毕业后选择哪条路，都是一份重要的人生经验。不管在大学里学了多少实用的知识，但学进去的东西都会沉淀，在将来一定会慢慢体现发挥出来。珍惜当下，寓乐于学。

第四部分 社会科学

社会科学是用科学的方法,研究人类社会的种种现象的各学科总体或其中任一学科。社会科学所涵盖的学科包括经济学、政治学、法学、社会学、教育学、管理学、新闻学、传播学等,一般兼招文、理科学生。这部分既涵盖了学长学姐对热门的金融、法学、会计学的深度解析,也有来自略为小众的信息管理、编辑出版、教育学等专业的学长学姐对自己专业的深度解析。总之,文科的孩子和不想学纯理工科的理科孩子都可以了解一下。最后提个重要的小建议,选专业一定不要盲从随大流,了解和兴趣才是最重要的考虑因素。

编辑出版专业介绍

—— 以武汉大学编辑出版专业本科经历为例

（作者简介：陈晨，本科就读于武汉大学信息管理学院编辑出版专业，2016年保研至北京大学信息管理系。）

在武汉大学（简称武大）编辑出版系度过4年难忘的本科生活后，如今的我成为了北京大学信息管理系编辑出版学的一名研究生。虽然已经身处一个全新的环境中，但依旧时常想念在武大的时光，想念珞珈山下烂漫的樱花，想念亲切可爱的师友，也始终感恩武大编辑出版系带给我的收获与成长。

一、关于专业内容

我们习惯把编辑出版学称为"编出"，根据内容侧重不同其一般可分为三大方向：新闻传播学下的编出、图书情报与档案管理下的编出以及文学类下的编出。新闻传播学类下的编出侧重在新闻传播学主干课程下进行出版理论专业知识教育，如中国人民大学；图书情报与档案管理下的编出强调出版营销、管理意识，培养在图书出版行业的实践能力，如武汉大学、南京大学；文学类下的编出与文学密切相关，侧重编辑理论与实务，如北京师范大学。武汉大学编辑出版学在所有编辑出版学专业中位列第一。编辑出版学是研究国内外出版业运行规律并指导出版实践发展的一门应用学科，培养能在书刊出版、新闻宣传和文化教育部门从事编辑、出版、发行的业务与管理工作，以及教学科研的编辑出版学高级专门人才。简单地说，我们专业就是为出版文化界培养各类所需的专业人才。不过我们专业的毕业生并不仅仅局限于出版业，互联网、媒体、金融等行业都可以看到我们专业同学的身影，以编辑出版人的身份在不同的领域继续发光发热。

对于学习编辑出版的大多数同学来说，出版业是一门既熟悉又陌生的行业。熟悉是因为我们在日常生活中就能接触到各种出版物，如图书、杂志、音像制品、数字产品等;陌生则是因为编辑出版不仅要学习这些出版物,更重要的是学习和掌握它们的生产、制作和发行的全过程。所以对绝大多数同学来说,编辑出版专业的学习都是一个全新的领域,并不要求你有特殊的天赋(当然对于一些策划类课程,如果你脑子里充满灵感和想法那是很加分的),只需要你足够用心和付出。

武汉大学编辑出版学是国内最早创办的同类本科专业,被誉为"出版业的黄埔军校",拥有完善的教学体系和优秀的师资力量。编辑出版的课程主要可以分为理论类、技术类和实践类3种,如表1所示。

表1 编辑出版专业课程设置

类别	课程
理论类	编辑学原理、中国出版史、书业法律基础、书业财务管理、书业营销学、书业企业管理学、数字出版导论、世界书业导论、知识产权法、读者学等
技术类	Photoshop入门与提高、编校软件应用、多媒体应用技术、数据库原理与应用、网页设计与网站建设、信息系统设计与应用等
实践类	网络编辑、文献编纂实务、期刊广告与发行等

理论类课程是帮助我们熟悉出版业的最重要的内容,帮助我们从不同角度掌握出版业的运作流程和管理内容。理论类课程并不意味着是枯燥无味的说理式内容,拥有丰富教学经验和博学知识的老师们总能把严肃的理论知识讲得生动有趣,如知识产权法这门课程涉及很多生涩难懂的法律条例,但授课老师通过案例的分析讲解和模拟法庭(见图1)的开展,让同学们更加切身地理解法律条文内容,也让整个课堂充满乐趣。所以虽然这门课难度大,但依旧不影响它成为最受同学们欢迎的课程之一。

图1 知识产权法课上的模拟法庭实践

技术类课程则要求同学们掌握一些具体软件的使用，如 PS、Indesign、Access 等，并要用这些软件完成作品。技术类课程的很多内容要应用到实践课程中，如期刊内容排版、网站专题内容排版等，整个过程学习下来，不敢说自己是技术大神，但也算是一个技术小能手啦。如期刊广告与发行这门课要求我们自主策划制作一本杂志（见图2），从选题、组稿、排版到广告宣传、印制发行，整个制作过程工程量不小。选题策划的时候，小组内可能争论得不可开交，排版的时候看计算机到头昏眼花，印刷的时候还要各处跑，比较打印店的印制水平，但当看到最后的成品时，真的分分钟能哭出来，所有付出都非常值得，满满都是幸福感。

学好编辑出版并不是一件难事，从我个人经验来看，关键在于用心和付出。用心即投入，付出即时间，也就是要花时间投入到专业学习中。不然平时不努力，只能期末徒伤悲了。我们专业的课程基本安排在大一到大三，遵循前紧后松

图2　和我的小组同学制作的《听虾米》杂志

模式，低年级的时候修完大部分课程学分，有的学期课程安排得非常紧凑，课业任务也相对繁重，时常会有洪荒之力附体的感觉。不过本科前期集中的课程学习也为后面的课程实践提供了更充分的时间，同学们往往会在大三、大四的时候进行各种实习实践工作，工作内容和形式也十分多样。我们学院和多家出版社、传媒公司有实习合作，如高等教育出版社、湖南长江文艺出版集团、中南传媒等，可以为同学们提供多样的实习机会。我曾经通过学院的实习项目在高等教育出版社进行过两个月的实习，实习日常工作主要是审读稿件、出版物数字资源转化和在线数字出版物编辑等，这次实习让我对出版社的运行和管理有了更深刻的了解，也将所学专业知识更好地运用到实际工作中。当然，除了学院的实习项目以外，还可以通过学长学姐介绍推荐到网站、微博、微信等平台实习。实习单位也不局限于出版行业，有的同学去了电视台，参与制作各种新闻电视节目；有的同学去了报社，不辞风雨地采访写稿；有的同学去了互联网企业，开始各种高大上的产品设计工作。虽然大家去往不同的岗位，但编辑出版带给我们的素质和能力上的提升都是始终

如一的。

二、关于毕业选择

关于毕业后的选择问题，同绝大多数大学生一样，编辑出版的毕业生主要是读研和就业两个方向。

（1）读研进一步可以分为出国、考研和保研，如表 2 所示（以武汉大学编辑出版学 2016 届本科生为例）。

表 2　编辑出版专业读研途径

出国	欧美大学（伦敦政治与经济学院、曼彻斯特大学等）的相关专业（新闻媒体、传播等），大约 8%的同学
考研	中国人民大学、复旦大学等的相关专业，跨专业考研，大约 19%的同学
保研	武汉大学信息管理学院、武汉大学新闻传播学院、北京大学信息管理系等，大约 19%的同学

出国是编辑出版毕业生的一个重要选择，我周围有的同学去了伦敦政治与经济学院学媒体与传播专业，也有去曼彻斯特大学新闻传播类专业的，主要以欧美国家为主。出国除了要有成绩、导师推荐、科研、实习经历等，还需要过关的语言成绩，如雅思、托福等；也有部分同学因为语言成绩暂时不过关，选择第二年再申请学校。

编辑出版考研的同学以考本校本专业和相关大类专业，如新闻传播学的比较多，我的同学中就有人考上中国人民大学和复旦大学新闻传播学的研究生，不过也有部分同学坚持自己的学习兴趣，考上了北京大学心理学的研究生，真的非常令人佩服。

保研的话由于现在不限制保本校、保外校，所以同学也有很多不同的选择，因为武大编出在所有高校同类专业中排名第一，所以绝大多数人会选择保研到本校本专业，在度过 4 年灿烂青春的武大继续奉献自己的美丽时光。不过也有例外，如现在在北大读研的我，感恩于武大编出对我的教育和培养，同时也想换个新环境，所以在得到学院和老师的大力支持后选择了北京大学信息管理系。之前也有学长学姐保研到南京大学、中国传媒大学编出继续深造的。还有同学通过参加暑期夏令营保送到武汉大学新闻传播学院。总之，只要你足够优秀，武大编出会为你提供一个平台，让你能够在更广阔的地方成长。

（2）就业具有多样性（见表3）。

表3 编辑出版专业就业方向

出版社	作为出版社编辑参与选题策划、出版发行工作，是我们专业最直接对口的就业岗位
图书馆	编辑出版的内容很多是与图书馆学内容相关的，因此我们专业的毕业生不少去往图书馆担任馆员工作，负责图书馆日常业务管理
电视台	电视台节目编导的工作跟编辑出版专业有很多相似之处，需要创意和想法，需要耐心和审读，出版本身也是大众传媒的一个组成部分，两者之间也有相通之处
互联网企业	快速发展的互联网成为吸纳大学生就业的重要行业，互联网企业规模庞大、岗位众多，我们专业毕业生从事的岗位也很多样，主要有管培生、产品运营、网络编辑、页面设计等
金融业	薪资丰厚的金融业向来就是大学生就业的重要选择，不少同学转行进入银行、证券公司，不过这往往都要求同学们自主掌握金融、经济专业的相关知识
其他	国企、事业单位等

三、关于个人感悟

出版是一个很大的范畴，如同图书会有不同的分类，出版业之中也会有不同的领域，如经济、法律、文学等。对于有志于从事出版行业的同学来说，仅学习编辑出版的专业知识是不够的，因为编辑出版的专业课程是从出版业整体角度出发，介绍出版业的运作规律，当涉及具体领域的出版内容时，还需要相关领域专业知识予以补充，因此我们专业的很多同学都会修读第二学位进行知识拓展，以经济与管理学院、新闻与传播学院、法学院的相关专业为主。对每个同学来说，双学位都是一个不小的挑战，它意味着你要放弃周末的休息时间，也意味着更加繁重的课业任务，但如果能够坚持到最后，收获的会远远大于付出的。我的同学中就有人修读经管院的双学位后转行在金融领域工作，还有之前说到的考上北京大学心理学研究生的同学，就曾在华中师范大学修读心理学双学位。

相对于经管、法学、新闻传播、计算机等大热专业，编辑出版可以说是偏冷门专业了，我们因为不同的原因进入这个专业，从刚开始的陌生到熟悉再到渐渐喜欢上出版这个行业，虽然最后我们不一定会从事出版工作，但一定会对出版业的存在有强烈的认同感。出版作为一项文化活动，在传播先进文化、提升国民素养方面具有重要的作用。可以说，愿意毕生从事出版业的人一定是有文化理想的人，它不一定能给你带来丰厚的报酬，但它潜在的精神文化影响却是不可估量的。

刚进入编辑出版这个专业的时候，可能会有些不适应甚至是失落感，我想这种情绪在很多专业中都会出现。也许有人会说，出版已经从原来的朝阳产业渐变成夕阳产业。但出版业作为文化产业的重要组成部分永远有其不可替代的作用，与此同时，出版业也顺应时代的需要在不断变革发展，如武大编出开设了许多新兴的数字出版课程，就是以主动的姿态迎接新挑战，把握新机遇。而且武大编出给你的是一个更大的平台，它不限制你任何方面的兴趣，你可以专攻文字内容，也可以从事策划设计，甚至是行业管理，在研究生阶段或未来就业你可以有更多样的选择。

本科的学习不仅是专业技能上的提升，更重要的是个人品性、修养认知上的提高。编辑出版的学习会让你始终对文字、对内容、对文化充满敬意，不管未来怎样，都始终有一份作为文化人的自觉性。最后，希望未来的你们都能从容自如地开始大学生活，勇敢前行，处处皆是惊喜。

信息管理与信息系统专业介绍

(作者简介:曾兰馨,本科就读于武汉大学信息管理与信息系统专业,研究生就读于北京大学信息管理学院。)

一、专业介绍

1. 专业简析

上大学前,我并不懂"信息管理与信息系统"(简称信管)是做什么的,而4年后,信管成为了我在武汉大学(见图1)里最美好的回忆。

图1 武汉大学信息管理学院

随着科技的发展和大数据时代的到来,现代人的生活中每分每秒都有海量的新数据在诞生,网页上"猜你喜欢"的广告推送、人工智能"阿尔法狗"的精明聪慧,甚至众多机构对美国大选结果的各种预测,这些奇妙事物的诞生都依靠着大量数据和信息的挖掘开发。如何巧妙地处理和利用现代社会中各种各样的数据,使它们发挥出巨大价值,成为了当前时代的热门话题。而"信管"专业,正是学习如何处理、分析和管理各种数据和信息的对口专业,让信息"开口说话"是我们信管学子所拥有的奇妙魔法。

"信管"全称"信息管理与信息系统",在大学里我似乎没有见过名称比它更长的专业了。百度百科上对它的解释是：集信息技术与管理科学于一体，实践性和创新性很强的交叉学科。通俗地来说，这是一门学习如何运用经济学思想、统计知识和技术手段去管理信息的综合学科，通过学习管理学知识和计算机技术对海量的数据进行收集处理，使之成为有用的信息，然后通过科学的统计学原理对其过滤和分析，进而形成知识，最终运用知识来做出正确的决策。

目前，国内开设信管专业的学校越来越多，因学校特征不同，各个学校信管专业的教学重点也会有所不同。就本科阶段而言，综合性院校的信管专业偏向知识管理和数据分析理论，如武汉大学、北京大学等；而工科院校的信管专业教学则注重信息系统开发技术，如华中科技大学、天津大学等。信息管理与信息系统专业是由经济信息管理专业、科技信息学专业、管理信息系统、信息学和林业信息管理5个专业整合的，简称信管专业。

2. 课程设置

我们信管人常常自嘲学的是"万精油"专业，也正是因为信管专业所学的知识覆盖面广，学生们才能依个人所需从中找到自己的兴趣点所在，选择自己喜欢的方向去深入发展。正如专业名称的字面意思，本专业包含了"信息管理"和"信息系统"两个大方向，简而言之就是"技术"和"管理"两条发展道路，因此本科期间我们涉及的课程学习也是围绕这两个角度开展的，另外还需要一定的数学和统计学基础。信管专业的课程设置如表1所示。

表1 信管专业课程设置

课程类型	课程名
理论型课程	运筹学、管理学基础、信息经济学、财务管理、微观经济学原理、市场营销、用户体验设计、信息计量、组织行为学、供应链管理、企业资源计划、信息服务与用户、信息构建等
技术型课程	数据库系统原理、信息系统、信息检索、Java程序设计、C语言程序设计、信息组织、信息系统设计与开发、数据结构、智能信息系统等
数学与统计学基础课程	概率论、离散数学、线性代数、社会调查与统计分析等

从表1可以看出，信管学习的课程比较杂乱，学科综合性较强，因此，在学习中，我们都尽量依据自身发展需求，找到自己的学习重点，并结合课外学习进行自我深化与提升。以我自身为例，用户行为研究与数据处理分析是我的兴趣点所在，因此，我在统计学相关课程上都十分用心。课堂教学注重理论知识和解题方法，实践操作较少，因此除了课堂所学理论知识外，自

己在课下还要加强对统计学工具的使用（如 SPSS 和 R 语言），通过课外书籍学习一些数据建模知识，并且有选择地对技术型和经济类课程进行精学，而其余课程尽力达到结课要求。这样，有选择性地塑造自己的培养方案，四年下来，便能在信管专业中找到自己的发展方向所在。

3. 学习体验

信管专业的优点是交叉了当下的热门学科（经济管理和计算机科学），培养综合性人才。但不得不承认的是，综合性的学科都存在"门门都会但却门门不精"的弊端。从大一起就常听说这么一句话："我们信管人，技术拼不过学计算机的，管理思维拼不过学商科的"，夹缝中求生，似乎是有些许尴尬。然而，4 年的学习经验告诉我，避免这一劣势的最好方法就是在这个综合性学科中慢慢找准自己的方向，培养兴趣并且深入学习。例如，如果你对系统开发或数据算法的技术感兴趣，那么就可以在技术学习上多下工夫，扎实自己的代码功底和算法水平。我们信管人毕业后有做开发的、有做设计的、有做运营的，每个人似乎都能找到一个合适自己的方向。信管专业综合性的特点会给我们在行业中带来很多优势，毕竟我们可以成为"开发岗中最懂用户运营的程序员"，或是"运营管理岗位上最懂技术的产品经理"。

4. 发展方向

当前来看，毕业后选择继续深造的学生占大多数，以我所在的武汉大学信息管理与信息系统专业为例，我们系超过一半的学生选择了出国深造或国内继续读研。据不完全统计，这一届同学的毕业去向如图 2 所示。

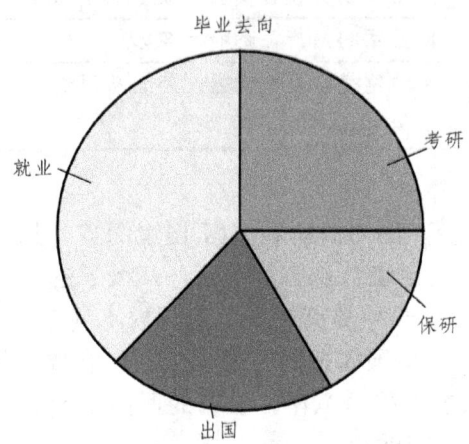

图 2 毕业去向

下面我从就业和读研两个方面介绍信管专业同学的毕业去向情况。

（1）就业。

由于专业所学知识覆盖面较广，因而信管专业的毕业生就业领域也很广。它具体涉及管理、信息处理、计算机及办公网络应用、电子商务、通信交流等不同的行业门类，包括国家各级管理部门、工商企业、金融机构等部门，以及从事信息管理、信息系统分析设计、实施管理和评价工作的单位。无论是政府部门，还是公司企业都处在信息化时代，都需要一大批信息管理类专业人才从事相关的信息数据收集、储存、加工以及综合运用，来完善内部组织的科学管理，提高工作效率，利用过去的数据预测未来，帮助企业实现其制定规划的目标。

从就业实际情况来看，我身边的学长学姐以及同学们在互联网行业的居多，涉及岗位有产品经理、运营、开发人员（见表2）等，这可能也与当下互联网行业薪资较好有关。在信息管理与信息系统专业里，互联网气息相当浓，具有非常良好的"老带新"氛围，也就是说已经在各大互联网企业（如阿里、腾讯、百度等）工作的学长学姐，都非常愿意为后来的学弟学妹们提供实习和求职的内推机会等帮助。

表2　信管专业就业岗位情况

产品经理	负责调查并根据用户的需求，确定开发何种产品，选择何种技术、商业模式等，并推动相应产品的开发组织，协调研发、营销、运营等，确定和组织实施相应的产品策略及活动
运营	管理某个软件、公众号的新媒体的后台，编辑文案、策划活动、活跃用户等
设计	画图、设计软件交互界面、视觉设计等
开发	负责互联网产品的技术实现
数据分析师	通过建模，寻找数据规律，从而进行相关预测等，为企业决策提供建议

（2）读研。

读研又分两种途径，国内读研和出国/出境深造，如图3所示。

一般来说，有出国/出境深造打算的话，从大二起就要开始准备语言考试（雅思/托福/GRE），然后开始提高绩点（对分数不满意的课程可以重复选修，重新考试，提高绩点）。出国深造的方向也分商科和技术类两种，学成后有的留在外国科技公司从事工程师工作，也有的回国就业，还有部分同学选择出国直博，毕业后到高校当教师。

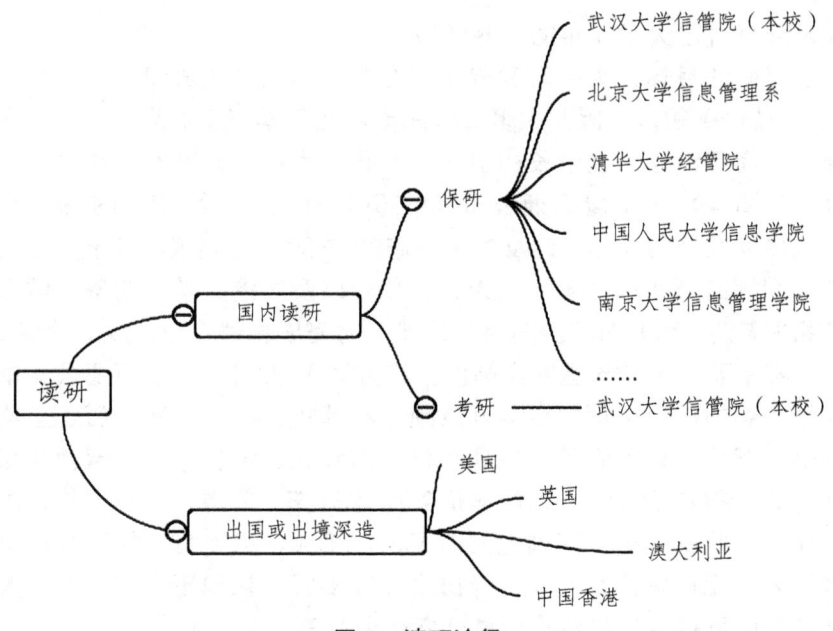

图 3　读研途径

而对于在国内读研，信管对口的硕士研究生专业有两个：情报学、管理科学与工程专业，另外也有极少数同学根据自己的兴趣跨专业保送到金融等其他专业。仅针对专业而言，在情报学界，国内排名第一的学院是武汉大学信息管理学院，其次是南京大学信管院、北京大学信管系等；而管理科学与工程专业在不同学校的研究侧重点很不相同，大体来讲，在这个专业的排名上，一些工科院校更为靠前，最好的是清华大学的经济管理学院，其次是上海交通大学安泰经济管理学院。另一方面，国内读研也有两种途径：第一种是保送，这对学生的专业成绩及学术成就的要求较高，并且大多要求有一定的学术研究基础（如科研项目或发表论文经历）；第二种是通过考研，考研有一定的风险与难度，因此大多数学生选择考本校本专业的研究生以提高上线概率。

二、我的大学

来到信管也算是缘分，我高中毕业时并没有一个非常明确的专业目标，想学点经济和管理，又想学一些计算机知识，碰巧看到信管专业似乎每一方面都涉及一些，就这么进了"信管"的大门。刚进大学时，我最初的打算就是毕业后继续攻读研究生，最后也有幸顺利地走上了保研的道路，很荣幸可以和大家分享自己大学4年的一些经历。

出于读研的目标，大一时我就比较在意自己的专业成绩，当时基础课程（如数学、英语）较多，因此大多数时间都用在了学习上。另一方面，为了给自己未来的简历添彩，在学长的引荐下，我在大一暑假到香港参与了一个实习项目（见图4）。在香港万通公司营销部门完成了为时一周的实习，与团队里的小伙伴以及公司导师一起度过了难忘的7天。想起这段日子，心里至今还会感到满满的充实和怀念。白天，在公司以及香港大学暑期班上学习市场营销的相关知识，晚上回到房间与小伙伴一起完成相关作业以及商业策划（策划书的内容主要围绕公司理财产品的推广方案），并且后来在万通公司举办的商业策划大赛中获得了第二名的好成绩。在那里，我第一次经历了全英文商业策划书的撰写，接触到了一些项目设计的知识，学会了市场营销的相关分析工具（如SWOT分析、PEST分析等），也开拓了眼界，认识了许多志同道合的伙伴。从此我也更加深刻地明白了，对于大学生而言，校园外的第二课堂有多重要，无论学什么专业，走出去多看多听，认识更多"牛"的人，才能丰富自己的思想，更快地找到自己喜欢做的事。

图4 在香港万通公司实习结束时的团队合照

大二、大三时，我学习了信息经济学以及信息产品设计等方面的专业知识，开始对互联网产品经理的工作岗位产生了一些兴趣，再加上身边也有一些从事这个行业的朋友，于是开始了对"产品经理"的学习之路，开始寻思着，无论是本科毕业就工作还是继续深造，都向往毕业后朝着互联网行业发展。课余时间里，我经常上一些相关社区浏览文章资讯，同时也参加了一些互联网产品设计大赛。在大三下学期时，有幸在一位校友的推荐下，得到了阿里巴巴（见图5）淘宝事业部产品经理的实习机会（所以说学长学姐的引荐很重要），这一次实习让我走进了互联网产品经理的大门，学到了很多业务知识，学会了如何完整地设计一个产品原型，如何跟进整个产品周期，也获得了许多互联网圈子的人际资源。

图 5　杭州阿里巴巴西溪园区

学习方面，大二、大三是提高绩点的关键时期。当时得知了保研相关的信息，于是便朝着保研的目标开始努力。除了稳住专业成绩排名外，为了提高自己的科研水平，还跟着老师参与了一项国家级科研项目，并且筹划学术论文的撰写。幸运的是，科研的申报和论文的发表都进展得很顺利。在各高校招收推免生时，我尽力申请了多个学校，包括清华大学经济管理学院、中国人民大学信息学院、上海交通大学安泰经济管理学院。推免是个残酷的筛选过程，经历了数次面试笔试的残酷考验，我最终来到了北京大学信息管理系。

三、未来展望

经过 4 年学习，我身上已经深深地烙下了信管学子的烙印，平时我已习惯以信息构建评价的眼光去看待身边的事物，同时，信管也给了我一个提升自己、展现自我的平台，让我实现了太多自己的梦想。随着信息技术和数据科学的不断发展，信管专业也将从最早的"文献信息管理"向"科技信息与数据挖掘"方向不断转变和发展。当然，至于信管学子最后做什么行业，还是取决于个人兴趣。无论是从事 IT、金融，还是运营管理行业，信管的专业知识都能成为你的后盾。作为一个信管人，最重要的就是挖掘自己的兴趣所在，并且有重点地去发展它。

很开心能和你们分享这些，愿你徜徉于数据与信息的海洋中不断前行。

金融学专业介绍

——以中南财经政法大学为例

（作者简介：侯淼，本科就读于中南财经政法大学金融学专业，2017年本科毕业后赴英国巴斯大学金融专业读研。）

一、专业介绍

2013年，我阴差阳错考入了中南财经政法大学金融学院金融学专业，从此在金融的路上一去不回头。

本科4年被无数人问过你们学校是几本，是不是在长沙。所以先简单介绍一下我的学校——中南财经政法大学。中南财经政法大学位于湖北省武汉市，是教育部直属，由教育部、财政部和湖北省人民政府三方共建的一所以经济学、法学、管理学为主干，兼有哲学、文学、史学、理学、工学、艺术学等九大学科门类的普通高等学校，是国家"211工程"高校和"985工程优势学科创新平台"项目重点建设高校。其中会计学、民商法学、财政学、金融学为国家级重点学科。

1. 基本介绍

关于金融学常见的定义是，以融通货币和货币资金的经济活动为研究对象，具体研究个人、机构、政府如何获取、支出、管理资金以及其他金融资产的学科，是从经济学中分化出来的学科。很多人会问金融学和经济学的区别是什么，金融学是经济学的一个分支，它和经济学的区别主要体现在研究对象上，研究对象的不同导致了两者在研究思想和研究方法上的不同。在我们看来，金融学的核心在于收益和风险的问题（收益往往伴随着风险），当经济学研究中涉及风险、收益、利率等内容时就是金融学的范畴了。

金融学又可以分为宏观金融（货币银行等）和微观金融（公司治理等），研究内容包括货币的发行与回笼，存款的吸收与付出，贷款的发放与回收，金银与外汇的买卖，股票、债券、基金的发行与转让，保险、信托、国内和国际货币的结算等。可以说，大到国家经济治理，小到我们每一个人的经济生活，都离不开金融学的研究范畴。

2. 课程设置（见表1）

表1 金融学专业课程设置

基础课程	高等数学、西方经济学、货币金融学、会计学、财政学、统计学、计量经济学、管理学通论、法学通论等
主要课程	国际金融、公司金融、金融工程、商业银行经营管理、国际结算、金融会计、中央银行学、财务管理学、投资银行学、证券投资学、金融风险管理、保险学等
专业选修	金融计量软件应用、金融中介学、信用管理、固定收益证券、金融法学、金融营销、金融市场交易实务、国际金融业务处理、产业经济学、证券投资分析实验等

很奇怪的是前段牛市时，大家知道我学金融的，纷纷要我推荐牛股。我就正好借这个机会，以大家通常所说的炒股为例，详细介绍一下我们上的证券投资学这门课程。这门课程的主要内容就是分析投资资本证券。证券投资分析的方法主要是基本面分析和技术分析。基本面分析就是依据西方经济学、货币金融学、财政学的知识从宏观角度分析国家财政、货币政策，依据金融市场学等知识，判断其市场价值。产业经济学的知识可用于行业分析。对公司的财务分析则应用到会计学、财务管理学、公司理财等内容。证券投资学、投资学等课程学习到技术分析的相关指标和方法，统计学、计量经济学、金融计量软件应用等可通过建模、量化进行技术分析。而证券投资分析这门实验课则是让我们将学到的知识应用于实践中，通过亲自操作证券交易，消化应用所学。

值得一提的是，中南财经政法大学注重其在经、管、法三大学科方面的优势，在全国高校公共基础课中首先创设了"经济学通论""法学通论"和"管理学通论"3门必修课程，推动经、法、管三大互动学科的交叉、渗透与融合。因此，金融学专业的同学依然要学习法学通论和管理学通论两门课程，补充在法学和管理学方面的知识。

3. 发展方向

金融学专业毕业后的选择基本是升学（包括考研、保研）、签约、出国或灵活就业。图1、图2为2015年、2016年中南财经政法大校金融学专业去向统计（数据来源：中南财经政法大学2015年、2016年毕业生就业质量报告）。

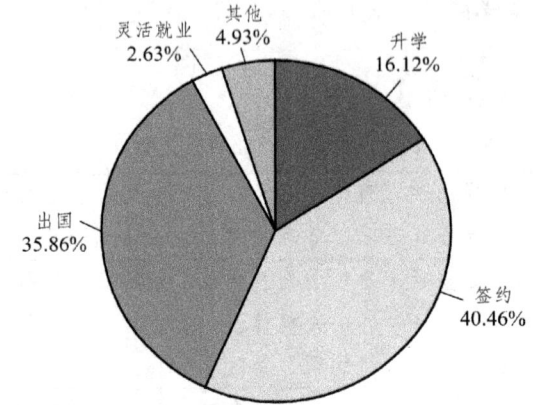

图1　2015年金融学毕业生就业统计

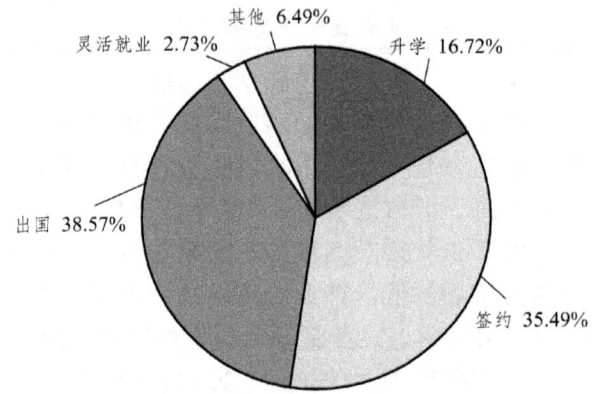

图2　2016年金融学毕业生就业统计

金融学专业的同学在本科毕业后选择继续深造的占据大多数，包括在国内读研或出国深造。

（1）国内读研。

在国内读研所选择的学校一般有北京大学、清华大学、中国人民大学、复旦大学、上海财经大学、武汉大学、本校等。研究生的专业基本选择继续学习金融、经济、财务方向，此外会有极少同学选择法学或是管理学方向。本校保研率不高，大概在7%，因此读研的同学中，还是考研的居多。金融专业竞争激烈，大部分同学会选择留在本校深造。

（2）出国读研。

出国读研去向主要是英国和美国，少部分有移民打算的会选择澳洲或加拿大，此外荷兰院校的商科、法国的高等商学院等也是很好的选择。如果有出国读研的打算则要尽早着手准备，尽可能提高自己的GPA（学分绩点），尽早把雅思或托福考到一个满意的分数，根据自己的专业情况选择是否考GRE（美国研究生入学考试）或GMAT（管理研究生入学考试），取得导师的推荐信，并且至少要有含金量高的实习。科研、比赛、项目、论文、学生工作都属于加分项。对于申请最有意义的是出国交流的经历，本科期间学校会有交换项目，可以积极申请。

如果有志于搞学术研究的话，应多阅读文献，向专业课老师寻求指点或是参与课题。金融是一门注重实务的学科，实习经历非常重要，寒暑假或者学期中课程不紧张的时候，可以找一些和专业有关的实习，这对以后就业或是读研都有很大的帮助。

（3）就业。

就业的话，金融学专业毕业生的流向是非常多元的。

① 商业银行，包括中国银行、工商银行、建设银行、农业银行等4大行和招商等股份制商行、城市商业银行、外资银行驻国内分支机构。

② 保险公司、保险经纪公司，如中国人寿、平安、太平洋保险等。

③ 中央人民银行、银行业监督管理委员会、证券业监督管理委员会、保险业监督管理委员会。

④ 金融控股集团、四大资产管理公司、金融租赁、担保公司。

⑤ 证券公司，含基金管理公司，上交所、深交所、期交所。

⑥ 信托投资公司、金融投资控股公司、投资咨询顾问公司、大型企业财务公司。

⑦ 国家公务员系列的政府行政机构，如财政、审计、海关部门等。

⑧ 社保基金管理中心或社保局。

⑨ 一些政策性银行，如国家开发银行、中国农业发展银行等。

⑩ 上市（或欲上市）股份公司证券部、财务部等。

金融学专业的就业面广，这也说明金融学专业在本科学到的知识很杂很多，这就需要同学们在学习的过程中逐渐了解、确定自己想要深入研究或就业的方向，有的放矢地学习。如想要进入商业银行工作，就要更注重商业银行、管理学、金融会计等相关课程的学习，选择相关的实验课，进一步了解熟悉商业银行的实务，同时也要记得参与银行从业资格考试，在毕业季、招聘季积极报考各个银行。如果想要进入证券、基金公司，则要掌握财务、数理统计等方面的知识，参与证券从业资格、注册会计师等资格证的考试。

二、本科生活

在本科期间，我只参加过几次数学建模竞赛，有过在商业银行实习的经历，没有再参与其他的比赛或科研项目。

数学建模是运用数学思维、数学方法、数学语言，建立数学模型解决实际问题。数学建模竞赛则是要3人一队在3天内完成一篇包括问题的阐述分析、模型的假设和建立、计算结果及讨论的论文。在2015年全国高校大学生数学建模竞赛中，我们选择了"太阳影子定位"这一赛题，查阅并快速消化了关于太阳高度角等地理知识，确定参数，拟合数据，构建模型并优化，将视频中的内容图片化、数据化，用软件测量并进行数据拟合。从拿到赛题到提交论文只有3天，时间非常紧张，我和我的队友以及同样参加比赛的同学，在学校的数模实验室里待了整整3天，见到了深夜的教学楼，也见过了武汉的日出，无论结果如何，这都是难得的奇妙经历。通过不断的学习和参加比赛，我对数学建模有了更深的了解，能够逐渐看懂并应用模型，也懂得了一些软件，如SPSS、Eviews、MATLAB、R软件的使用，掌握了论文的写作技巧，这些都对我以后专业课的学习和论文写作有很大帮助，同时也懂得了如何和队友协作、高效解决问题。

大二的寒假，我曾在中国银行本地分行的国际结算部实习。大二下学期，我有国际结算这门专业课，因此想通过实习提前了解学习国际结算业务。中国银行是我国最早开展国际结算业务的商业银行，因此在实习过程中我认真阅读了中国银行产品手册，了解了银行各种产品的原理、用途、特点等相关信息，对商业银行的业务有了更加深入的了解。同时，学习到了有关国际结算的各种知识，尤其是信用证方面，参与了信用证审核的工作。商业银行的知识本就是应当理论与实践相结合，在中国银行国际结算部学习到的知识对我接下来在学校中相关课程的学习起到了很大的帮助。

由于很早就确定了硕士阶段出国，因此我本科阶段大部分时间都用在了雅思学习和考试上，导致我在专业方面的经历乏善可陈。下面介绍我的一位师兄和两位同学，他们对金融行业有着足够的热爱，也有更丰富的经历和更明确的追求。

比我高一届的直系师兄Y，擅长于数据分析，多次参加各类金融、商业、建模比赛并获奖。作为主要成员参与的互联网创业项目被CCTV等媒体报道，收获15家风险投资公司邀约，并具有丰富的证券公司、基金公司的实习经历。大三下学期开始，他推掉了所有工作和项目，中途放弃了本校保研的机会，在图书馆埋头苦学9个月，如愿考上北京大学经济学院金融硕士。

同班同学 L，很早就确定毕业后直接工作。L 组织能力、工作能力极强，非常受学院老师器重。她实习经历颇丰，每一个寒暑假都在商业银行或证券公司实习。学期中如果课业不多的话，她也会去实习，六点出门、十点回宿舍、凌晨两点睡觉，利用白天在路上的三四个小时补觉，工作功课两不误。秋招尚未结束，她已经在一众名校硕士生中脱颖而出，收获了 4 份录用通知书，并最终选择了招商银行。

同专业的同学 D，同样很早确定出国读研，并且打算美英联申，她用不到一年的时间高分横扫雅思、托福、GMAT。实习、比赛、发论文，大四一开学就已经准备好了所有申请材料，随后投入 CFA（注册金融分析师）一级的备考当中。春节的前一天，她收到了来自华威大学的录取通知书和 CFA（注册金融分析师）通过的邮件。

我身边这些同学的案例说明，金融学专业的学生的未来有无数种可能性，只要我们及早定好目标，并通过一步步的努力朝着自己的目标前进，未来将是光明的。因此有志于金融学专业的同学，一定要及早确定好自己的道路。

三、后话

金融学是当下热门的专业，其受追捧程度从每年水涨船高的高考录取分数线和考研报录比中可见一斑。用我同学的话说，"不是大家都想学金融，而是大家都想挣金融的钱。"在薪酬最高的专业排名中，金融毫无疑问位居榜首。不管是在哪个口径统计出来的薪酬数据中，金融行业都位居前列。同时，也注定了金融行业竞争激烈。

如果想要在激烈的行业竞争中胜出，仅靠课堂上的知识是不够的。现代金融发展极快，也更侧重量化，如果想在金融行业有更好更长远的发展，我建议根据自己的职业规划在课下补充数学、编程、统计软件或是财务、法学方面的知识。每年考研复试都会发现，金融专业的本科生多半会败给本科是数学或计算机的同学。金融是一门注重实务的学科，课本上的学习之外，实习同样重要。此外，商科要考的从业资格证也很多，因此要有选择性地考，公认含金量较高的资格证有 CPA（注册会计师）、CFA（注册金融分析师）、FRM（金融风险管理）、国家司法考试等。

总之，选择金融专业，有的是出于热爱，有的是从众心理，但真正踏入这个专业的大门之后，就要尽快对自己的未来形成一个清晰明确的规划。

政治学与公共管理专业介绍

（作者简介：詹欣怡，本硕均就读于中山大学政治与公共事务管理学院。）

问人间政治之道以善政天下，求公共管理之理为良治中国。
——中山大学政治与公共事务管理学院院长肖滨

In our times the destiny of man presents its meanings in political terms.
——Thomas Mann

作为一名公共管理学系的学生，我始终无法将之与政治学剥离开来，因为这二者的联系是如此紧密。在我的母校中山大学，实际上这两个专业也属于同一学院——政治与公共事务管理学院，名字虽长，但也体现了政治学与公共管理学之间的深厚渊源。

一、何为政治学与公共管理—— 专业目标及研究方向

我时常感到惊奇的一件事在于，周遭有如此多的人热衷于谈论"政治"，却鲜少有人对基本的政治学原理与公共管理知识有所了解，深入更是无从谈起。这体现在我同别人说起我本科所学的专业时，往往收获到的是讳莫如深的表情或是"以后当大官"的误解。

亚里士多德曾在他的著作《政治学》中写道"人是天生的政治动物"，回溯到古希腊时期作为统领科学的政治学的鼎盛时代，到现在的大多数人只谈"政治"而不懂"政治学"，总是让人唏嘘不已；而公共管理作为近一个世纪开始蓬勃发展的学科，也并没有为大多数人所熟悉。然而，所有的人、物和事件都存在于一定的政治背景下，都内嵌于一定的公共管理体系中，政治与公共管理实际上与我们每个人密切相关。它关乎自由、平等、公正；关乎个人、社会、国家。

从学理意义上而言，政治学是以研究政治行为、政治体制以及政治相关领域为主的社会科学；公共管理即对公共事务的管理，是研究以政府行政组

织为核心的各种公共组织管理公共事务的活动及其技术和方法,强化政府的治理能力,提升政府绩效和公共服务品质,从而实现公共福利与公共利益的学问。

我所在的学院的谭安奎老师也曾用两个房间作比来阐述政治学与公共管理:一个精巧雅致,谓之政治学;一个宽敞豪华,谓之公共管理。无论是自由主义还是国家中心理论,政治学理论背后逻辑推演的精妙和理论建构出的理想类型总是让人欲罢不能,而公共管理学中衍生而来的公共选择、公共服务等一系列理论体系则为现实世界中的政府价值取向和实际运作提供了更多的可能性。我也倾向于将二者理解为"道"与"术"的关系:政治学为"道",论述什么是好的生活,什么是好的社会秩序,什么是好的政治制度;公共管理是"术",阐述如何通过不同的管理方式和手段来实现政治学中的"好"。

二、政治学与公共管理何为—— 专业角色与内涵

在本科阶段,以我就读的中山大学为例,二者并没有明确的界限,而学院作为深谙两大学科深厚渊源的实践者,在专业课程设置上也是政治学与公共管理都有涉猎,基本各占半壁江山,如表1所示。

表1 政治学与公共管理专业课程设置

社会科学基础	政治学原理、管理学、社会学概论、宪法与行政法、经济学基础、公共经济学
专业基础	行政管理学、公共政策分析、中国政治思想、西方政治思想、中国政府与政治、西方政治制度、行政组织学、人力资源开发与管理、公共预算学、公共行政学说史
研究方法	社会研究方法、基础统计
主要专业选修	地方政府与政治、劳工政治、选举政治、政党政治、公共治理与公共服务、公共部门改革、社会政策、福利经济学、劳工政策与劳动关系、比较城市管理、社区建设、非营利组织管理等

得益于本科阶段的课程设置,我得以同时接触这两个紧密联系且相辅相成的专业,既能领略政治学理论的精妙,又能感受公共管理学科的庞大。政治学与公共管理的学习并不局限于课堂的时间和地点,它们都注重对真实世界的感知、认识和探究。查阅文献、课堂展示和实地调研(见图1)等早已成为我们学习中不可或缺的内容,而这正是我们认识和了解真实世界的生活、政治制度和社会秩序的重要途径。

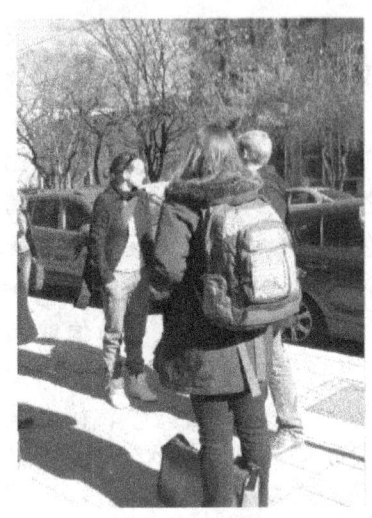

图 1　大三在德国交换期间与老师和
同学们在慕尼黑街头调研

在所有课程中，我尤其想谈谈两门研究方法的课程。研究方法对于社会科学而言，可能就恰似于化学实验中的各种实验仪器，它常被老师称为“文科生的硬本领”，其重要性不言而喻。社会研究方法课程主要讲授各种研究方法及其理论渊源，包括问卷法、访谈法、民族志研究、历史比较分析等，无论是设计问卷、撰写访谈提纲、记录观察日志等，一切都有章可循；而基础统计则主要讲定量研究，即如何通过对数据的整理、描述、分析来验证一个研究问题，主要涉及运用 SPSS、Stata 或其他相关数据分析软件拟合多元回归模型、Logistic 模型、面板数据模型（见图 2）等。

模型	(1)	(2)	(3)	(4)	(5)	(6)	(7)	(8)	(9)	(10)	(11)	(12)
因变量	人均社会支出			人均教育支出			人均社会保障和就业			人均医疗卫生支出		
解释变量												
lnDC_inc	1303.49***			676.74***			423.92**			203.42***		
	(254.79)			(122.79)			(129.39)			(49.04)		
lnDC_exp		2022.30***			997.33***			970.91***			254.16***	
		(305.97)			(150.37)			(154.16)			(60.52)	
DC_own			-27.94**			-9.62*			-12.92**			-4.81**
			(8.71)			(4.26)			(4.31)			(1.65)
perinc	5605.60***	6139.35***	7194.06***	2587.86***	2899.92***	3312.20***	1980.45***	2105.54***	2504.83***	1037.94***	1134.47***	1297.01***
	(575.57)	(531.37)	(589.25)	(277.37)	(261.22)	(288.39)	(292.29)	(257.82)	(291.86)	(110.77)	(105.14)	(111.98)
perGDP	680.61***	669.10***	780.89***	241.78***	268.39***	315.76***	262.93***	265.54***	314.65***	126.50***	135.17***	150.41***
	(114.46)	(109.44)	(115.20)	(55.16)	(53.80)	(56.38)	(58.18)	(55.16)	(57.06)	(22.03)	(21.66)	(21.89)
PerGDP2	-68.47***	-71.88***	-100.41***	-25.30***	-28.69***	-40.71***	-29.24***	-29.07***	-40.65***	-13.93***	-15.11***	-19.05***
	(9.82)	(8.91)	(9.05)	(4.73)	(4.38)	(4.49)	(4.99)	(4.49)	(4.48)	(1.89)	(1.76)	(1.72)
urban	-17.05	-50.21*	-20.03	-4.89	-18.74	-4.03	-18.20	-33.68**	-21.28*	6.03	2.21	5.29
	(18.87)	(19.41)	(19.80)	(9.09)	(9.54)	(9.69)	(9.58)	(9.78)	(9.81)	(3.63)	(3.84)	(3.76)
elder	-31.31	-24.68	1.48	-30.42*	-26.13*	-15.88	1.98	2.93	14.82	-2.87	-1.49	2.54
	(24.89)	(24.01)	(25.78)	(11.99)	(11.80)	(12.61)	(12.64)	(12.10)	(12.77)	(4.79)	(4.75)	(4.90)
C	1608.293	2048.50*	1119.02	930.10*	956.95*	384.09	932.49*	1358.37**	1031.28*	-254.32	-266.83	-296.36
	(848.34)	(814.45)	(931.69)	(408.82)	(400.39)	(455.99)	(430.82)	(410.50)	(461.47)	(163.27)	(161.16)	(177.05)
R方	0.903	0.909	0.900	0.903	0.904	0.894	0.782	0.797	0.780	0.916	0.916	0.9123
面板模型	FE	FE	FE	FE	FE	FE	FE	FE	FE	FE	FE	FE
观测值	310	310	310	310	310	310	310	310	310	310	310	310

注：*表示 p<.05 **表示 p<.01 ***表示 p<.001；（）内为标准差

图 2　我的某篇论文中的面板数据模型结果

三、政治学与公共管理何以为——专业思维、能力及其现实意义

政治学与公共管理,其可贵之处在于其朴实的思辨性。说它朴实,是因为它引导我如何正确地认识公共事务而非仅仅流氓地谩骂缺点,缺乏合理的论据和可行的解决方法。说它思辨,是因为它引导我正确地认识公共世界有很多种的可能,而并非一个非此即彼的二项选择题。

正是借助一次次的调研,我看到了地方政府在基层治理改革和创新中的成效和问题;了解了城管和小贩群体各自的无奈以及双方背后的博弈和妥协;聆听了外来务工人员生活的艰难与并不太大的心愿;理顺了某项社会政策背后的价值与意义……探究的眼光并不局限于此,这一个个生活中的小问题,实际上反映出的是背后更为深刻的顶层设计和国家治理的逻辑。举一个小例子来说明,700元可购买个人全套信息资料的新闻引起热议,暴露了个人隐私被泄露的乱象,很多人对此表示不满和愤慨,呼吁政府尽快采取措施对此进行管理。然而,很少会有人思考,为什么个人信息的泄露需要被政府管制呢?老师在课上的解读告诉我们这不仅仅是一个隐私被泄露的问题,其背后反映的也是我们对公民权利的认识。从政治学和公共管理的角度而言,我们从来没有把数据和信息本身当成是公民权的概念,因为以往相对较为封闭的系统中的信息传递没有太广泛的辐射性,而随着科技的发展和大数据技术在各个方面的应用,我们身处在一个更为开放的系统中,个人的信息具备了更大的传播性;而且当数据本身具备了附加价值,数据完全可以变成有产品属性的物品时,其保护就有可能演变成为一个关于公民权的问题。

政治学与公共管理的就业去向分布广泛,人力资源、市场营销、教育咨询等行业都有涉足,各级党政机关、企事业单位、社会组织等不同类型的单位也基本都能见到具有政治学与公共管理背景的人。选择政治学或公共管理,是选择了一种思维方式,也是选择了一种充满未知的广阔的可能性。学医你很可能成为一位医生,学法你很可能成为一名律师或法官,然而学政治学或公共管理,你却并不一定会成为政治家或政府公职人员。但政治学与公共管理所阐释的公共事务之道,这两个学科所蕴含的一切精妙内涵和奥义,则让人走得更好、更远。以往毕业的师兄师姐们在政府机关、企事业单位等各个不同的领域和岗位上大放异彩,或是在学术研究上的深厚造诣,就是对这一点最好的注解。

大三下学期到大四上学期可谓本科阶段的分水岭,甚至可以说是人生的一个分水岭,摆在大家面前的主要有升学和就业两大选择(见图3),还有一

小部分人会选择创业，由于这部分人非常少且我对此知之不多，故在此不做赘述。

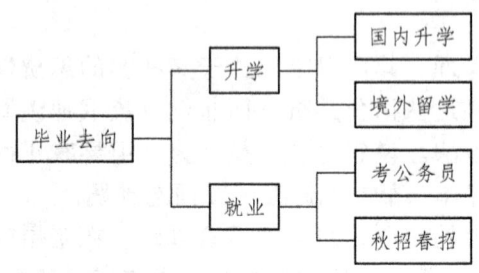

图3　毕业方向

升学又可以分为国内升学和境外留学；就业又可以分为考公务员和参加企事业单位的招聘（"秋招"和"春招"）。

就我们学院而言，基本上每年选择升学和就业的人数比例是各占一半。国内升学方面又分为保研和考研，我自己是成功保研，目前继续留在学院进行硕士研究生阶段的学习，我们学院的保研去向基本是清华大学、北京大学、复旦大学、浙江大学、南京大学、中山大学等；申请境外留学的主要以英国、美国、澳洲、中国香港居多。就业方面，国考、省考、市考均有成功案例，有一位熟识的师姐通过国考进入外交部工作，我的本科舍友则是通过广东省考，目前在珠海市检察院工作。在企事业单位工作的小伙伴们，去得比较多的知名企业主要有华为、腾讯、恒大、京东、携程、宝洁、联合利华、中石油等。

回首本科4年，学习了一些政治学与公共管理的理论，并在各类调研比赛、案例分析大赛、科研立项申请，甚至是在寻常不过的日常生活中不断运用它们去感知、去体会、去思考、去形成一个研究问题或是一种思维方式，着实受益匪浅。

政治学与公共管理非常值得用4年的本科生涯去细细品味其中蕴含的精妙与磅礴，它带给人的不仅是朴实的思辨，更是每个人都需要的公共情怀与社会责任感。究其意义，则在于：

问人间政治之道以善政天下，

求公共管理之理为良治中国。

法学专业介绍

——一封来自年轻法律人的信

（作者简介：邓琳，本硕均就读于北京科技大学，研究方向国际法。）

素昧平生的有缘人：

展信佳。

很高兴能在这封信件中通过文字与你交流，也谢谢你给予我聆听的信任。我是一名对法学有着热爱和信念的法学院在读生，也是一个尚且稚嫩、在此番天地中摸索了几年依旧存有困惑的年轻法律人。执笔于此的初衷，就是想和将来或许会和我走上同一条道路的你分享一下这个法学世界的模样。

被誉为"美国历史上最成功的辩护律师"艾伦·德肖维茨曾为他的书起名《致年轻律师的一封信》，这也是我们刑诉老师极力推荐的法学入门书籍之一。此书的阅读过程既随和幽默又时常伴随思考，如好律师该为坏人辩护吗？谁是你的当事人？律师能做个好人吗？我不可能写出如此深入浅出、充满哲思的文字，唯有在此致敬一下书名，写下自己求学的亲身经历和感触。如果你是因为怀揣着一颗维护公平正义之心、向往成为一名律师而翻到本页的人，不妨先把这个放一放，我们先一同了解一下法律这个专业到底学什么，如何学，学成之后能做什么，而后再去回顾自己的初心，相信你一定会产生有别于他人的感悟。

法学是什么？古罗马法学家乌尔比安定义它为正义与非正义之学，人和神的事务的概念。而冯象（中国上海人，法学及古文学跨学科学者，现任清华大学法学院讲席教授）先生则更接地气一些，按照他在《政法笔记》中的说法，法律就是一门谋生赚钱的职业。读者们忍俊不禁的同时不得不承认这倒也符合英美法学生培养高投入、高产出的事实。回归书面化的中国定义，我们通常学到的是"法学是以法律、法律现象以及其规律性为研究内容的科学"，它是研究与法相关问题的专门学问，是关于法律问题的知识和理论体系，其直接目的在于维持社会秩序，并通过秩序的构建与维护实现社会公正，是秩序与公正之学。从法律的形式来看，它包括宪法、法律、法规以及其他各种形式的成文法和不成文法，其存在和发展同其他事物特别是经济、政治、文化等社会现象有着密切的联系。就如同朱苏力先生（安徽合肥人，北京大学教授，曾任北京大学法学院院长）在《法制及其本土资源》中提到的"一个民族的生活创造它的法制，而法学家创造的仅仅是关于法制的理论"。学习这门专业，学生往往是一头扎进去学得深而专，而后接触更高层次的实务时，便会变得广而精，无论从事学术研究还是法律事务，都能深切地体会到这门学科与现实的密切相关性。

作为中国大学的十大学科体系之一，法学专业在各大类高校普遍开设，其中较为著名的有"五院四系"，即 5 所政法院校（中国政法大学、西南政法大学、中南财经政法大学、西北政法大学、华东政法大学）以及 4 所大学（北京大学、人民大学、武汉大学、吉林大学）的法学院的简称。这 9 所高校的法律科学在中国法学教育界具有举足轻重的地位，当今中国司法机关大多数骨干人员均有"五院四系"的培养背景。当然，除五院四系外，中国仍有很多高校的法学专业颇具亮点，如北京师范大学的刑法学、对外经济贸易大学和外交学院的国际法、北京工商大学的民商法、中国海洋大学的海洋法等，不胜枚举。不同大学根据其研究方向也开设了不同课程，但基本在大一、大二时都是以通识类课程为主，以便学生在学习了一段时间后根据自身兴趣和特点来选择研究方向，所以高考时关于这点无须过多担心。本科阶段以我就读的北京科技大学为例简明分析一下主干课程，如表 1 所示。

表 1 法学专业课程设置

社会科学基础	中国思想史、政治学原理、社会学概论、经济学基础、心理学、逻辑学、哲学
专业基础	刑法学、民法学、宪法学、法理学、法制史、行政法与行政诉讼法、民事诉讼法、刑事诉讼法、经济法、国际公法、国际私法、国际经济法、商法、合同法等
专业选修	婚姻家庭法、劳动与社会保障法、企业与公司法、金融法、税法、知识产权法、法律文书写作、法律英语、模拟法庭等
研究方法	社会学研究方法、SPSS 基础统计

就笔者个人的学习体验而言，以上学科中，民法和刑法无疑是最贴近我们日常生活的法律，也是学起来最容易吸引人兴趣的学科，其体系的浩大、严谨、精妙足以使人研究一生。这两门一般均需要花费其他部门法两倍的时间来学习，且本科毕业后也仅仅可说学到了其皮毛，需要我们不断去钻研学习。除此之外，笔者想重点提出另外几门课程：法理学、法律英语以及模拟

法庭。在几大重点院校如中国政法大学、中国人民大学法学院，法理学往往是放到第三学年，等到学完其他部门法课程后再来学习，这样看似不合理的课程设置其实最符合学生的学习轨迹。广义上讲，法理学可以被界定为法律的智慧，或者对"法律事业"的性质和语境的理解，这样重要而略显晦涩的学科放在第一学年往往让学生陷入死背书、难以理解的境地，而放到已经对基础学科知识和实务都有所掌握的第三学年，则会让学生体会到"柳暗花明又一村"的豁然开朗感。

同时，一般教学资源较好的学院都会配置法律英语课程的学习，这门课程对于培养具有国际视野的高素质法律人才十分重要。能熟练掌握法律英语的人也许在本科阶段显露的优势和付出的努力并不能成正比，但当到研究生阶段或运用到合适的工作场合便能享受到他人难以在短时间内获得的优势福利。近些年，在高校间兴起的模拟法庭课程（见图1）也值得重视，此类训练能够很好地帮助学生在实战中从课本走向法庭，对于增加法学生的实务操作能力不可或缺。同类课程还有法律诊所，又称"临床法律教育"，指仿效医学院学生在医疗诊所临床实习的做法，原则上在有律师执业资格的教师指导之下，将法学专业学生置于"法律诊所"中，为处于生活困境而又迫切需要法律援助的人提供法律咨询，"诊断"其法律问题，开出"处方"，以此促进学生对法律理论的深入理解，实现法学理论与法律实践的统一。记得大学时期，高校间模拟法庭和辩论赛很多，还有不同规模的国内和国际赛事，感兴趣的同学可以多关注和积极参与。以往我们不时调侃，北京科技大学的文法学院相较于其他重点学科的大楼来说实在太小，但学院也在资金紧张的情况下为法学生们专门建立了一个模拟法庭，大二时老师甚至拿出小半个学期的时间让我们全程模拟辛普森案件来熟悉流程，其课程重要性由此可见一斑。

图1 模拟法庭竞赛在各高校间开展得如火如荼

本科阶段的课程设置与氛围熏陶对于一个法学生的成长是潜移默化且大

有裨益的，相对于非法学本科的研究生或者自学通过司考的人而言，4年来课堂内外对于精妙法学理论的共同探讨，和跳出书本外对真实事件案例的调查研究，足够让一个学生建立初步的法学专业思维以及学会运用法言法语。法律工匠只是最低意义上的法律人，而是否会运用法学思维也正是法本学生和非法本学生的最大区别。就如同朱苏力先生所认为的那样，法律思维不是法律技艺，没有一种独立的，与其他思维方式可以区分开的法律思维的存在，法律思维是法律人自身整体素质的养成，与法律教义、法哲学、法治信条、法律精神都是紧密相连、相互嵌套而不可分离的。

冯象先生曾在耶鲁大学接受过法律博士的教育，描写过美国的法学"设了一道挡人唬人的门槛，传授法律的书籍便不是为门槛外的读者写的"。而中国的情形刚好相反，改革开放以来，"有法必依""依法治国"是天天宣传的大政方针，现实生活中的法律都跨出了门槛进入了主流书店，法律似乎没有严格的职业界限。作为一名偏工科类院校出身的法学生，笔者不得不承认，法律专业在全国各大院校确实是遍地开花，但质量良莠不齐，而法律职业工作者的专业素养也呈现出着较大的差异，一只脚踏入了法学院的大门并不能确保你以后从事与法律并行的职业道路。与此同时，我们也要看到，中国的法制建设越完善，对从事法律职业的资质资格要求也越严格，如2017年后禁止非法本学生参加司法职业资格考试（简称"司考"），法检系统建立独立序列与进行员额制改革，逐步提高法官薪资待遇等。如此一来，选对专业，从本科阶段就感受法学氛围、打好扎实基础，对于以后从事法律相关工作是十分有利的。

选择法学专业，是选择了一种法律人的思维方式，但绝非将你的职业生涯局限于一名律师或法官，你的人生依旧充满了无限的可能性。作为一名在读研究生，我对法律专业职业规划的认知并不是十分全面，现结合自身所知阐述升学与就业两个不同渠道，如图2所示。

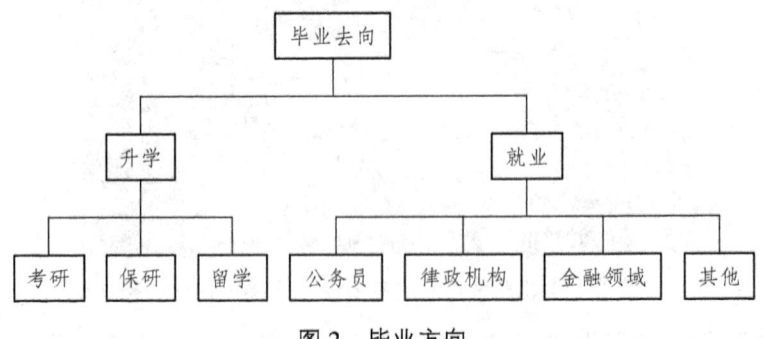

图2 毕业方向

第一条路径是选择继续求学，此处分为考研、保研和国外留学。就如今招生趋势而言，国内高校的考研招生人数比例将会逐年降低，而保研招生人数的比例将逐年增加，如果追求进一步深造，最佳的选择应该是大学4年一直保持不错的成绩以求保研。就我们学院而言，保研去向基本是"五院四系"等高校，其中中国政法大学、北京大学、中国人民大学法学院最受青睐。考研虽然相对于保研难度大、风险高，但对于没有保研资格的同学来说依旧是个值得奋斗的好选择。其方向具体分为法学硕士和法律硕士两种，学制和培养方案有所区别，考试方案和招生比例也有所不同，在此不做赘述。至于申请境外留学，主要以英国、美国、中国香港居多。以美国为例，一般分为JD（法律博士）与LLM（法律硕士）。JD（法律博士）和MD（医学博士）被认为是美国最为昂贵和含金量最高的两个学位，任何人都必须获得4年制学士学位之后才可以攻读，可见其要求严苛。LLM（法律硕士）相较于前者较为容易，一般9~12个月可以毕业，多半是为外国法律本科的学生和外国律师所设，也有部分美国本土律师会去攻读。从学术和求职角度来说，JD的含金量要更高，但从就读角度来说，相对于JD签证难，学费贵，申请LLM相对容易些，性价比高。综合考量，如果你是打算回国就业，有志于成为涉外律师或者进入"红圈律所"的学弟学妹，那么选择法学本科毕业后去美国读一年LLM，然后获得资格考Bar（类似于中国的司法考试），将会是个不错的发展方向。

第二条路径是选择就业。公务员体系里最受法学学生欢迎的就是公检法系统岗位，此外工商管理、税务、海关等政府行政执法、经济监管部门也吸纳了较大数量的法学专业毕业生。而选择企事业单位从事法务工作的主要会考虑较为大型的知名企业、律所，如国内五大TOP所：金杜、君合、海问、方达、中伦。总体来说，法学专业的就业面比较宽广，路径也因个人专业细分选择而差异较大，我们需要做的就是在求学阶段多方汲取养分，积蓄力量，如同里尔克写过的"好好忍耐，不要沮丧，如果春天要来，大地会使它一点一点地完成，我们所做的最少量的工作，不会比大地之于春天更为艰难"。你做三四月的事，在八九月自有答案。

小时候写作文时，老师喜欢提这样一个要求：回忆过去，畅谈现在，展望将来。或许就如同那位诺贝尔得奖者说的一样，越是小时候学的道理越本质真实，所以这个要求放到现在这篇文章里，依然贴切，依然适用，依然能引发我的无限思绪。想起初入大学人人网还很盛行时，曾看过一条印象很深的状态："以前每当我感慨中国出不了世界一流的童话作品时，我就会拿出某部法典来读一读。"我的第一反应是大笑，笑完之后却又有一丝无奈，怎么就到了这种我们法学生也在自黑的尴尬境地呢。

我无法给出人人信服的答案,我和大多数法学学生一样,用几年有限生涯学了些法学的皮毛,崇拜着法律,也偶尔怀疑着法律。我相信这么一句在我们学校附近的海淀法院(见图3)流传的话:"法律无界限而宽容,在不同职业不同角色的人之间广泛播撒公正的种子,从个案中生根发芽,直至长成参天大树,可以庇护整个人类。"却也眼睁睁地看着一位位杰出的法官从法院出走,因在现行的制度下无法坚持自己对"真正的法官"的坚守而脱下法袍。人们一方面痛骂司法不公,唾弃司法权威,另一方面又渴望着司法救济,通过司法活动来实现社会正义。这种悖论是中国转型社会的真实写照,而我们这些法律人,正在夹缝中求生存,在体制内与体制外的双重压力下坚守属于自己的那份理想、那份责任。

图3　北京海淀区人民法院

或许正如《双城记》开篇所说的,"这是最好的年代,这是最坏的年代。"度尽人世劫波,深味人性幽暗,我们依然是能做梦的人,有颗能做梦的心。曾经和寝室的朋友开过这样的玩笑,"找女朋友千万不要找法学的,她们看过太多的凶杀、仇杀、情杀,以至于胆子大到满足不了男生的保护欲,她们分析过太多的结婚、离婚、骗婚,以至于可能在答应你求婚前先拿出一份财产协议,法学女理智压过情感,家规如法规,一般人娶不得。"调侃归调侃,但不置身其中又怎懂得法律人的好,体会什么是真,什么是假,是其是,非其非,又怎么能去理解对法律的那份坚守,对公义的热爱,对自由的向往。起码走到现在,我不后悔,未来还很远,我们一起走下去。

城乡规划专业介绍

（作者简介：周薇靓，本科就读于同济大学，研究生就读于德国卡塞尔大学。）

城乡规划对许多人而言也许是一个很新鲜的词语，听起来有点陌生又很熟悉。熟悉是因为城市与乡村是我们每一个人生活的地方，而陌生则是因为我们不知道如何去规划自己生活的城市。

对"城乡规划"这个专业的解释有很多种，可以从各种不同学科角度去解释，经济学家、社会学家、环境学家都可以给出他们自己的理解；而作为一个城乡规划专业的大学生，在专家们的理论解释之外，我还有珍藏着一份非常令人心动的解释：规划就是向权力诉说真理。这个解释来自我的第一堂专业课，老师在最开始是这样告诉我们这些城乡规划专业新生的。

如果要详细地去理解这句看起来很高大的定义，那必须通过 4 年的学习和实践，用身体和大脑去体验和认知。简而言之，规划师像一个指挥家，将城市的各个组成部分有机地结合或者有序地分离，达到一种总体平衡的状态。城市是一个生命体，由许多"组织"和"器官"组成，有我们日常比较熟悉的交通、市政设施、景观绿化，也有我们不太能发现的历史文脉、社会关系等。从物质到精神，规划涉及方方面面，规划师们编织一张大网将所有要素连接起来，织成的网美观、有序，使人们能够在高效、舒适的现代社会中生活。

所以我们会发现，想成为一名合格的规划师，必须掌握的技能也是包罗万象的。我们需要有清晰的头脑和强大的逻辑思维，来处理和调整各种影响因素；也需要感性的双手和艺术的灵感，将我们脑海中的设想用生动美丽的方式表达出来，让非专业人士也能一目了然。

我的大学课程包括理论课程、设计课程与实践课程（见表 1），课堂上学习的基础理论会马上通过实际操作得到训练。

表 1　城乡规划专业课程设置

理论课程		设计课程	实践课程
城市规划原理	城市经济学	修建性详细规划	艺术造型工坊
城市工程系统与综合防灾	城市社会学	城市设计	城市认识实习
城市道路与交通	区域发展与规划	总体规划	总规实习
城市建设史	城市历史遗产保护	建筑单体设计	社会学实践
城市开发与规划控制	景观文化与美学	毕业设计	经济学实践
城市地理学	建筑生成原理与设计	乡村规划	交通课实践
城市设计概论	城市规划导论	"建造节"	历史保护实践
城市分析方法	建筑力学	色彩采集	

　　该专业的课程设置丰富且相互交叉，你会发现有许多课程是互相补充和支撑的。比如，在学习了城市规划原理的理论方法后，我们才能针对一个具体任务进行设计。再比如，学校还设置了许多看起来和规划关系不大的艺术类课程，如音乐鉴赏、戏剧鉴赏和长达两年的美术学习，为的是在一个较短的时间内能让我们这些学生在艺术氛围中耳濡目染，培养感性思维和创造力。其实两年的艺术学习真的非常短暂，绝对不足以让我们真的接触艺术的一丁点皮毛，但是这种努力不是无用的，起码在许多同学脑海中留下了对艺术的尊重和向往，这一点在以后的设计中是非常有益的。

　　同样，类似社会学、经济学、地理学和景观美学这类课程，虽然看起来和规划设计没有直接的联系，但是它们都是城市成长的内生因素，对一个城市的综合性理解和分析绝对离不开对它的生长脉络、发展规律和生活在其中的人的行为模式的研究。规划是一门"杂学"，从文学到科学，什么都要懂一点，学一点，才能建立一个复杂的思维模式，而不是片面简单地看待问题。社会学教会我们如何分析人们的活动模式和交往方式，经济学教会我们预测城市可能的发展方向和合理的布局，地理学告诉我们城市是如何发展和演变成今天的样子，而景观美学则教会我们何为美，如何创造美。这些要素对一个城市而言都是不可缺少的。

　　由此我们知道，城乡规划这门学科非常庞杂，一个成熟的规划师至少需要 20~30 年甚至更久的学习和经验积累，才能说自己对城市有一定的了解。这是一个漫长的积累过程，因为文化沉淀和艺术修养都是需要慢慢培养的。这或许也是规划师很少的原因之一，许多人在成为规划师的途中就转行做其他工作了。另外，由于需要涉猎大量各方面的知识，规划专业学生的大学生涯非常艰苦，熬夜和高强度工作是每个人必须经历的阶段。最使人痛苦的一点，也是每个设计行业可能面对的难点，就是灵感匮乏和自己的设想无法被实现，因此大量的苦闷、打击和挫折也是可以预见的。

当然，有弊自然也有利，规划专业会让你比别人拥有更多思辨能力，更加关心你所生活的世界，你可以很清晰地看到城市是如何运行的，并且有可能用你自己的手去改变和创造新的城市。另外，规划专业的学生一般来说就业前景较为理想，因为城市的发展离不开规划，每个城市都需要我们。

对想学习规划专业的同学，我认为可以在充分了解专业后，加强自己的艺术和文化培养，提前让自己处于一种能迸发创造力的环境之中，并且开始认真观察身边的生活，试着去思考日常生活的运作规律，很多规划原理就是从人们日常生活中得到的。

关于毕业后的去向问题，一般分为 3 类：就业，读研和留学，且比例差不多，如表 2 所示。

表 2 毕业去向

	就业	读研	留学
去向	设计所、规划院、个人工作室、部门设计院等	本校读研、外校读研	英国、美国、德国、日本、芬兰等

一般而言，大城市会提供更多机会，一个规格较高的设计院会有更多项目可以做，也可以与国际接轨，如上海、深圳等地的设计院，而且南方沿海城市的项目一般更活泼，约束更少，会有新的创意出现，当然对能力的要求也更高。而一些地方设计院对人才更为渴望，找工作相对容易一些。也有一些同学选择转行从事别的工作，如动画、平面设计等相关领域，甚至是和规划完全无关的工作。就现状而言，规划行业整体呈现一个收缩的状态，因为中国已经过了高速发展的阶段，各地都开始尝试维持在一个稳定的水平，并且开始注重环境影响，也就是说，很多大城市都度过了大拆大建的时期，相应的规划也从大手笔、大地块的新城规划，变成偏向于补丁式的旧城改造和向乡村发展。但是从外部来看，规划仍然是非常热门的职业，毕竟城市是不断更新的，规划也是不断实施的。在国外，规划并不像中国这样主要是政府的调控手段，而更多的是市民选择和社区规划。现在大数据的热潮，也使规划的数据处理方向非常热门，一些数据处理和计算机软件相关的课程也是许多人专业细化的方向之一。国外的规划专业一般细分为城市设计（偏向设计类）、城市管理（偏向政策类）和数据处理方向，比如地理信息和数字化设计。

我在高考结束后选择了城市规划这个专业，现在已经改名为城乡规划，并且在毕业后选在留学德国。这其中也经历了许多，在此和大家一一分享。

我刚进入大学校园的时候，对这门学科充满好奇和憧憬，因为听上去很豪迈，可以改变和创造城市。然而过程并不豪迈，作为一个理科生，从小就是灌输逻辑推理方法，导致自己在人文素养方面极度缺乏。开学后第一个作业我就通宵达旦，但是效果却非常糟糕。我开始意识到这是一个需要理性分析和感性表达的专业，而我必然会被无法表达所限制，我可能说不出、画不出心中所想，甚至根本想不出方案。无数个夜晚和空空的脑子、空空的画纸一起度过，这种对精神的折磨可想而知。即使到了大三，我还经常处于这种苦闷之中，一个为期4周的方案，我会用1周的时间去构思，去找一个有亮点的切入点，真的非常痛苦和绝望。因为你身边总有那种灵感迸发的同学，他们才华横溢，下笔如有神。但是一位老师告诉我，苦闷会伴随你终身，因为设计就是和自己的思想搏斗，通过无数脑内战役才能找出最亮的那颗宝石。后来我开始习惯这种痛苦，因为我知道一旦我度过了这个阶段，后面的过程就很顺利、充满乐趣了。当我每完成一个作品的时候，我就会想象，会有什么人使用我设计的这块场地，是老人还是小孩，是男人还是女人，这无疑是最让人兴奋的一点，这也是许多人对规划的向往。有一天在城市的一个角落会出现一个你布置的公园或者学校，有很多人会因此生活得更好。

学习过程中也确实充满了乐趣。我们老师经常开玩笑地说，"规划就是一张铁嘴，一双铁腿"。这4年中我做过无数的问卷和访谈，和无数陌生人进行过交谈，问他们最想要什么，缺少什么，想过什么生活。这个过程让我深切地体会到每个人是如何生活的，他们对生活有什么期待。我也走过很多地方，规划行业叫"踏勘"，用自己的脚去"看"你要设计的基地，去感受周边环境对它的影响，去幻想它以后可能会成为的样子。我们去过一个海岛上的村庄，为那里的村民规划乡村未来的发展方向，也去过北方一个小镇，为他们找一个开发的亮点。这都是非常真实的经历，只有自己去交谈、去观察，才会明白到底什么叫作居民的需求。"以人为本"不是嘴上说说而已，或许有的设想太过理想化而不能实现，但是至少在学生时代我们就牢记了，以后进入社会也不会忘记。

我认为规划是一个非常好的事业，当然想要学习它必须有很强的兴趣支撑。高收入也是吸引我的一部分，但是对专业的热爱和憧憬总是最能鼓舞人的。之前也说过，城市规划是一门综合性学科，也越来越偏向学科交叉，交通、市政设施和环境方向是其日后发展的重点。

总而言之，城市规划专业是一门复杂、多样、有趣又伟大的专业。

国际会计（ACCA 方向）专业介绍

（作者简介：宋芳程，本科就读于首都经济贸易大学国际会计专业，现工作于德勤会计师事务所。）

一、专业介绍

（一）专业基本介绍

该专业偏重职业方面，所以本文不涉及学术研究。若想在商科学术方面有所建树，建议不要选择本专业

我对国际会计（ACCA 方向）专业有两种解释：

严肃高端版：ACCA 为英国特许公认会计师公会的简称。很多国家（不包括中国）立法许可 ACCA 会员从事审计、投资顾问和破产执行的工作。在国内，它被称为"国际注册会计师"，在一众国外会计证书中名声斐然。

现实版：如果你选择了这个专业，那么你选择了一个耗时、费钱的专业，但你也永远摆脱了理化生，开始了和英语纠缠不休的一生。

简单来说，学习这个专业，就是学习国际会计框架下的会计准则、战略方法和财务管理等，并通过合理安排时间通过 ACCA 的专业考试，4 年后最明显的收获是获得一个在国内名声较大的国外会计职业证书。

（二）课程介绍（见表 1）

主修课程：ACCA 课程分为 F（基础）阶段和 P（专业）阶段。F1 ~ F9、P1 ~ P3 共 12 科必考，P4 ~ P7 中选两科考。

其他课程：除了 ACCA 课程，还有诸多公共课程，包括高数、语文、大学英语、政治课等，以及其他商科课程，如人力资源、市场营销、会计信息系统、公司金融、微观经济学、宏观经济学、运营管理、组织行为学等。

我印象最深的是商业分析课，粗略看来，它仿佛是一门泛泛而谈的课程，那些战略、模型与理论内容离我们的生活仿佛太远，但当你结合案例和现实

观察后，这些内容就变得十分有意思。它能帮助我们改变固有的思维，学会从多角度分析问题，从而重新认识生活中的现象。

表1　国际会计专业课程设置

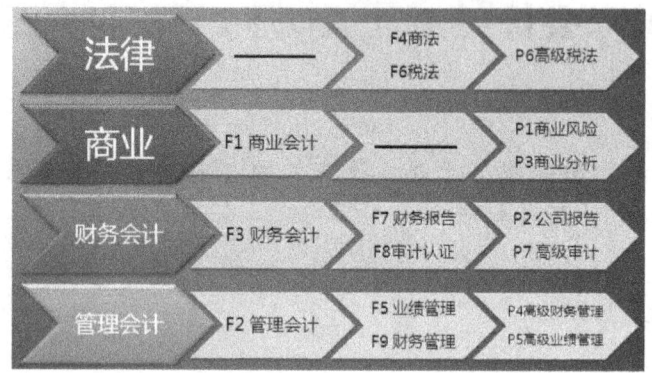

（三）总结

结合专业背景，下面我用态势分析法（SWOT 分析模型）向大家分析一下该专业。

1. 优势（strength）

由于 ACCA 立足于国际，所以有很强的国际背景，其所体现的规则、遵循的准则完全符合国际标准，因此学习 ACCA 课程会让你拥有国际视野。ACCA 课程涉及面非常广。在很多人眼里，所谓会计仅仅就是整天埋头做账填表，事实却并非如此。当然，做账填表是会计的基础，在此基础上，会计还有很广的天地，如对于公司上层来说，掌握会计知识，往往能做出正确的公司决策，包括生产、营销、融资等。ACCA 基本是站在公司的管理层角度，给学员提供相关的知识和视角。

2. 劣势（weakness）

相关费用贵。ACCA 需要完成 14 门考试，每一门的考试费将近一千元人民币，另外每年还要交年费。成为会员之后每年的年费会增加，此外 ACCA 会员在国内是没有签字权[签字权就是指注册会计师在财务报告上签字的权利，也是注册会计师专属的标志。一般在会计师事务所（主营业务为审计）工作需要这个签字权]的。本土有签字权的注册会计师（CICPA）在大多数地区的考试费用为 60 元一门，共 6+1 门。ACCA 课程涉及的知识深度较浅，大体来说就是广而浅。

3. 机会（opportunity）

随着经济的全球化，中国经济与国际经济交流的频率不断上升，因此ACCA的职业前景十分好。ACCA虽然是一块很好的进入外企的敲门砖，很多雇主非常认可ACCA，但是真正被录用或者走上人生巅峰，靠的还是个人综合素质，ACCA只是加分项，非决定项。

4. 威胁（threat）

随着中国国际化进程的加快，各大国际证书进入中国。英国有国际注册会计师（ACCA）、英国皇家特许管理会计师（CIMA），美国有特许金融分析师（CFA）、美国注册会计师（AICPA），加拿大有加拿大注册会计师（CGA）等。ACCA如今在国内的火爆很大一部分得益于它在20世纪90年代初就进入了中国市场。其实真正说来，想要考什么证，主要看你想在哪发展，去什么地方考当地的证是最优的选择。如果只想在国内发展，目前来说ACCA远比不上CICPA，但是大学期间不能考CICPA，如果想充实自己，当然也可以考ACCA。

目前来看，国内教授中ACCA课程的老师，通常水平有限或者是展示的水平有限，因此大部分课程需要自学。

总的来说，我不建议英语基础不太好的同学选择本专业。ACCA的课程大都枯燥，理论知识需要基于英文理解记忆，英语好的同学是有优势的，特别是当ACCA课程学到高阶时，这种优势尤为明显。未入门的人开始学习时会比较痛苦，因为商科的课程大多是对已经发生的事情分析总结，不会有很多创造性的东西，学习时很难产生成就感。当然，如果有英语不太好的同学对这个专业很感兴趣，下定主意想学这个专业，则需要很强的毅力和智力。

（四）专业路径分析

国际会计专业的学生毕业后有3个选择：国内读研、出国和工作，如表2所示。但只有少部分同学通过保研的形式在国内读研，考研的人寥寥无几。大部分同学会选择出国，如英国、美国、澳大利亚、新加坡等。美国比英国更容易就业，但费用也更高，这需要个人权衡。我个人认为，如果出国最好是能在国外就业，否则出国意义不大。ACCA这个专业属于商科，基本上国外的商科专业都可以申请，其中申请金融的难度比较大，且就业难度也大，比较好申请的是除金融外的其他科目，如会计。

表 2 国际会计专业就业方向分析

去向	国内读研（包括保研）	出国	工作
百分数	10%	60%	30%

国外毕业的会计专业学生通常去四大[四大指世界上著名的 4 个会计师事务所：普华永道（PWC）、德勤（DTT）、毕马威（KPMG）、安永（EY）]，待遇也比较理想。在国内就业方面，国企和外企的财务岗、银行、证券都是不错的选择。但是 ACCA 属于国际会计，与国内会计制度有所区别，所以竞争力不会很大。银行和证券更倾向于研究生，本科生进银行基本做柜员，进证券基本是拉业务。大部分就业的同学还是会选择会计师事务所，毕竟进入会计师事务所是进入公司的核心业务，职业前景更好。

中国比较有名的会计师事务包括四大和本土八大所（天职国际会计事务所、天健会计师事务所、立信会计师事务所、中瑞岳华会计师事务所、信永中和会计师事务所、大信会计师事务所、致同会计师事务所、大华会计师事务所）。大部分 ACCA 学员不太容易进本土八大所，一般是卡在笔试环节，原因是有一个英文和中文的转换问题。另外是会计制度不一样。更多人倾向于去四大。四大是外企，招聘流程很复杂，包括网申、笔试、群面等。但是如果英语好，逻辑清晰是比较容易被录取的。四大和本土会计师事务所的区别：第一点，四大的人力资源做得更好，招聘和培训都极为专业，个人对国内所的人力资源（HR）印象不太好。值得一提的是，四大是招聘流程走完后直接发录取通知书，而国内所基本是实习之后才能确定是否给录用通知书。第二点，四大薪水更高，相对也更累。四大忙季时常常凌晨下班，八大所忙季最晚大概 10 点就下班了。国内所最高的月薪起薪税前最多 6000 元，四大月薪起薪为 7500 元。出差补助差异也比较大。

我接触四大比较多，主要谈谈在四大的发展。第一，始终干审计，升职路比较清晰，只要有足够的本事，每一到两年都能升一次职，最快十一二年能升到合伙人。第二，干几年后跳槽。有四大背景的人比较容易进入外企，获得一个相对来说比较高的职位。第三，出国读书。国外商科比较喜欢有工作经验的人，奖金也比较可观。之前有工作经验，毕业后的再就业也会比较有优势。

二、综合分析

当年凭借一时之勇，我毅然选择了该专业，无数次挑灯夜下时甚至怀疑自己的选择。很多同学不敢自己做决定，全听父母的，这是不可取的，无论是决定听父母的还是走自己的路，不管未来如何，不要后悔，不要责怪。

回归正题，我的英语不太好，大学第一年，我一半时间是懵的。除了政治和语文，其他所有课程教材、课堂考试均使用英文。每一本书都很厚，我想要预习，一个小时下来，却看不了两页。而很多同学与我截然相反，他们英文底子好，拿英语当交流工具，而我之前只是将其当作高考路上的拦路虎。如果同学们有条件和机会的话，即使不选择本专业，也希望你们能把英语当作一门语言学，而不是当一本题册攻略。

重重打击之后，我毅然选择了与自己曾经最痛恨的英文为伍。最初的日子并不好过，最难过的还不是那些不懂的知识，而是源自内心的煎熬，对于自己选择的正确与否的拷问。所幸的是这些没有成为我懈怠的借口，令人痛苦的英文也渐渐变得可爱。

在大学期间，我考过了14门考试，代价是没有社团活动，娱乐活动也甚少。这与我在高中时期的憧憬是背道而驰的，但这就是真实的大学。大学不是一个让人放纵的地方，而是一个让人学会自律的地方。

在大学的后半期困扰我的已经不是学业了，而是未来。在大学里有太多选择，你要想好想要走的路，早早规划好自己的未来。出国或工作都不是一蹴而就的事情。我的一位同学最开始英语并不好，大二下定决心出国后，放弃了最喜欢的游戏，每天上自习，有一天我惊奇地发现他的词汇量已经达到一万了。如今的他已经身在纽约。另一位同学一开始就决定毕业后参加工作，她在校期间参加各种模拟面试并在假期申请各个公司的实习，在大三下学期已经拿到了心仪的工作录用通知书。这两位是有计划的代表，而我最开始面对未来是迷茫的。值得庆幸的是，当最终做下决定的时候，我仍有选择的余地。困扰我多时的英语在找工作时却成了加分项。所以如果同学不知道自己的方向，至少不要让自己浪费当下，当下做的每一件事可能将来就是你选择的余地。

三、结语

啰啰唆唆讲了很多，希望能给大家提供一个参考。其实我觉得选择专业只考虑大热专业，只考虑就业问题是不明智的，更重要的是你喜欢什么，你学习什么是愉悦的，你更擅长什么。即使是极其冷门的考古、哲学等专业，只要有极大的热忱，都是可以选择的。不要谈什么专业没有发展前途，没有专业就没有前途，路都是自己走出来的，况且学什么和从事什么并没有必然的关系。另外，没有哪个行业是轻松的，很多职业看着光鲜亮丽，其实背后的辛苦同样无法想象。我最后的建议就是，根据自己的特点、志向选择专业。而如果运气不好，选择了一个自己不感兴趣的专业，也不要自暴自弃，你今天所做的一切，未来都会给你回报。

对外汉语专业介绍

—— 对外汉语那些事儿

（作者简介：曹敏，本科就读于北京语言大学对外汉语专业，现工作于爱智康。）

"你语文好，英语又考得不错，有一个专业叫作对外汉语，你可以学这个。"这是当年高考填报志愿时班主任给我提的建议。由于当时对大学的各专业不是十分了解，心里又没有明确的职业规划，唯一有的一个小心思就是希望以后能够有出国的机会或者能够从事外交方面的工作。乍一听这个专业就觉得挺有感觉，于是，我在志愿书上写了3遍"对外汉语"。行，就是它了！

以上就是我当年选择志愿的过程，正在看文章的你可比我那时候幸福多了！废话少说，我们还是进入正题吧。

对外汉语专业，如今已成功更名为"汉语国际教育专业"。顾名思义，就是在国际范围内进行汉语教育，说得接地气一点，就是教外国人汉语。按照百度百科的说法，我们是一群"能在国内外有关部门、各类学校、新闻出版、文化管理等企事业单位从事对外汉语教学及中外文化交流相关工作的实践型语言学高级人才"。我也不知道自己是不是真的"高级人才"，不过，我会朝着心中的目标努力前进的！

一、学海泛舟

平心而论，我个人还是比较喜欢对外汉语课程的。下面，我就自己在北京语言大学的学习体验与大家交流一下。

北京语言大学的对外汉语专业是全国的"老龙头"，开设时间早，师资力量强，课程设置（见表1）也相对完整而丰富。

下面我和大家分享一下各类课程的学习体验。汉语类是我的最爱，各种中国文化、历史段子、爱情故事，在老师的生动演绎下，一切都变得有意思起来。当然，这是学文学史一类的课程。对于那些正儿八经研究语言规律的，如果你对学术很有感觉，便会乐在其中。我很喜欢古代汉语，其语言表达的简练和精确让我十分入迷，现在有时候写东西也会偏向于文言化。还有一门课,不得不提,就是语言学概论。这门课程十分难学,但却是带你真正认识语言的一门课程,里面会涉及语言的产生与发展、语言与人脑、语言与人类社会等。考试题目可能会让你大跌眼镜,有可能是让你分析某种已经灭绝的文字(完全摸不着头脑的字),让你说说它们构成句子或词语的规则之类。总之,这门课类似于理科专业中的高数。当然,你也会收获很多。考研科目中,这一门课程的比重非常大。香港中文大学的面试,有一个题目就是让你用英文阐述这门课程的一个问题,可见语言学概论的重要性。

表1 对外汉语专业课程设置

必修课 (无条件必须要上的课)	汉语类	语言学概论、现代汉语、古代汉语、汉字学、语用学、中国古代文学史、中国现当代文学史、外国文学史、中国文化史纲等
	英语类	英语精读、英语听力、英语口语、英语报刊、英语写作等
	教育教学类	第二语言教学概论、对外汉语课堂教学方法、教育心理学、教育学原理等
选修课 (根据个人兴趣选择)	为考研而学	语音学、现代汉语词汇学、汉语语法分析方法、语义学、汉语修辞学、对外汉语教学系列专题、汉语言文字学系列专题、语言学及应用语言学系列专题、语言学与应用语言学论著导读等(还有很多,涉及语言研究的方方面面)
	其他	普通心理学、中外文化交流史、中国文化要籍导读、宗教与文化、英美文学、西方文明史、英语翻译、英语专题讨论、外贸英语、第二外语、社科文献检索等

注:在这里,我没有列上马列主义、毛泽东思想之类的课程,因为这些课程各学校基本都差不多,而且还是必修课。

英文类课程是我们班所有同学都十分重视的。一方面,对于要过英语专业八级考试的我们来说,各类英语课程都是不容忽视的;另一方面,英语各课程大部分都是外教,每次课都是各种演讲(presentation),那都是要有成果展示的。我印象最深的就是英语口语课和英语泛读课,两门课程是同一个老师——一个美籍老太太,她在教育方面特别"牛",我们都在背后称她为"老佛爷"。那时候每周都有她的演讲作业,或者演一个小剧,或者做一个演讲,最多的是演剧,经常要和小伙伴们排练到深夜。虽然累一点,但是十分开心。

当时我们的泛读课是选修课，由于"老佛爷"要求高，给分低，大家都不愿意选，这直接导致了我们的泛读课学生人数寥寥无几。谁想到，正是这样一个小班，给我们带来了很特别的体验。"老佛爷"会把我们请到她的公寓中上课。我们每个人带一些小零食，"老佛爷"也会准备一些吃的，我们一边吃东西，一遍聊天。通过这种自由对话的形式，我们解析了《双城记》《第五个孩子》以及谭恩美的一系列小说，还有一些诗歌和短篇文章，都是有点难度却十分有意思的东西。"老佛爷"总是不断地提问，不断地引导我们进行更加深入的思考，从现实到理想，从黑暗到光明，我们什么都说。学习这两门课程是我大学生涯中最宝贵的一段经历，对我的思想产生了很大的影响，我永远都不会忘记。

教育教学类课程是我最不愿意上的，老师讲得很无趣，这让我产生了一个偏见，那就是所有学教育的都做不好教育。但是，作为对外汉语教育专业的学生，教育类课程是一定要学的，其中的对外汉语课堂教学方法涉及很多有用的知识，如果你真的有志于成为一名优秀的对外汉语教师，那么学好这个课程将是你学会讲课的第一步。

选修类课程就不多说了。在我看来，根据个人具体情况，充分利用好各方资源，努力地全面发展自己，这就是选修课的价值。

综合来看，对外汉语专业是一个偏文化和修养类的专业，不像金融、法律那样偏重于职业知识与技能。虽然说对外汉语专业的目的是培养对外汉语教师，但实际上它给我带来的世界观和价值观的影响，要远远超过其他。北京语言大学的对外汉语专业课程设置与专业的培养目标十分契合。据我所知，其他地方学校经常会来北京语言大学"取经"，考察学习该专业的建设和人才培养方案。从全国范围来看，对外汉语专业建设经过30多年的发展，各方面成果还是比较突出的。不过，相比许多其他专业，对外汉语专业的问题也是比较多的，尤其体现在就业方向上。目前，学校为帮助学生扩大就业面，开设了许多选修课，包括新闻类、翻译类等，旨在鼓励学生根据自己的情况进行学习，提高就业能力。

对外汉语专业的就业方向如表2所示。

我们班30个人，基本上是三分之一出国、三分之一考研、三分之一工作。真正从事本专业工作的人，我知道的不超过3个。其余同学，有做语文老师的，有做英语老师的，还有做新闻传播的，据说其他班还有考进外交部的，总之选择很多。至于薪酬，我一直觉得只要自己肯努力，你想要的，都会有的，不用着急。考研方面，专业大多集中在本专业或者汉语研究类专业上，也有英语类的，但是优势不大，毕竟算是跨专业了。

表2 对外汉语专业就业方向

方向	好处	问题
考研	（1）如果真想当对外汉语教师，一般都会考研。 （2）赢得三年的缓冲期，可以通过实习探索职场。 （3）跨专业考研，未来有无限可能	（1）你真的确定要当对外汉语教师吗？ （2）愿意用三年时间拿一个研究生学历吗？ （3）考研的风险
出国	每一个学语言的学生都有一个出国梦。如果条件允许，可以出去看看	（1）条件允许吗？父母支持吗？ （2）自身能力如何？能适应独自在海外生活吗
工作	（1）做老师：如果是在培训机构，薪资不算太低（英语老师、语文老师、汉语老师都包括在内）。 （2）做新闻：认识各种公众人物，前提是实习。 （3）进企业：这个真不好说，因人而异，各岗位都有，我有个同学在人力资源管理。 （4）公务员：现在很流行	（1）培训机构稳定吗？ （2）工作会不会很累？ （3）不太了解，都是从最基本的工作做起。 （4）发展如何

二、"老人"之言

本科阶段的知识重在理解和记忆，没什么特别难的。研究生期间，知识会更专更精，如果是学术型硕士的话，会有不少语言学内容，带点理科性质，需要一点点天赋。

对外汉语这个专业其实有点尴尬，英语水平不如英语专业的学生，汉语水平不如汉语言文学专业的学生。当然你也可以反过来说，英语水平比汉语专业的学生好，汉语水平比英语专业的学生好。北京奥运会之后掀起的"汉语热"其实是一个比较虚的东西，归根结底，就业始终是个大问题，不是所有人都愿意离开自己熟悉的土地，到孔子学院传播中华文化的。有志于此的小伙伴们要早早想好自己的方向到底是什么，有针对性地提高自身能力，顺利过渡。

每个人都是不同的，在这里，我并不打算告诉你我们专业曾经有某个师兄登上过百度热搜榜，或者某个师姐成功申请到哈佛深造。看再多光鲜亮丽的事例，都比不上你踏踏实实地进行摸索。你会碰到石头，学生会和社团的各种事务会让你焦头烂额；你会遇到难题，熬夜写论文或许是常事；你会遭到挫败，简历石沉大海，无人问津。但是，你依然要相信自己，相信努力和坚持的力量。

（1）不断尝试，去发现自己的热情之所在。大学的你们，没有束缚，没有限制，但随之而来的，是没有方向。如果你选择在游戏中沉迷，那么4年过后，这个社会就会让你无处"沉迷"。你可以追星，可以追电视剧，都没问题，但是，你要学会从里面挖掘到你能学到的东西，要把它变成这个社会需要的东西。所以，你尽可以涉足各个领域，但最终，你一定要找到属于你的领域。

（2）保持阅读的习惯。不管学什么专业，只要是人，都需要一些温暖人心的东西，需要一些情怀。一旦远离阅读，那么对于心灵的滋养就无从谈起。心灵如果得不到滋润，何谈我们的"形"和"行"呢？我们不需要记住那些文字，哪怕只是隔三差五地被感动一次。另外，阅读也是认识世界、探索世界，从而发现更多机会的一种方法。

（3）学会控制自己的情绪，强迫自己做一些不太愿意，甚至让人痛苦的事情。我自己是一个特别容易激动的人，常常美其名曰"性情中人"，但其实这样的性格会让你平添许多烦恼。大学的一个重要修炼就是学会忍受各种人和事，学会调整好自己的心态。虽不能做到"猝然临之而不惊，无故加之而不怒"，但努力做到"猝然临之而微惊，无故加之而小怒"还是有可能的。

结尾处，送大家一段话："我承认这种生活有其社会价值，我明白循规蹈矩未必不是幸福。但血气方刚的我想踏上更为狂野不羁的旅途。我认为我应该提防这些安逸的快乐。我心里渴望过上更为危险的生活。我随时愿意奔赴陡峭险峻的山岭和暗流汹涌的海滩，只要我能拥有改变——改变和意料之外的事物带来的刺激。"希望和大家一起探索人生的更多可能，加油！

学前教育专业介绍

——我眼中的学前教育专业

（作者简介：刘智勇，湖南师范大学研究生在读。）

作为一个90后，曾经的祖国花朵，学龄前上个幼儿园是一件很正常的事。换句话说，我们这一代基本上都有在幼儿园的学习经历。其实我是很不乐意用"学习"这个词去形容幼儿园经历的，可能是由于我的学前教育专业背景吧，觉得用"生活"这个词更为恰当。然而，当时中国的幼儿教育事业不过是小学教育的向前延伸罢了，所以，当第一次坐到湖南师范大学教育科学学院学前教育系的教室里翻阅着教科书，倾听教授授课时，有着一种耳目一新的感觉，学前教育对于我是既熟悉又陌生。

其次就是我们学校的学习和学术氛围。在许多人眼中学前教育专业生就等同于幼师，而学前教育系的男生就是受过高等教育的男保姆，这种观念在当今社会很普遍，而且也在相当长一段时间内困扰着我。但是随着学习的深入，在教育学的氛围中接受熏陶，不断与教授交流，我发现学前教育专业并非一个纯技能型专业，它不肤浅，甚至还是一座被上帝封存多年的巨大宝库，只等着有志之士、有心之人去发掘。

4年的专业学习时光，使我有一大堆的理解与感悟。下面我就为你说一说我眼中的学前教育专业。

一、专业基本情况介绍

学前教育专业，亦称为幼儿教育专业，是以培养高层次学前教育专业人才为主要目标的一个学科专业，一般在高等师范院校开设，如北京师范大学、华东师范大学、东北师范大学、湖南师范大学等高等师范院校。

本专业的培养目标：具有较强的教育教学能力、教育科研能力和教育管理能力，能胜任学前教育机构的教学工作、管理工作以及社区教育管理工作，能够从事学前教育科学研究，具备从事学前教育课程开发、教育调查与实验、心理测量与心理咨询等工作的能力。是不是看了之后头有点大，没关系，这些并不难，只要你热爱你的专业又有良好的学习品质，是完全可以完成学校的专业培养目标的。下面我们再更为直观、具体地了解一下学前教育专业课程设置情况，如表1所示。

表1　学前教育专业课程设置

课程类型	课程名称（不全）
学校公共课程	计算机基础及应用、大学英语、高等数学（文科）、大学语文（文科）
专业基础课程	教育原理、普通心理学、儿童发展心理学、中国学前教育史、外国学前教育史、现代教育技术基础、学前教育科研方法、教育心理测量与统计、形式逻辑及其教育应用、专业外语、教育实习
专业核心课程	学前儿童健康教育、学前教育原理、学前教育管理、幼儿园教育活动设计、幼儿园课程与教学论、乐理与声乐、钢琴、美术基础、儿童绘画、幼儿舞蹈
专业限选课程	学前儿童语言教育、学前儿童社会教育、学前儿童音乐教育、学前儿童美术教育、学前儿童数学教育、儿童游戏设计与指导、儿童音乐欣赏与创编、儿童文学欣赏与创编、玩教具与手工制作、学前教育评价、学前比较教育
专业任选课程	（1）同教育学专业； （2）全院各专业的任选课程，可任意选修除本专业的专业核心课程和弹性限选课程，其他专业开设的专业核心课程和专业限选课程

学前教育专业的课程设置似乎有点多，有的课程名甚至还很不好理解，为了方便你进一步了解学前教育专业课程，下面将对专业主干课程做一个简单介绍。

（一）学前教育原理

学前教育原理是学前教育专业的一门具有基础理论性的专业核心课程和必修课程。自学前教育学从教育学中独立出来成为一种专门学科至今，学前教育的理论已经从一棵嫩绿的小树苗独立成长为枝繁叶茂的参天大树。我们所说的学前教育原理是学前教育的理论基石，旨在探讨学前教育最基本、最普遍的规律，为学前教育学其他学科的建构提供理论依据和支撑力量。

学前教育原理会从3个层次上带领你去理解学前教育事业。从宏观上讲，学前教育作为社会的子系统，与其他社会系统有着复杂而密切的相互关系，其基础是社会所持的儿童观。从中观上讲，偏重个体与偏重社会历史是学前教育价值取向的两个极端，重视学前教育中最具生长性的主体需要是学前教育新的价值选择。从微观上讲，托幼机构、家庭及社区都是落实学前教育任务的教育场所。不同的学前教育工作者是分工与协调的关系，学前教师作为一种有着自身特性与要求的职业，需要不断地专业化。

（二）儿童发展心理学

儿童发展心理学是学前教育学专业学生的必修课程。儿童发展心理学课程具有基础性。一方面，心理学已经成为整个教育学的学科基础之一。这意味着，儿童发展心理学成为学前教育的基础。另一方面，要想教育好儿童，首先必须了解儿童，而儿童发展心理学从自然科学特性出发所探索的有关儿童心理各方面发展的特点、水平及规律，则是学前教育活动的基本依据之一。所以，儿童发展心理学课程的开设，其实等于是向你打开了一扇洞察儿童心理的窗口。

（三）幼儿园课程与教学论

幼儿园课程与教学论是学前教育专业的专业核心课程和必修课程。五花八门的幼儿园课程是不是真的能够适合幼儿的发展，这需要建立幼儿园课程理论，用理论指导具体的实践活动。最近几年，重视儿童主体、重视教师的专业自主、重视生成课程等的呼声越来越高，这些统统反映到幼儿园课程与教学论这门课程中，使这门课程既具有强劲的自身理论，又具有一定的实践性，成为构架在学前教育理论与实践之间的名副其实的桥梁。

（四）学前儿童艺术教育

学前儿童艺术教育是学前教育专业学生的必修课程，是学前教育专业的艺术教育技能课程的总和，是能充分体验学前教育专业特色的课程模块之一，集理论性、技艺性、实践性和综合性于一身。该课程旨在帮助你全面掌握学前艺术教育的基本理论，掌握并能创造性地设计和开展幼儿园艺术教育活动，掌握几种常见艺术形式及操作技能，提升自身的艺术修养和人文精神，促进学生专业水平和综合素质的提高。

二、我的学海生涯

平心而论，作为一个男生，在学前教育系这个"花"的海洋里学习和生活，我最开始着实不太自在。但是，又不得不承认，在学前教育的氛围里潜移默化、耳濡目染了 4 年，确实是成长了不少。有一些收获是在显性课程中学习到的，如教授面对面授课、完成相应的专业作业、阅读相关的专业书籍，而另一些则是从隐性课程里领悟到的，如老师的言行举止、生活习惯，与同学之间的交流、合作，到幼儿园里见习、实习等。

就毕业生就业状况而言，我的师兄师姐以及同学们在全省甚至是中南地区的学前教育机构，不管是公立的还是私立的，都享有相当大的自主选择权，这在当前大学毕业生普遍就业难的大背景下还是难能可贵的。学前教育专业的就业面比较广泛，除了深入幼教第一线外，还可以在各级各类教育机构包括学校、教育行政部门、教育科研机构从事学前教育学的教学、科研和管理工作，也可以到各级政府、各级儿童活动中心、社区（家政）服务机构、计划生育部门及妇女儿童部门从事相关工作。就实际情况而言，也确实如此，像我这一批学前教育专业的本科毕业生除去不愿意马上就业的同学外，就业率接近 100%。专业里比较稀罕的 6 个男生，有两个同时被招聘到了中国中车集团公司的附属学校幼教部，一个考到了长沙市岳麓区教育局，一个去了杭州的一家上市玩具公司研发儿童玩具，还有一个去了一所幼儿中等师范学校教授幼儿园课程与教学论。女生的去向就更多了，可以总结为 3 类：一是到公立的学前教育机构，二是到私立的学前教育机构，三是读研究生。女生读研究生的不少，留在本校继续深造的居多，也有一些去了华东师范大学、华中师范大学以及华南师范大学等开设有相关学前教育专业的师范高等院校攻读硕士学位。

再为男生正名一下：如果你是一名男生，又立志为学前教育事业贡献力量，那么也不妨来读学前教育专业，因为男生在全国范围内的学前教育系统都算是稀缺资源，特别是近年来基于当前学前教育大发展的形势，对学前教育工作者的需求量会越来越大。

4 年的大学生涯，让我成长了许多。成长的路上，不仅有专业老师的谆谆教诲，同学之间的交流合作，更有学前教育专业独特的文化底蕴的影响。同时，我也要感谢系领导的理解与包容，在我专业学习最苦闷与迷茫的时候为我开了一扇窗。正是系领导老师营造出来的"培养学生多学科视野"的教学氛围，让我勇敢地去辅修其他专业，最终去攻读心之所向的专业的硕士学位。话不多说，我对本科专业是满怀深情的，即使以后可能不再从事学前教育工作，但是我爱学前教育这份事业。我希望我此刻的感情流露没有影响到你的理性判断，请你再仔细阅读一下以上我对学前教育专业的阐述，最后追问一下自己的内心，在填写高考志愿的时候做出灵魂的选择。

我一直都很珍惜在湖南师范大学的这段人生经历。我算不上中学的优等生，但是我始终在坚持，通过高考来到了这里。即使湖南师范大学并非其他人眼中的超一流大学，但是我依然以它为傲。

第五部分　艺术学

　　艺术学是指系统性地研究关于艺术的各种问题的科学，分为几大门类，即美术学、设计学、音乐学、文学、戏剧学、电影学、舞蹈学、曲艺学、杂技学、周边艺术学。对艺术有兴趣以及将艺术定为人生发展目标的同学，请跟随学长学姐的介绍，一起来深入了解艺术专业吧。

艺术设计（环境设计）专业介绍

（作者简介：陈佳雨，本科就读于浙江大学艺术设计专业，研究生就读于上海交通大学设计学专业景观与环境设计方向。）

一、专业基本面介绍

环境设计作为一种艺术，它比建筑更巨大，比规划更广泛，比工程更富有情感。这是一种爱管闲事的艺术，无所不包的艺术，早已被传统所瞩目的艺术。

——环境艺术理论家多伯

（一）基本信息介绍

我本科就读于浙江大学，所学的专业全称艺术设计（环境设计），又称为环境艺术设计或环境设计。现对外推免至上海交通大学设计学专业景观与环境设计方向。

艺术设计（环境设计）的严格定义是对于建筑室内外的空间环境，通过艺术设计的方式进行设计和整合的一门实用艺术。其包含的学科广泛，主要由建筑设计、室内设计、公共艺术设计、景观设计等内容组成，在内容上几乎包含了除平面和广告艺术设计之外其他所有的艺术设计。环境艺术以建筑学为基础，但与建筑学相比，则更注重建筑的室内外环境艺术气氛。我本科所就读的浙江大学环艺专业，教学上主要偏重室外环境设计，包括城市设计、城市景观设计、古典园林设计、植物配置设计等，需要在理性分析各种综合元素的基础上，进行艺术设计感性的创造。

就我而言，环艺是理性和感性的结合，除此之外良好的空间感受也是必不可少的。当然，这也是一门偏实践类的专业，实地调研、实地设计、模型创作等都需身体力行，可参与性高，完成项目后可以收获满满的成就感。选择这个专业也需要充足的责任感。专业课程项目，或是之后的实际项目的完成，都需要大量的时间反复推敲，需要将创意和实际情况相结合，一丝不苟地对待每一个新的项目。此外，景观设计也是一门靠经验和资历吃饭的行业。不同于工业设计、产品设计，短时间内可以实现，环境艺术工程的实施则需要多年的积累和完善，需要时间和大量设计项目的经验累计，只有这样才可以打造一位环艺设计师精准的眼光和独到的风格。

（二）基本课程介绍

图 1 是我本科就读于的浙江大学艺术设计（环境艺术）专业的课程，基础课程包括素描、色彩、三大构成、设计基础、计算机辅助设计等，是艺术设计同学必修的课程，作为之后学习设计的基础，对于培养艺术修养有重要的意义。艺术设计专业需要研读大量中外教材外，课外的大量资料和书籍也是必不可少的。

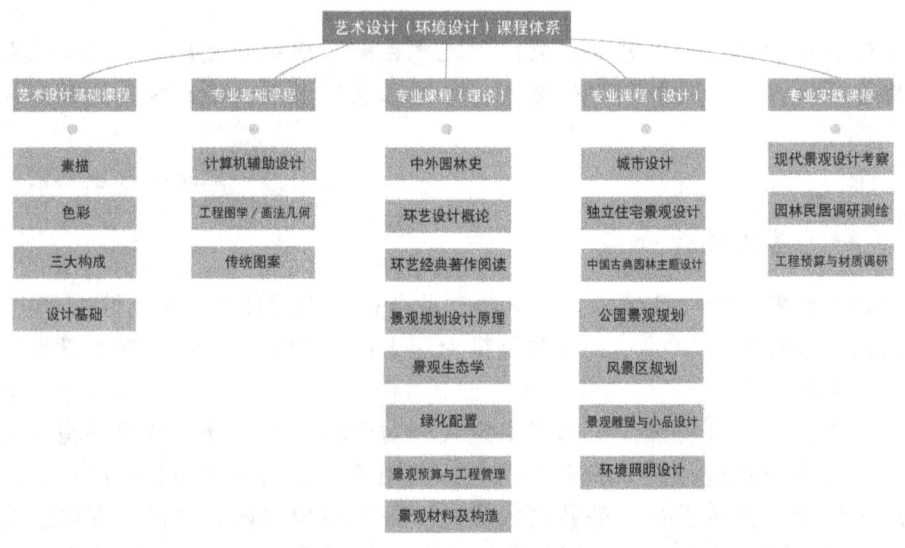

图 1　艺术设计专业课程体系

除了理堂上的理论课，老师还会带我们去园林里、植物园、茶室上课，在学习理论的同时感受自然的魅力。设计类的专业课种类很多，涉猎很广，如景观设计、城市设计、规划设计等，但大多都是泛泛介绍。当然，大多数的环艺专业还会加入室内设计，简单细分这些课程可以分成 5 个方向：景观规划设计、植物配置设计、公共艺术设计、室内设计、环境气氛设计。除此之外，专业实践课程也很重要，这些课程大多安排在寒暑假短学期。以下为学弟学妹们重点介绍几门课程。

（1）独立住宅景观设计。这是一门注重设计实践类的课程，一般安排在大二下半学期，持续时间为 1 个短学期（8 周），每周半天课时。前两周进行理论学习，选读中外教材；后两周实地考察，以我当年为例，实地考察了杭州文三路上的一幢别墅，实地测量每一个数据，全班同学两两分工，从别墅建筑本身到屋外的景观空地，并实地对一些数据进行完善和补充。后四周开始，两两同学互相作为客户和设计师，相互提需求，并为其设计。通过沟通，制定设计风格，增加个性化设计，每周讨论一次方案，最后形成设计初稿，请老师提意见。最终通过 CAD 数据统计，CAD 平面图绘制，实物建模，手绘平面图、立面图等作出最终成果。通过这次设计课程，让刚刚接触景观环境设计的大二同学对景观设计有了一个初步的概念，无论设计是否能登上大雅之堂，都让大家对未来有了一个小目标。这门课程的实践性较强，让同学把理论转化为实践，锻炼了同学们实际解决问题的能力、沟通能力和设计能力等。

（2）绿化配置。每周 4 课时，持续 8 周。这是一门和景观园林专业一起修读的课程，对于环境艺术设计，特别是室外景观设计而言，是十分重要的。这门课利用课余时间在校园里辨认植物，以便对植物的属性有一定的了解。课堂上老师对植物不同季节、不同习性、不同颜色的配置原则有一定的讲解，学生学习以后需要对一处项目配置植物，将理论运用到实践项目，才能够更好地理解。植物配置在将来所有的项目中都是不可或缺的一部分。这门课只是辨认一些常见植物，需要在今后的日常生活或者实践中继续积累。

（3）园林民居调研测绘。这是一门短学期的课程，安排在大三暑假，为期 12 天。全班同学在老师的带领下，前往苏州、扬州、南京、无锡等地，主要考察苏州园林，包括拙政园、狮子林、怡园、个园、留园、寄畅园等著名的私家园林，以便通过老师的讲解和自己的考察，对私家园林有更加直接的感受和体会，并对园林的选址、规划、理水、叠石、植物配置等方面进行分析。最后的课程作业是提交每天的实习日记和一篇 5 000 字以上的课程论文。中国古典园林是中国的传统文化，其中的很多造园手法都是以后景观设计中需要借鉴的。这门课程通过实地考察使学生们对园林的理解和运用有了更加直观的感受。

浙江大学的环境艺术设计课程安排得较为合理，但是由于大类招生，很多大类课程的修读比较浪费时间，如 Java 编程设计，对环境设计专业没有什么帮助，但是需要大量的时间来修读这门并不擅长的课程，因此很快便取消了这门课程，课程的安排趋于合理。专业课程方面，从理论和软件的学习入手，结合设计类课程和实践课程，安排都相对比较合理。在学习之余阅读大量的中外资料，看一些专业的网站，对积累设计源素材有很大帮助。另外，由于设计类专业的特殊性，环境艺术设计课程更是需要大量的实地考察，在考察中学习和分析优劣，并进行调研、数据记录，这对专业的学习有很大的帮助。

（三）专业前景介绍

环艺专业的前景可以参照国外景观专业的发展轨迹。国外的景观专业发展较早，特别是在第二次世界大战以后，城市的大发展导致了自然破坏、环境污染等一系列社会问题，同时人文主义的复归以及公众环境意识的增强使得已有的景观设计更加深入到城市生活的各个方面。如今，景观设计的应用范围十分广泛，从生态规划、流域规划到区域景观规划，从国家的生态保护到国家公园建设，从城市绿地系统规划到城市广场、步行街规划，从城市公园建设到私家花园建设，从局部环境建设到街头城市小品、雕塑设计等，都纳入景观设计体系。

反观国内的景观行业，虽然刚刚起步不久，但其发展前景和空间比较大，在城市规划、城市公园、小景观空间、居住空间等城市环境改变方向有很多设计的空间和市场。甚至中国现阶段最突出的问题——城乡结合部、新农村改造、地域振兴方向，也可以通过景观环境设计来改变现状。环境专业在国内的发展无疑是必要也是必然的，正日益受到人们的重视。现在较为发达的城市中景观环境设计的重要性已经渐渐凸显，不但一些住宅小区的景观设计越来越精致，而且一些商业广场中的艺术小品质量也越来越有吸引力。

在升学去向上，设计学科的大趋势依然是出国。国外的景观设计、环境设计都发展较早，相对这个行业也较为成熟。我在国外交流后的感觉是，国外的景观设计粗犷型和精致型相结合，并且由于其自由又严谨的氛围，能培养学生自由创造的能力。但是国内的资源也不错，北京大学风景园林专业、同济大学环艺专业、上海交通大学设计学、浙江大学设计学等专业渐渐发展起来，并与国外的很多学校都有合作，可以享受到多方面的资源。但是相比之下，出国确实是一个有竞争力的选择，至于出国留学的具体国家选择上，我首推美国，因为美国是最早提出成立并确定这个专业的国家。美国的哈佛大学、康奈尔大学、宾夕法尼亚大学、普林斯顿大学、罗德岛设计学院、加州大学等，都是景观专业发展较好的几个学校。英国的谢菲尔德大学、爱丁堡大学等老牌景观设计院校也是不错的选择。

就业上，由于受到国内大环境的影响，如建筑、房地产行业的转型，住宅建筑趋于饱和，和建筑行业密切相关的环境艺术设计专业也受到波及，可以说现阶段的景观行业发展并不明朗。但是相比建筑专业，环境艺术专业的求职市场还未趋向饱和，特别是对高素质的设计师的需求缺口依然很大。

二、求学经历与专业学习

学艺术的道路上永远不乏彷徨、迟疑、选择与犹豫。我自己当时是怀着复杂的心情选择了学习艺术这门专业，其实自己的喜好才是决定你们未来去向的主要标准，每一次转折，都是选择不同道路的机会。

在大一下学期分专业的时候，我出于对建筑、自然、环境、植物的兴趣，又听说环境艺术设计专业的同学有很多"春游""秋游"的机会，因此在大多数同学选择工业设计的情况下，选择了环境艺术设计专业。我的原则是选择自己喜欢的方向，只有喜欢，愿意去做，才能够投入大量的时间和获得满满的学习动力。后来的学习也没有让我失望，在老师的指导下，小班学习的效率更高，大家也相互激励。当时有另外一组同学对专业课的学习很认真，被我们戏称为"恶性竞争之源"。但也正是在他们的榜样作用下，我们组更加上心，相互激励，追求设计作业各方面的"完美"。记得当时每到考试周，我们都需要在专业教室通宵赶作业，虽然比较辛苦，但回想起来，当年吃过的夜宵也是回味无穷。

大学期间的多次外出考察，让我们专业的同学在亲身感受园林、自然魅力的同时，也增进了大家的感情，不但可以探讨专业上的知识，也可以成为最好的伙伴，有苦有乐，有生活的常态，也有青春的激情。想要大学生活充实有意义，可以来我们专业看看，这里有树、有花草，还有一起努力的小伙伴们。我觉得设计专业的同学都是真诚可爱的，我们愿意付出自己的青春来为我们城市的未来作出一丝丝贡献。

（一）设计项目

项目基本情况：2016届浙江大学本科毕业设计为"Wheelchair Garden"，主要针对轮椅上的老年群体，对旧式医院的景观设计进行改造，历时1学期。

由于我国人口结构的老龄化在一定时期已是一种趋势，老年人越来越多，这将成为全国各地的普遍现象。对于老年人，尤其是需要不断治疗疾病的高龄老人来说，由于生理衰退的客观原因，需要依靠轮椅来维持日常的行动。但现在医院的景观设计主要围绕普通人群的需求，而忽略了这一需要温暖的群体。

首先，为了了解老年群体的真实需求，我们进行了为期一个月的实地调研，对老年群体、家属、医护人员进行了访谈和了解（见图2）。针对他们的真实感受，调整我们的设计方向。通过调查，我们发现老年群体想要在医院这一有限的条件下更好地享受大自然，那么，如何设计适合老年人需要的医院景观便成了首要任务。本设计区域为浙江医院的大面积古典园林，通过调研发现之前崎岖蜿蜒的假山路面和大面积的叠石假山阻碍了轮椅老人的进入，使得原本应是受人欢迎的休憩空间，并不被老人喜爱。本设计（见图3）

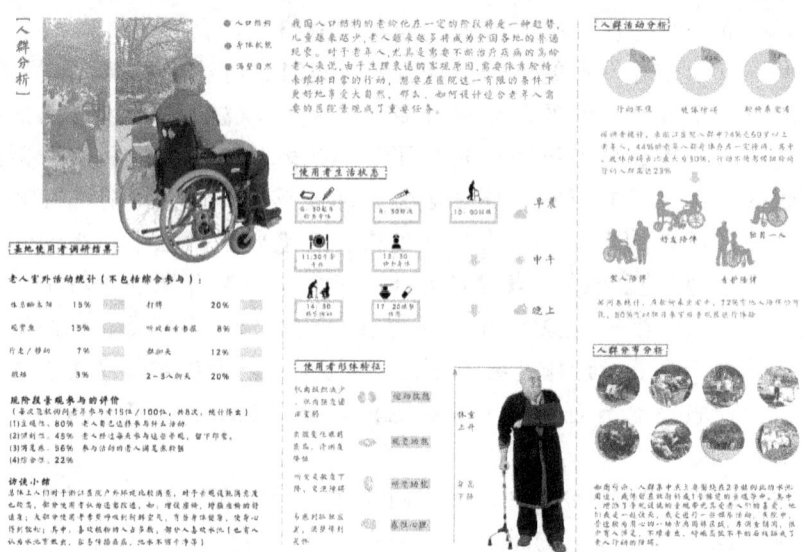

图2 用户调研

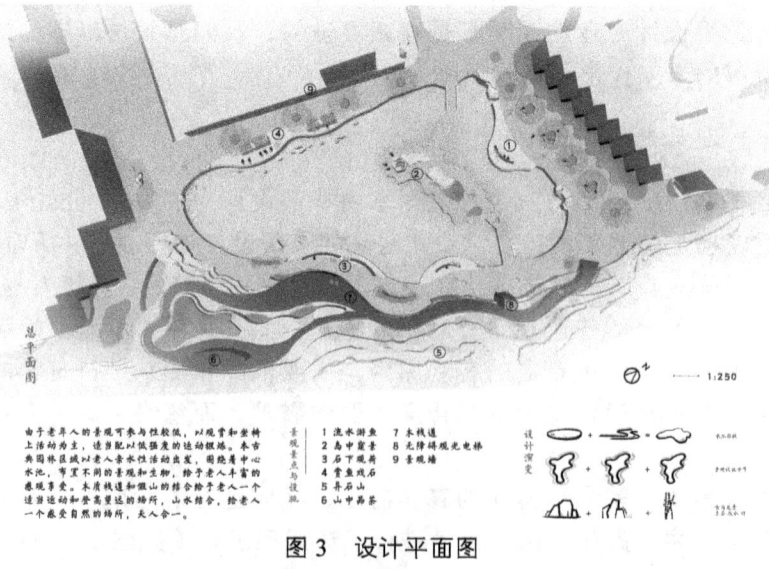

图3 设计平面图

从老年人亲水的特点出发，通过改变（对调）原有的山水布局模式，增加、融合轮椅系统，以中国古典园林设计方法和元素为基础，为轮椅老人提供一个可以亲近水域、感受自然的温暖空间。医院的轮椅园中需要满足三种需求的景观设施，可以供轮椅使用者、护工、老年人、医生使用。根据残疾人的生理特征对景观设施进行一定的改造，让轮椅使用者在户外活动中得到尊重，如图4所示。

图4　效果图

三、未来展望

在可见的未来，景观设计、环境艺术设计是一个城市，乃至整个地球都需要的一个专业。改变人居环境，使景观、生活环境生态化，充满趣味，是每一个环境艺术从事者的美好愿望。我们现在城市的雾霾、粉尘、钢筋混凝土，使得我们更需要绿色和艺术的软化。这个专业能够为未来的城市和居住环境更加美好作出一点贡献，这也是实现自我价值的一种体现。此外，在环艺专业的课程学习中，我们还可以学习到很多不同方向的知识，如心理学、市场广告、园林景观等，也可以涉及不少产品设计方向的知识。我们完全能在环艺专业的学习中不断充实自己，成为一个满足社会多方面需求的复合型人才。

暑期实习时，我去了上海奥雅景观设计公司，作为一个乙方设计公司的小实习生，学习到很多东西。无论是软件的使用，还是设计落地的过程体验，都是对专业学习的升华。大学里面的设计作业与这种实习相对不同，景观公司更多是实际的"限制"，如何让想法和实践结合，创造出有感觉的景观艺术，是这个公司的整体风格。所以在选择工作、实习的时候，提前对这个公司进行了解也是必要的。我所实习的景观公司，具有自由又温暖的工作氛围，大家都高效而且保质保量地完成自己的任务。给我印象深刻的是工作量十分大，时常需要加班，参与实习的一个半月，只休息过一个完整的周末。当时有想过为什么不转行到互联网行业，虽然也不轻松，但是毕竟现阶段的工作待遇会好很多。但让我感动的是一个同学对我说的话："树树（绰号），不要放弃我们的专业好吗？虽然辛苦，但是我们做的是可以改变世界的工作。"是的，虽然我们专业不能轻易收获令人艳羡的高薪，也不像很多专业研究那么轰轰烈烈，但是我们就像辛勤的小蚂蚁，一点点将更加美好的环境搬运至我们的城市。只要我们每天努力一点，每个项目改变一点，我们的生活环境就会进步一点，我们的世界也将变得更加美好。对于环艺专业的学生而言，未来的道路十分宽广和精彩，愿我们为创造更美好的居住环境而努力奋斗。

很高兴能同你分享这一份幸福。

版画专业介绍

——以四川美术学院版画系为例

（作者简介：殷帷，本科就读于四川美术学院版画系，研究生就读于四川美术学院油画系。）

一、版画专业学什么？

（一）基本信息

版画属于造型艺术之一，是在不同材料的版面上通过手工制版印刷而成的一种绘画（木版、石版、铜版、锌版、麻胶版等品种），能够在有限次数下复印原作品，而不影响其艺术价值。

版画专业不是一个十分普及和大众化的专业，我们学习的版画是创作版画。在本科阶段，学校十分重视学生在艺术知识面的扩宽和严格的造型基本功训练，同时以培养学生的艺术创造能力和引导学生艺术个性的发展为重心。

（二）基本课程——从理论到实践

1. 主要课程

以四川美术学院的版画系为例，系内下设多个基础工作室以及木版工作室、铜版工作室、丝网版工作室、石版工作室、书装工作室。专业划分为版画、版画印刷与设计两个方向（版画包括木版、铜版、丝网版和石版四个方向；版画印刷与设计则是书籍装帧方向）。此外，还包括绘画基础课、专业技法课和个人创作，如表1所示。

表1 版画专业主要课程

基础课	色彩	素描	校外风景写生
	校外考察	专业选修	计算机应用
	美学导论	中外美术史	艺术概论

续表

专业课	构图原理	黑白木刻	套色木刻
	石版画	丝网版画	铜版画
	综合版	创作课	黑白画
文化课	中国近现代史	中外文学	形势政策
	马克思主义哲学	英语	就业指导

2. 课程解读

（1）木版工作室。

木板工作室（见图1）以木版画（即凸版画）为主，开设黑白木刻、套色木刻、水印木刻等课程。工作室的教学目的在于使学生了解木刻艺术的传统和发展趋势，学习和借鉴中外优秀的木版画作品。学习过程中，注重学习思维的转化，学习如何把控画面整体的黑白关系以及如何运用木版特殊的刀痕语言去表达自己要表达的画面效果和内容，这就要求大量的黑白画构成训练作为入门基础。

图1 四川美术学院版画系康宁教授工作室中的木刻工具与作品

（2）三版工作室。

三版工作室是与木版工作室平行的3个版种工作室（铜版工作室、丝网版工作室、石版工作室）的简称。工作室帮助学生了解三版艺术的发展过程，认识三版艺术的特点及现代版画发展的多样化趋势，熟悉三版的工具材料及性质，掌握三版版画艺术的基本技能。如石版，它更加接近手绘效果，在画面中又比单纯的绘画效果更加强烈，石头颗粒感的呈现是无可替代的。这些版种的特殊表达效果就是在本科学习中需要去体会和磨合掌握的。

（3）版画与印刷工作室（书装工作室）。

书装工作室帮助学生基本掌握电子制版原理及从传统版种基础上拓开的新的技术手段，培养学生与当下印刷艺术相适应的认知水平和技术能力。这个方向兼具纯艺的手上功夫和设计的思维技术，十分考验学生的能力。工作室的同学往往也能更好地把握到"设计"二字的脉搏，如图2所示。

图2　四川美术学院版画系2012级版画与印刷专业作品

（三）专业优劣分析和求学经验

从专业角度来看，版画是一门十分强调技术，专业性极强的纯艺专业，如果没有系统的学习，几乎不可能做出任何版画作品。版画系培养的学生，可以做设计、做书装、做动漫、做影像、做行为、做装置、做雕塑、画油画。但是，其他专业出来的学生却做不了版画。这就是版画专业的优势。一般来说，版画是处于设计与造型之间的一个奇妙的专业，和学设计的同学相比，版画出身的学生相对来说会有更强的造型能力；和纯艺的同学相比，版画出身的学生有更多的设计性思维。但是版画也有相对的劣势，第一个是印制过程中对机器的依赖度十分高，（除木刻外）没有机器就无法印制。第二个就是体力和精神消耗巨大，对身体素质要求高。国内的很多机器原料设备与国外还有一定的差距，在制作过程中需要很多的防护并且需要格外细心。这些难处是能够被克服的。总体来说，版画是一个很有价值的学习方向。

版画制作是理性和感性的完美结合。首先，大量的版画与美术史上的知识储备和积累是必需的。看得多，看得精，眼界才会提高，水平才会提高，才能达到老师们说的"眼高于手"。同时，版画制作要求精神集中，身体协调，强的动手能力，以及清晰的逻辑和分析能力，因此良好的身体素质必不可少。

二、四年学习带给我的感悟——送给艺考生的你们

现在的你们忙于应对联考、校考以及高考。艺考前，老师会教一些很实用的考试技巧，这些技巧能够帮助你应付考试，但一定不要以为这就是全部。一件作品，除了完整性，更重要的是它的精神性，在画面之中，一定要有自己的东西。考试技巧会影响你对所画对象的主观感受，使得画面中会丢失一些主观情感，而这却是作品中极为重要的部分。我们以后所处的学习工作环境大多与艺术或者设计相关，独立的思维和敏感的情感都会成为你的最大助力。这些上大学之后才得到的感悟是我最想传达给学弟学妹的观点，美术学院的老师不会想要一个画功好的机器，他们更青睐有情感的你。

本科四年对于版画专业来说其实时间很短，一年半的时间被用来"拯救"学生思维，把我们从艺考模式中拉出来。接着一年半的版画基础技法学习，同时穿插创作课程，帮助学生习惯于创造性思考。最后一年用来进行毕业创作，这很大程度代表着这四年来自己的学习和收获，应该算是大学里最重要的部分。

从第一节素描课开始，我个人的绘画风格就慢慢显现出来，是一种粗放、简洁、有强度的线条色彩。随着学习深入，这些特质在我的画面中更加鲜明，特别是在之后的写生中，我找到了最适合自己的表达方式，延续了这种粗放强烈的表达，从而促使自己做出了一系列的作品。这就是主观情绪的一种形成和表达，这是十分珍贵的。在创作中，通常会发生很多意外，一个个问题慢慢地解决，画面越来越接近想要的效果的时候，就会越发地珍惜往后的时间，越发地想要去做得更好。这些意外会让整个创作过程充满喜悲和激情，这也是我一直想要延续的状态。

三、我们的未来在哪？

图像艺术的发展、科技的创造、观念的更新，包括艺术种类界限的模糊都对版画产生了巨大的影响，甚至改变了版画的发展。随着大众对版画的了解越来越深，版画艺术越来越被大众接受，版画产业也在加速推进。表2为版画毕业生就业方向。

表 2　版画毕业生就业方向

就业方向	比例
影视/传媒/出版	22.18%
广告/会展/公关	14.73%
室内设计/装潢	9.83%
房地产/建筑	9.52%
教育/培训/科研	9.15%
服装/纺织/皮革	7.01%
互联网/电子商务	4.21%
网络游戏	3.49%
玩具/礼品/工艺品	1.48%
其他	15.13%

本科毕业后，除了表 2 描述的工作去向，大部分毕业生选择自由创业、考研、出国、自由艺术家这 4 条路。

自由创业的学生大多选择和自己专业相关的行业去开展，四川美术学院也有创业辅助项目去帮助这些自主创业的学生，为之提供良好的创业环境和平台。

考研是一个很普遍的选择。大三就需要开始准备，这条路并不轻松，在美术学院这类艺术院校，复读考试多年的情况并不少见。选择考研，就应早早准备，结合自身情况选择目标学校。四川美术学院版画系学生考研大部分会选择本校本系，少数人会选择自己想要重新探索的其他专业。

出国一般根据毕业生自身需要和艺术追求而定，德国、意大利、美国、日本都是常见的选择。一小部分毕业生会选择作为驻留艺术家留在学校继续进行艺术创作。如果你真的是一个十分重视艺术，无法和它分离的人，那么四川美术学院的驻留计划则是一个完美的选择。学校会提供一段之间内的工作室和资金支持，让优秀的青年艺术家留在四川美术学院进行他们的艺术创作。

以我们这一届版画专业学生为例，自主创业和升学考研所占的比例相对较大，版画与印刷方向则进入公司更多。身边的同学除了考入版画系的研究生之外，大部分人并没有继续去做版画相关的行业，这取决于个人所学的专业方向以及自身的兴趣爱好，变量太多，没有什么太直接的标准去参考。之前提到过，版画的缺陷就是对机器的依赖很强，而且目前国内也只有少量专门的版画工作室。这是一个很现实的问题，每个版种都需要不同的机器，而每台机器的价格也并非是我们这些刚刚毕业的学生可以承担得起的，所以毕业后转行做其他的事情是比较普遍的。不过也不用太过担心，觉得自己学了四年的版画，到头来却什么用都没有，其实并不是这样。

四年的版画学习对我们的影响是潜移默化的，如思维方式和创作法方式的改变。正如我在前文中提到的，版画学生有其他专业学生不能相比的优势，毕业后，我们可以进入多个行业工作，同时要坚信版画专业带给我们的优势和自信。最实在的例子是，每年网易、腾讯等企业来校招聘类似原画这类的设计师时，他们会比较倾向版画专业的学生。学习是一种经历，而你所经历的一切都会在未来的日子里变成你的养分。

很感谢版画系，不仅让我学到了专业知识和技术，更让我学会了思考和体会、接受和承担，而这些东西将会伴随我一生成长。

四、结语

艺术的价值并不在于排名和名气这些外部因素。位置偏西的四川美术学院很自由，特别适合艺术家的成长。自古以来，巴蜀艺术就不同凡响。四川美术学院的师生，思想活跃，灵魂自由。艺术是一件单纯的事，其实做人和做艺术就是一回事，做人是做艺术，做艺术亦是做人，要想做出什么样子的艺术，就必须先让自己成为什么样的人。愿你们保持初心，方得始终。

美术史专业介绍

——怪你过分美丽

（作者简介：高泽，本科就读于中国美术学院美术史专业，研究生就读于中国美术学院中国美术史中国书画理论专业。）

一、专业介绍

美术史，顾名思义就是以学习美术历史和美术理论为主的专业。如果说高中历史是以政治事件串联起来的历史，那美术史就是以美术流派、艺术事件、美术观串联的一首史诗。

大一时，美术史专业和其他一些专业统称为美术学。在课程设置方面，除了理论课程学习外，也有部分实践课程的学习，如书画实践，PS、CorelDraw软件学习等；大二开始分流，根据成绩与个人意向分为设计理论学、美术史、视觉文化与艺术管理3个专业。每个学校的招生简章，或者每年招生专业的名称可能会有小的不同，像博物馆学、美术批评、艺术鉴赏等都大体被统称为美术史专业。

美术史专业的课程设置如表1所示，希望大家能从课程设置中首先了解这个专业。

表1 美术史专业课程设置

选修课	花道、佛教与"佛像"艺术、书法的故事、中国思想史、中国画论专题、西方现当代艺术概论、当代艺术研究与创作工作坊、文艺心理学、古代汉语、苏轼诗讲读等
专业必修	中国印刷史和明清藏书史漫谈、设计学概论、20世纪中国艺术史、晚期中国艺术史研究方法与个案、世界文明考古、《历代名画记》研读、艺术社会史、外国艺术史、书法史与碑刻学专题、中国美术史文献选读、西方美术史文献选读等
公共课	中国文学、书画实践、外国文学、文化史专题、儒学与绘画等

首先，我先介绍三门比较具有代表性的课程。

（1）中国古代书画鉴定。也许你会有这种感觉，当你知道得越多，以前死记硬背的历史开始变得错漏百出。美术史的学习也一样，大一对通史的学习让你懵懵懂懂明白美术通史，而大二、大三着重对具体个案的分析，你甚至会发现，这幅画根本不是这个人画的，这个理念也根本不是世人理解的这个意思。书画鉴定一方面教你辨别真伪，另一方面又鼓励你合理地怀疑。另外，上课时缓缓打开一幅卷轴，众人各抒己见的感觉真的很不错。

（2）视觉文化研究导论。一个图像所代表的含义往往不是你想象的那么简单。这门课程除了有对图像学的探索，更杂糅了思想观、美学观、哲学观，上课则主要以学生发言为主，允许你有天马行空的想法，甚至有一些违反道德观或常识的想法。想法的正确性本不好判断，是否有想法才是最重要的。

（3）实践考察课程。基本每一学年，学院都有实践考察课程，就是我们嘴里所说的"下乡"，也就是一个系一起去外地写生考察。实践专业的学生下乡主要以写生为主，而我们理论专业下乡主要去博物馆、美术馆、园林参观，像我们这届便去了西安、苏州、上海、南京等地（见图1~3），白天跟老师畅谈古今，晚上和同学一起在青旅聊天，也是人生一大乐事！

图1　实践考察苏州博物馆

图2　实践考察西安碑林　　　　图3　实践考察西安乾陵

二、学习经验

大学这四年来，我觉得得到最多的便是碰撞的思想、谨慎研究的态度及学术研究的正确方法。通俗点讲，中国美院的课程设计不是"授之以鱼"，而是"授之以渔"；不是教你死记硬背的知识，而是告诉你从哪些途径查找所需资料，以什么办法区分资料的可信程度，该注意论文的什么细节问题等。

另一方面，四年课程中，没有数学，甚至理科方面的课程也不曾在中国美术学院课表中出现，这也导致一个缺陷，大部分人的逻辑不强。可从另一方面来说，就像理性与感性的对立，一个被逻辑束缚得死死的人思绪能乱飞得跟蝴蝶一样吗？学艺术的，多少有着自由不羁的心，"别人笑我太疯癫，我笑别人看不穿。"

我们毕业时，院长的话字字珠玑："美术史是最难学的，也是最难找工作的专业，最难是因为一个民族学术的高峰是从美术史反映出来的，它要把文、史、哲所有研究的功力、工具、方法充分调动起来，还要做一些其他学科不能做、很难做的事，像对绘画的鉴定，对绘画的欣赏，把绘画的好处、绘画的美说出来，而且通过语言向社会传达出去，这都是非常困难的……"

的确，"美术史"一直都是就业红牌，老师也经常半调侃地跟我们说要我们做好清贫一生的打算。不过，其实这是一个收益线很长的专业，就像是要放长线才能钓到大鱼一样，只要你扎扎实实地读，你的学历、你的见解、你所在的圈子不会让你这颗金子蒙上灰尘，如我很多同学便是通过学长学姐或老师介绍而去艺术平台工作，更有一些同学通过学校讲座、学生会、美术馆帮忙，认识艺术家，从而获得更多机会。当然，也只有你够优秀，才能让你在艺术圈脱颖而出。优秀所需的努力很多，成功的过程也很长，所以我建议家庭条件较好或是家里本来就在这个圈子的同学可以读这个专业。

三、专业发展

本科毕业（见图4）后，我身边同学基本是三分之一考研、三分之一出国、三分之一工作。而出国和考研都是为了进一步深造，在深造和工作中转行也是一种选择。

（1）关于继续深造。

如果你真的想搞学术，本科学历肯定是不够的。本科的学习基本上只是稍有涉猎，博而不渊，真正的学术需要沉下心一股脑扎进去，字字考据，句句斟酌，而这在研究生学习中才能真正体验，且在此过程中，带给心灵的慰藉和精神上的顿悟，也只有自己身在其中才能有所体会。除此之外，市场对美术史专业的需求也要求高学历，比如去高校做老师最起码要求硕士以上学历。所以，我认为继续深造无疑是明智的选择。

如果你真要选择这个专业，我建议你的本科或是研究生在中国美术学院渡过，毕竟中国美术学院和综合性大学的氛围不同，它或许少了一些电视剧中大学的气氛，但专业性很强。搞学术的最忌讳的就是不专业，你长期在这种专业氛围中，耳濡目染也能文质彬彬起来。

图4　我们的毕业照

（2）关于工作。

美术史就业难，社会需求量小，但是每年毕业的该专业人数也不多。因此整体来看，就业比例也并不比一些需求大、学的人也多的会计、市场营销等专业小。近年来，随着经济的发展，人们对艺术的需求增加，美术史就业整体趋势也在上升，像一些博物馆、美术展览馆、画廊、高校、文化事务管理局、文物修复局等对这方面的人才需求迫切。

另一方面，就美术史专业而言，如果本科毕业就选择就业，一般也是当小学老师、开辅导班、做文案、在艺术机构帮忙、编编微信新闻、写新闻稿，工资待遇并不理想。但如果一路扎扎实实读到博，并在某个研究领域小有成就，便可以进高校、画院、美术馆等，社会地位比较高，相处的人也多"谈笑有鸿儒，往来无白丁"，你们可以一起争论学术，也可以一起笑看凡夫俗子。所以我的建议很简单，搞学术还是要多读书。

（3）关于转行。

如果你本科读下来发现并不适合从事文字工作，想转行到艺术实践，美术史专业也会帮你不少。大师与工匠的区别，不是手上功夫的差距，而是作品的思想性和深刻性。大师的作品更有思想和生命，而匠人只是做着重复性的工作罢了。那么问题来了，这种使艺术品具有思想和生命的秘诀是什么，答案便是知识。如今，很多人会画，却画不好，这便是理论的欠缺导致的。历代知名书画家，从宋四家，到元赵孟頫，到明董其昌，再到清四王四僧都是饱谙经史，对书画研究了然于心。而民国黄宾虹，不仅是画之大成者，更是学之大成者。

笔者认为，如果理论实践不能同时双修，那么先理论后实践更佳。我一直觉得年轻的时候应该读最难读的书，因为年纪大了俗事缠身，再静下心来便难了。我强调的是，不管是学设计还是纯艺，有一定的理论知识尤为重要。

四、个人心得

所以我想建议一下那些热爱艺术却不知具体报考哪个专业的学弟学妹们，与其学一个与自己未来工作毫无关系的专业浪费时间，还不如进行针对性、有目的性的学习，这会让你事半功倍，成长得更快，成功得也更快。

我高中时，成绩不是很理想，读一本院校要拼运气，又不甘于读二本院校。另外，因为小时候有素描色彩的基础，便在高二时培训了一个月美术，参加美术联考，再加上刚到一本的成绩，便考上了中国美术学院。那个时候的我只是觉得自己不想经商，不想从政，不想苟同于人际交往的尔虞我诈，所以想搞艺术，至于怎么搞，也不清楚。到了大三才慢慢找到了自己想做的事情，我想从事书画实践，于是报考了中国书画理论专业，专业导师也是著名的书画家，然后再一步一步理论结合实践地创作。

年轻的我们总是少不了迷茫，但脚步却不能停，这时走的方向显得尤为重要，所以请选专业时三思，选大致与自己梦想相关的专业。

最后，推荐具有以下条件或特质的同学可以考虑美术史专业。

（1）能静心下来搞学术，做事比较专注。

（2）常有不同见解，奇思妙想。

（3）对文学、历史、哲学感兴趣。

（4）喜欢看书。

（5）喜欢艺术，想从事艺术工作。

（6）家庭条件较好，家中有从事相关行业者。

同志们！为艺术而战吧！

附 录

一、国家重点学科评选简介

二、高校专业（类）选考科目范围（以上海交通大学在浙江省招生标准为例）

三、普通分类：C9 联盟

　　　　　　　985 工程

　　　　　　　985 工程优势学科创新平台

　　　　　　　211 工程

四、自主招生："北约"联盟 11 校

　　　　　　　"华约"联盟 6 校

　　　　　　　"卓越"联盟 9 校

　　　　　　　"京派"联盟 5 校

五、高考专业目录

一、国家重点学科评选简介

国家重点学科是国家根据发展战略与重大需求，择优确定并重点建设的培养创新人才、开展科学研究的重要基地，在高等教育学科体系中居于骨干和引领地位。重点学科建设对于带动我国高等教育整体水平全面提高，提升人才培养质量、科技创新水平和社会服务能力；满足经济建设和社会发展对高层次创新人才的需求，建设创新型国家提供高层次人才和智力支撑；提高国家创新能力，建设创新型国家具有重要的意义。目前，我国共组织了 3 次重点学科的评选工作。

第一次评选工作是在 1986—1987 年。1985 年 5 月 27 日颁布的《中共中央关于教育体制改革的决定》中提出"根据同行评议、择优扶植的原则，有计划地建设一批重点学科"。根据这一要求，原国家教育委员会于 1987 年 8 月 12 日发布了《国家教育委员会关于做好评选高等学校重点学科申报工作的通知》（简称《通知》），决定开展高等学校重点学科评选工作。根据《通知》精神，重点学科的门类要比较齐全，科类结构比例和布局应力求合理，要有利于促进学科间的横向联合，逐步形成高校科研优势。重点学科点应承担教学、科研双重任务，要逐步做到能够自主地、持续地培养和国际水平大体相当的博士、硕士、学士；能够接受国内外学术骨干人员进修深造，进行较高水平的科学研究；能够解决四化建设中重要的科学技术问题、理论问题和实际问题，为国家重大决策提供科学根据，为开拓新的学术领域、促进学科发展作出较大贡献。此次评选共评选出 416 个重点学科点，其中文科 78 个、理科 86 个、工科 163 个、农科 36 个、医科 53 个，涉及 108 所高等学校。

第二次评选工作是在 2001—2002 年。根据《教育部关于开展高等学校重点学科评选工作的通知》规定，开展了新一轮的高等学校重点学科评选工作。其主要目的是促进我国高等学校的学科建设，进一步提高我国高等学校教学科研的能力，形成一批立足国内培养高层次专门人才、解决经济建设和社会发展重大问题的基地；根据目前我国经济建设、社会发展、科技进步和国防建设的需要，对高等学校的学科建设方向进行引导和示范，使高等学校学科建设进一步适应现代化建设的需要；优化高等教育资源配置，集中国家和地方的有限财力，通过重点建设，逐步在全国范围内形成布局合理、各具特色和优势的重点学科体系，巩固和扩大高等学校在人才培养、科学研究方面的综合优势。此次评选共评选出 964 个高等学校重点学科。

第三次评选工作是在 2006 年。经过近 20 年的建设，国家重点学科的教学、科研条件得到了明显改善，学术水平、培养高层次人才和承担国家重大任务的能力得到了显著提高，促进了高等学校学科结构的调整和优化，已成为我国高等学校重要的具有骨干和示范作用的教学、科研基地。面对世界科技革命的严峻挑战和世界范围内日益激烈的人才竞争，为适应建设创新型国家、构建社会主义和谐社会和全面建设小康社会对人才和科技的要求，根据建设创新型国家的战略部署，调整国家重点学科结构，根据《教育部关于加强国家重点学科建设的意见》精神，在"服务国家目标，提高建设效益，完善制度机制，建设一流学科"指导思想下，调整的重点是在二级学科设置的基础上，增设一级学科国家重点学科。一级学科国家重点学科的建设要突出综合优势和整体水平，促进学科交叉、融合和新兴学科的生长。二级学科国家重点学科的建设要突出特色和优势，在重点方向上取得突破。此次评选共评选出286个一级学科，677个二级学科，217个国家重点（培育）学科。

二、高校专业（类）选考科目范围（以上海交通大学在浙江省招生标准为例）

按照教育部的统一部署和具体要求，上海市普通本科高校专业（类）对2017年高考选考科目要求已公布。从汇总情况看，上海市37所普通本科高校2017年共有专业（类）1 096个。各本科高校依据自身办学特色和定位，以及不同学科专业人才培养需要，从思想政治、历史、地理、物理、化学、生命科学6门普通高中学业水平等级性考试科目中，分专业（类）自主提出了选考科目要求。本书以上海交通大学为例，表1为大家介绍高校专业（类）选考科目范围。

表1 2017年在浙江省招生普通高校专业（类）选考科目范围

学校名称：上海交通大学　　　　　　学校代码：10248

专业（类）名称	选考科目数	选考科目范围	类中所含专业
护理学	3	物理、化学、生物	
公共管理类	3	思想政治、历史、地理	行政管理
化学类	2	物理、化学	化学、化学工程与工艺
生物技术（生物技术、生物科学、生命科学与技术基地班、生物学理科基地班）	2	物理、化学	

续表

专业（类）名称	选考科目数	选考科目范围	类中所含专业
环境科学与工程	2	物理、化学	
自然保护与环境生态类	2	物理、化学	园林、资源环境科学、食品科学与工程、动物科学植物科学与技术
临床医学	2	物理、化学	
临床医学（儿科方向）	2	物理、化学	
临床医学（本博连读）	2	物理、化学	
临床医学（本博连读法语班）	2	物理、化学	
临床医学（英语班）	2	物理、化学	
口腔医学（本硕连读）	2	物理、化学	
预防医学	2	物理、化学	
食品卫生与营养学	2	物理、化学	
药学	2	物理、化学	
医学检验技术	2	物理、化学	
工科试验班类（包括海洋工程类、机械类、电子信息类、信息安全、软件工程、微电子科学与工程、材料科学与工程、生物医学工程、生物工程、航空航天工程）	1	物理	工科试验班（包括海洋工程类、机械类、电子信息类、信息安全、软件工程、微电子科学与工程、材料科学与工程、生物医学工程、生物工程、航空航天工程）
经济学类	1	物理	金融学、国际经济与贸易、经济学
数学与应用数学	1	物理	
物理学类（物理学、应用物理学、国际化人才培养试点班）	1	物理	物理学、应用物理学
机械工程（国际化人才培养试点班、机械工程与自动化试点班、热能与动力工程试点班）	1	物理	
机械类（中外合作办学，上海交通大学-巴黎高科卓越工程师学院）	1	物理	机械工程、能源与动力工程

续表

专业（类）名称	选考科目数	选考科目范围	类中所含专业
机械类（中外合作办学，上海交通大学密西根学院）	1	物理	机械工程
机械类	1	物理	机械工程、能源与动力工程、工业工程、核工程与核技术、新能源科学与工程
材料科学与工程	1	物理	
微电子科学与工程	1	物理	
电子信息科学与技术（IEEE试点班）	1	物理	
电子信息类（中外合作办学，上海交通大学-巴黎高科卓越工程师学院）	1	物理	信息工程
电子信息类（中外合作办学，上海交通大学密西根学院）	1	物理	电子与计算机工程
电子信息类	1	物理	自动化、信息工程、电子科学与技术、计算机科学与技术、测控技术与仪器、电气工程及其自动化
软件工程	1	物理	
信息安全	1	物理	
土木类	1	物理	土木工程、工程力学
海洋工程类	1	物理	船舶与海洋工程、交通运输
航空航天工程	1	物理	
生物医学工程	1	物理	
建筑学	1	物理	
工商管理类	1	物理	工商管理、会计学
法学	0	不限	
汉语言文学	0	不限	
英语（金融、商务）	0	不限	
德语	0	不限	
日语	0	不限	
传播学	0	不限	

续表

专业（类）名称	选考科目数	选考科目范围	类中所含专业
工业设计	0	不限	
公共事业管理	0	不限	
广播电视编导	0	不限	
设计学类	0	不限	视觉传达设计

三、普通分类

（一）C9 联盟

中国九校联盟/C9 联盟（简称 C9）是中国首个大学联盟，于 2009 年 10 月启动，联盟成员包括清华大学、北京大学、浙江大学、南京大学、复旦大学、上海交通大学、西安交通大学、中国科学技术大学、哈尔滨工业大学 9 所高校。

1. 简 介

北京大学、清华大学、浙江大学、南京大学、复旦大学、上海交通大学、西安交通大学、中国科学技术大学、哈尔滨工业大学皆是 985 计划首批高校，C9 联盟也可视为是该计划的延伸部分。

C9 中不隶属于中华人民共和国教育部的两所高精尖大学：哈尔滨工业大学隶属于工业和信息化部并设立"一校三区"的"大哈工大"发展格局；中国科学技术大学隶属于中国科学院。

2. 历史渊源

C9 联盟源于 985 工程 9 所大学的"一流大学建设系列研讨会"。985 工程是 1998 年 5 月开始的一项系统工程，旨在重点支持中国的一批高校优先发展，成为世界知名的大学。985 工程首批选定了 9 所大学作为重点支持，目标是"创建世界一流大学"；随后，985 工程又先后增加了 30 所大学，总数达到 39 所，后增加的 30 所大学定位为"创建世界知名高水平大学"。

2003 年，首批进入 985 工程的 9 所大学的校长召开了首届"一流大学建设系列研讨会"，此后会议固定下来，每年召开一届。

2009 年，第七届研讨会在西安交通大学举行，其最重要的议题就是建立

"C9联盟",旨在共享资源,加速发展。经过研讨与协商,9所大学校长共同签署了《一流大学人才培养合作与交流协议书》。

2014年11月7日,中国科学院大学(简称国科大)正式参与C9联盟活动。

3. 定位

中共中央对C9的定位是建设"世界一流大学"。此外,还有多所高校有建设世界一流大学的目标,如国防科学技术大学、武汉大学、中国人民大学、中山大学、华中科技大学、兰州大学、南开大学、四川大学、厦门大学等。

(1)武汉大学的定位是创中国特色世界一流大学。

(2)中国人民大学的定位是创人民满意的世界一流大学。

(3)国防科学技术大学的定位是建设具有我军特色的世界一流大学。

(二)985工程

985工程是中华人民共和国政府为了建设若干所世界一流大学和一批国际知名的高水平研究型大学而实施的教育计划,名称来自于江泽民同志在北京大学校庆演讲的时间点(1998年5月)。最初入选985工程的高校有9所,被称为九校联盟,之后陆续入选的大学共有39所。此后,教育部表示985工程不会再新增高校,并引入其他计划,在非985工程高校且是部属211高校实施"985工程优势学科创新平台"。

1. 历史

1998年5月4日,时任中国共产党中央委员会总书记的江泽民同志在庆祝北京大学建校100周年大会上提出,"为了实现现代化,我国要有若干所具有世界先进水平的一流大学。"由此,教育部决定在实施《面向21世纪教育振兴行动计划》中,重点支持国内部分高校创建世界一流大学和高水平大学,并以江泽民总书记在北京大学100周年校庆的讲话时间命名为"985工程"。

"985工程"一期建设率先在北京大学和清华大学实施,并且两校分别获得教育部18亿的拨款额度。之后另外7所大学加入985工程,使得第一批985定格为2+7所,此9所高校组成九校联盟,简称C9。

2004年,根据国务院批转教育部《2003—2007年教育振兴行动计划》,教育部、财政部印发《教育部、财政部关于继续实施"985工程"建设项目的意见》,启动了"985工程"二期建设。2010年,根据中共中央国务院印发《国家中长期教育改革和发展规划纲要(2010—2020年)》,教育部、财政部印发

《教育部、财政部关于加快推进世界一流大学和高水平大学建设的意见》,开始实施"985 工程"第三期建设,至此共有 39 所大学入选"985 工程"。

2011 年 3 月,时任教育部部长袁贵仁在列席全国政协十一届四次会议教育界别联组会时表示,"985 工程"已经关上大门,不会再有新的学校加入这个行列。

2016 年 6 月 29 日,教育部宣布部分 985 工程文件失效,并表示将推出新的计划,建设新时期的高等教育,将"985 工程""211 工程""优势学科创新平台""特色重点学科建设"等计划纳入"世界一流大学和一流学科建设"。

2. 列　表

"985 工程"重点建设的高校共有 39 所(同时也都属于"211 工程"院校),如表 2 所示。

表 2　"985 工程"重点建设的高校

名称	所在地	所属部门
北京大学	北京市海淀区	教育部
中国人民大学	北京市海淀区	教育部
清华大学	北京市海淀区	教育部
北京航空航天大学	北京市海淀区	工信部
北京理工大学	北京市海淀区	工信部
中国农业大学	北京市海淀区	教育部
北京师范大学	北京市海淀区	教育部
中央民族大学	北京市海淀区	国家民委
南开大学	天津市南开区	教育部
天津大学	天津市南开区	教育部
大连理工大学	辽宁省大连市	教育部
东北大学	辽宁省沈阳市	教育部
吉林大学	吉林省长春市	教育部
哈尔滨工业大学	黑龙江哈尔滨	工信部
复旦大学	上海市杨浦区	教育部
同济大学	上海市杨浦区	教育部
上海交通大学	上海市闵行区	教育部
华东师范大学	上海市闵行区	教育部

续表

名称	所在地	所属部门
南京大学	江苏省南京市	教育部
东南大学	江苏省南京市	教育部
浙江大学	浙江省杭州市	教育部
中国科学技术大学	安徽省合肥市	中国科学院
厦门大学	福建省厦门市	教育部
山东大学	山东省济南市	教育部
中国海洋大学	山东省青岛市	教育部
武汉大学	湖北省武汉市	教育部
华中科技大学	湖北省武汉市	教育部
湖南大学	湖南省长沙市	教育部
中南大学	湖南省长沙市	教育部
国防科学技术大学	湖南省长沙市	中央军委
中山大学	广东省广州市	教育部
华南理工大学	广东省广州市	教育部
四川大学	四川省成都市	教育部
电子科技大学	四川省成都市	教育部
重庆大学	重庆市沙坪坝	教育部
西安交通大学	陕西省西安市	教育部
西北工业大学	陕西省西安市	工信部
西北农林科技大学	陕西省咸阳市	教育部
兰州大学	甘肃省兰州市	教育部

(三) 985 工程优势学科创新平台

优势学科创新平台项目，是中华人民共和国为支撑国家和行业发展急需重点领域发展而建立的高等院校优势学科建设项目，由中华人民共和国教育部和财政部于 2006 年 12 月起试行，项目参与学校从列入 211 工程但未列入 985 工程计划的高等院校中挑选，主要挑选拥有处于国内前沿且支撑国家急需重点领域的学科院校。

该项目在高教界常被称为"小 985"，也被称为"985 特色平台建设""985 工程优势学科创新平台""特色 985 工程""985 特色学校"等。

目前，全国已经有 20 多所高校入选了优势学科创新平台建设。这些高校均是国家"211"工程但非"985"工程院校。从入选高校看，都是在某一方面实力超强，占据领军地位的高校。如北京科技大学的冶金专业、中国矿业大学的煤炭开采专业、西南交通大学的轨道交通专业等，都是全国顶尖甚至全国第一。因此，考生在填报志愿的时候，不妨多关注一下这些"小985"高校中入选优势学科创新平台的专业方向。

1. 常规平台

（1）暨南大学：华侨华人研究优势学科创新平台。
（2）西安电子科技大学：先进军事综合电子信息系统优势学科创新平台、先进雷达技术优势学科创新平台。
（3）中国石油大学（华东）：油气资源勘探开发与转化。
（4）北京科技大学：冶金工程研究院和新材料研究院。
（5）中国矿业大学（徐州）：煤炭资源安全开采与洁净利用。
（6）东北林业大学：森林资源可持续经营与高效利用。
（7）北京林业大学：应对全球变化的森林生态系统恢复重建与可持续经营。
（8）华东理工大学：煤的清洁高效利用与石油化工关键技术。
（9）西南交通大学：轨道交通运输工程。
（10）中国地质大学（武汉）：地球系统过程与矿产资源。
（11）南京理工大学：精确打击、高效毁伤与主动防护。
（12）南京航空航天大学：航空飞行器设计制造与飞行安全。
（13）北京交通大学：轨道交通安全科学与技术优势学科创新平台。
（14）上海财经大学：经济学。
（15）中南财经政法大学：经、法、管学科融通创新与我国社会建设优势学科创新平台。
（16）中央财经大学：经济学与公共政策。
（17）北京化工大学：绿色化工与材料。
（18）西南大学：农林实践基地。
（19）哈尔滨工程大学：现代舰船与深海工程。
（20）河海大学：全球水循环与国家水安全。
（21）合肥工业大学：节能环保汽车及其制造装备技术。
（22）武汉理工大学：绿色建材与新材料。
……

2. 教师教育创新平台

（1）西南大学。
（2）陕西师范大学。

（四）211工程

211工程是中华人民共和国政府于20世纪90年代起针对中国高等教育而策划及实行的一项战略性政策。"211"的含义是"面向21世纪，重点建设100所左右的高等学校和一批重点学科的建设工程"。

211工程的目的在于将中国的高等学校系统化。随着工程的实施，许多过去被国家其他部门管辖的高等院校被纳入教育部的管辖范围，许多高校被合并，从全中国各地挑选出的约100个高等学校被设立为重点高校，这些学校在资金中获得优先对待。

2011年3月，时任中国教育部部长袁贵仁在列席第十一届全国政协第四次会议教育界别联组会时表示，"211工程"已经关上大门，不会再有新的学校加入这个行列。2016年6月29日，教育部宣布部分211工程文件失效，并表示对新时期高等教育重点建设做出新部署，统一纳入世界一流大学和一流学科建设。

1. 院校名单

表3是国家级"211工程"建设的高校列表，名单按照省区排列。截至2009年1月5日，国家级"211工程"名单共有各类高校112所，其中普通院校109所，军事院校3所。

表3　国家级"211工程"建设的高校列表

省区名	数目	院校名称			
北京	23+3	北京大学[985]	清华大学[985]	中国人民大学[985]	北京师范大学[985]
		北京航空航天大学[985]	中国农业大学[985]	北京理工大学[985]	中央民族大学[985]
		北京交通大学	北京工业大学	北京科技大学	北京化工大学
		北京邮电大学	北京林业大学	北京中医药大学	北京外国语大学
		中国传媒大学	对外经济贸易大学	中央音乐学院	中国地质大学（北京）

附 录

续表

省区名	数目	院校名称			
北京	23+3	中国政法大学	中国石油大学	华北电力大学	中央财经大学
		北京体育大学	中国矿业大学（北京）		
天津	3	南开大学[985]	天津大学[985]	天津医科大学	
河北	0+3	河北工业大学（校址天津）	华北电力大学（保定）	东北大学秦皇岛分校	
山西	1	太原理工大学			
内蒙古	1	内蒙古大学			
辽宁	4	东北大学[985]	大连理工大学[985]	辽宁大学	大连海事大学
吉林	3	吉林大学[985]	东北师范大学	延边大学	
黑龙江	4	东北林业大学	哈尔滨工业大学[985]	哈尔滨工程大学	东北农业大学
上海	10	复旦大学[985]	上海交通大学[985]	同济大学[985]	华东师范大学[985]
		第二军医大学	华东理工大学	东华大学	上海大学
		上海外国语大学	上海财经大学		
江苏	11	南京大学[985]	东南大学[985]	南京航空航天大学	南京理工大学
		河海大学	南京农业大学	中国药科大学	南京师范大学
		江南大学	中国矿业大学	苏州大学	
浙江	1	浙江大学[985]			
安徽	3	中国科学技术大学[985]	安徽大学	合肥工业大学	
福建	2	福州大学	厦门大学[985]		
江西	1	南昌大学			
山东	3+2	山东大学[985]	中国海洋大学[985]	中国石油大学	哈尔滨工业大学[985]（威海）
		哈尔滨工程大学（青岛）			
河南	1	郑州大学			

续表

省区名	数目	院校名称			
湖北	7	武汉大学[985]	华中科技大学[985]	武汉理工大学	中国地质大学（武汉）
		中南财经政法大学	华中师范大学	华中农业大学	
湖南	4	湖南大学[985]	中南大学[985]	国防科学技术大学[985]	湖南师范大学
广东	4	中山大学[985]	华南理工大学[985]	暨南大学	华南师范大学
广西	1	广西大学			
海南	1	海南大学			
重庆	2	重庆大学[985]	西南大学		
四川	5	四川大学[985]	电子科技大学[985]	西南交通大学	西南财经大学
		四川农业大学			
贵州	1	贵州大学			
云南	1	云南大学			
西藏	1	西藏大学			
陕西	8	西北工业大学[985]	西安交通大学[985]	第四军医大学	西北大学
		西安电子科技大学	长安大学	西北农林科技大学[985]	陕西师范大学
甘肃	1	兰州大学[985]			
青海	1	青海大学			
宁夏	1	宁夏大学			
新疆	2	新疆大学	石河子大学		

以上标注"985"的院校亦属985工程。

2. 211 工程高校的设立、合并、升降、更名公示

（1）3所211学校的合并：武汉测绘科技大学、武汉水利电力大学并入武汉大学（2000年）。

（2）两所211学校的合并：北京医科大学并入北京大学（2000年）；吉林工业大学并入吉林大学（2000年）；华西医科大学并入四川大学（2000年）；上海医科大学并入复旦大学（2000年）；山东工业大学并入山东大学（2000年）。

到目前为止尚未有两所985高校之间的合并。

2005年9月，211工程部协发布《关于做好2005年"211工程"项目建设方案编制和论证审批工作的通知》（211部协办〔2005〕6号），并要求决定增补的院校编制建设方案及立项审核，同时有新闻称211工程增补12所大学。随即有新闻辟谣称增补传言不属实，但最后确认除广州中医药大学未进入211工程外，其余院校均在增补行列。

四、自主招生

（一）自主招生

自主招生是中国高等教育招生改革扩大高校自主权的重要措施，指中国高校可以自行命题进行招生，区别于高考统一录取。自主招生选拔由高校自行组织，一般由笔试、面试两部分组成。

（二）类型

自主招生的类型分为自主选拔录取改革试点（面向报考著名重点大学的考生）、深化自主选拔录取改革试验（面向报考复旦大学、上海交通大学的苏浙沪考生）和高职专科依法自主招生改革试点（面向报考专科、高职层次高等院校的考生）3种。

（三）深化自主选拔录取改革试验

2007年起，上海地区（之后逐渐扩大到长三角两省一市）的一部分考生通过复旦大学、上海交通大学等大学的自主招生选拔后，即被预录取，虽然仍要参加高考，但成绩仅作参考。另一点与自主选拔录取改革试点不同之处是获得预录取资格的考生在签约后将自动失去填写高考志愿的权利，因此不可能再被其他中国内地的高校录取。目前，全国仅复旦大学和上海交通大学两所学校经教育部批准可以进行深化自主选拔录取改革试验。

（四）高职专科依法自主招生改革试点

高职专科依法自主招生改革试点指的是考生参加北京、上海等地的高职专科层次的高等院校的自主招生测试。如果合格，将会直接被录取，不用再参加高考。

（五）现状

2008年，中国大陆有68所普通高校进行自主招生（不含高职专科依法自主招生试点）。

2010年，中国大陆有76所普通高校进行自主招生。截至2013年11月7日，中国大陆有109所高校自主招生。

2008年，中国大陆高校中浙江大学、北京大学、武汉理工大学、清华大学、华中科技大学的自主招生规模较大，人数在800～1300不等。

2015年，中国大陆有92所普通高校进行自主招生，并取消了四大联盟，最终录取在高考之后。

（六）高校结盟

1."华约"集团（华约联考）

2010年，以清华大学为首的5所著名高校通过"五校联考"模式对报考5所学校的考生进行联合测试，后成为"华约"联盟。2011年，"华约"联盟发展为7所高校，包括清华大学、上海交通大学、南京大学、浙江大学、中国科学技术大学、中国人民大学和西安交通大学。2013年年末，受到自招贪腐丑闻影响，中国人民大学暂停了2014年的自主招生计划，"华约"联盟缩小为6所高校。

2."北约"集团（北约联考）

2011年，以北京大学为首的13所著名高校开始以联考形式进行自主招生，被称作"北约"联盟。"北约"联盟于2010年11月21日正式成立，最初的成员为北京大学、复旦大学、北京航空航天大学、南开大学、北京师范大学、厦门大学和位于香港特别行政区的香港大学。2010年11月25日，"同盟"集团宣布建立的同一刻，中山大学、武汉大学、华中科技大学、兰州大学、山东大学、四川大学宣布加入"北约"集团，该集团因此扩张为13所著名高校。2012年，复旦大学、南开大学宣布退出该集团。

3."卓越联盟"（卓越联考）

2010年11月25日，在同济大学和天津大学的牵头下，同济大学、天津大学、北京理工大学、大连理工大学、东南大学、哈尔滨工业大学、华南理工大学、西北工业大学签署了《卓越人才培养合作框架协议》，决定从 2011 年开始进行自主招生联考。同年 11 月 30 日重庆大学也加入了这一联盟。中国大陆著名高校自主招生战火纷飞的"三国鼎立"局面正式形成。"卓越联盟"集团成员的一个明显的特点是均以工科见长。

4. "京都派"

除了"华约""北约""工科派"等三大强势联盟外，北京化工大学、北京林业大学、北京邮电大学、北京交通大学、北京科技大学等 5 校也结成了联考同盟，并被戏称为"京都派"。一般认为，"京都派"的规模和影响力都不及另外三大联盟。

注：以上联盟以宣告建立时间为序，并非正式名称。

五、高考专业目录

基本专业
01 哲学
0101　　　哲学类
010101　　哲学
010102　　逻辑学
010103K　 宗教学

02 经济学
0201　　　经济学类
020101　　经济学
020102　　经济统计学
0202　　　财政学类
020201K　 财政学
020202　　税收学
0203　　　金融学类
020301K　 金融学
020302　　金融工程
020303　　保险学

020304	投资学
0204	经济与贸易类
020401	国际经济与贸易
020402	贸易经济

03 法学

0301	法学类
030101K	法学
0302	政治学类
030201	政治学与行政学
030202	国际政治
030203	外交学
0303	社会学类
030301	社会学
030302	社会工作
0304	民族学类
030401	民族学
0305	马克思主义理论类
030501	科学社会主义
020502	中国共产党历史
020503	思想政治教育
0306	公安学类
030601K	治安学
020602K	侦查学
020603K	边防管理

04 教育学

0401	教育学类
040101	教育学
040102	科学教育
040103	人文教育
040104	教育技术学（注：可授教育学或理学或工学学士学位）
040105	艺术教育（注：可授教育学或艺术学学士学位）
040106	学前教育

040107	小学教育
040108	特殊教育
0402	体育学类
040201	体育教育
040202K	运动训练
040203	社会体育指导与管理
040204K	武术与民族传统体育
040205	运动人体科学

05 文学

0501	中国语言文学类
050101	汉语言文学
050102	汉语言
050103	汉语国际教育
050104	中国少数民族语言文学
050105	古典文献学
0502	外国语言文学类（共 62 个小类）
0503	新闻传播学类
050301	新闻学
050302	广播电视学
050303	广告学
050304	传播学
050305	编辑出版学

06 历史学

0601	历史学类
060101	历史学
060102	世界史
060103	考古学
060104	文物与博物馆学

07 理学

0701	数学类
070101	数学与应用数学

代码	专业名称
070102	信息与计算科学
0702	物理学类
070201	物理学
070202	应用物理学
070203	核物理
0703	化学类
070301	化学
070302	应用化学（注：可授理学或工学学士学位）
0704	天文学类
070401	天文学
0705	地理科学类
070501	地理科学
070502	自然地理与资源环境（注：可授理学或管理学学士学位）
070503	人文地理与城乡规划（注：可授理学或管理学学士学位）
070504	地理信息科学
0706	大气科学类
070601	大气科学
070602	应用气象学
0707	海洋科学类
070701	海洋科学
070702	海洋技术（注：可授理学或工学学士学位）
0708	地球物理学
070801	地球物理学
070802	空间科学与技术（注：可授理学或工学学士学位）
0709	地质学类
070901	地质学
070902	地球化学
0710	生物科学类
071001	生物科学
071002	生物技术（注：可授理学或工学学士学位）
071003	生物信息学（注：可授理学或工学学士学位）
071004	生态学
0711	心理学类
071101	心理学（注：可授理学或教育学学士学位）

071102	应用心理学（注：可授理学或教育学学士学位）
0712	统计学类
071201	统计学
071202	应用统计学

08 工学

0801	力学类
080101	理论与应用力学（注：可授工学或理学学士学位）
080102	工程力学
0802	机械类
080201	机械工程
080202	机械设计制造及其自动化
080203	材料成型及控制工程
080204	机械电子工程
080205	工业设计
080206	过程装备与控制工程
080207	车辆工程
080208	汽车服务工程
0803	仪器类
080301	测控技术与仪器
0804	材料类
080401	材料科学与工程
080402	材料物理（注：可授工学或理学学士学位）
080403	材料化学（注：可授工学或理学学士学位）
080404	冶金工程
080405	金属材料工程
080406	无机非金属材料工程
080407	高分子材料与工程
080408	复合材料与工程
0805	能源动力类
080501	能源与动力工程
0806	电气类
080601	电气工程及其自动化
0807	电子信息类

编码	专业名称
080701	电子信息工程（注：可授工学或理学学士学位）
080702	电子科学与技术（注：可授工学或理学学士学位）
080703	通信工程
080704	微电子科学与工程（注：可授工学或理学学士学位）
080705	光电信息科学与工程（注：可授工学或理学学士学位）
080706	信息工程
0808	自动化类
080801	自动化
0809	计算机类
080901	计算机科学与技术（注：可授工学或理学学士学位）
080902	软件工程
080903	网络工程
080904K	信息安全（注：可授工学或理学或管理学学士学位）
080905	物联网工程
080906	数字媒体技术
0810	土木类
081001	土木工程
081002	建筑环境与能源应用工程
081003	给排水科学与工程
081004	建筑电气与智能化
0811	水利类
081101	水利水电工程
081102	水文与水资源工程
081103	港口航道与海岸工程
0812	测绘类
081201	测绘工程
081202	遥感科学与技术
0813	化工与制药类
081301	化学工程与工艺
081302	制药工程
0814	地质类
081401	地质工程
081402	勘查技术与工程
081403	资源勘查工程

0815	矿业类
081501	采矿工程
081502	石油工程
081503	矿物加工工程
081504	油气储运工程
0816	纺织类
081601	纺织工程
081602	服装设计与工程（注：可授工学或艺术学学士学位）
0817	轻工类
081701	轻化工程
081702	包装工程
081703	印刷工程
0818	交通运输类
081801	交通运输
081802	交通工程
081803K	航海技术
081804K	轮机工程
081805K	飞行技术
0819	海洋工程类
081901	船舶与海洋技术
0820	航空航天类
082001	航空航天工程
082002	飞行器设计与工程
082003	飞行器制造工程
082004	飞行器动力工程
082005	飞行器环境与生命保障工程
0821	兵器类
082101	武器系统与工程
082102	武器发射工程
082103	探测制导与控制技术
082104	弹药工程与爆炸技术
082105	特种能源技术与工程
082106	装甲车辆工程
082107	信息对抗技术

0822	核工程类
082201	核工程与核技术
082202	辐射防护与核安全
082203	工程物理
082204	核化工与核燃料工程
0823	农业工程类
082301	农业工程
082302	农业机械化及自动化
082303	农业电气化
082304	农业建筑环境与能源工程
082305	农业水利工程
0824	林业工程类
082401	森林工程
082402	木材料学与工程
082403	林产化工
0825	环境科学与工程类
082501	环境科学与工程
082502	环境工程
082503	环境科学（注：可授工学或理学学士学位）
082504	环境生态工程
0826	生物医学工程类
082601	生物医学工程（注：可授工学或理学学士学位）
0827	食品科学与工程类
082701	食品科学与工程（注：可授工学或农学学士学位）
082702	食品质量与安全
082703	粮食工程
082704	乳品工程
082705	酿酒工程
0828	建筑类
082801	建筑学
082802	城乡规划
082803	风景园林（注：可授工学或艺术学学士学位）
0829	安全科学与工程类
082901	安全工程

0830	生物工程类
083001	生物工程
0831	公安技术类
083101K	刑事科学技术
083102K	消防工程

09 农学

0901	植物生产类
090107T	茶学
090108T	烟草
090109T	应用生物科学（注：可授农学或理学学士学位）
090110T	农艺教育
090111T	园艺教育
0902	自然保护与环境生态类
0903	动物生产类
090302T	蚕学
090303T	蜂学
0904	动物医学类
090403T	动植物检疫（注：可授农学或理学学士学位）
0905	林学类
0906	水产类
090603T	水族科学与技术
0907	草学类

10 医学

1001	基础医学类
1002	临床医学类
100202TK	麻醉学
100203TK	医学影像学
100204TK	眼视光医学
100205TK	精神医学
100206TK	放射医学
1003	口腔医学类
1004	公共卫生与预防医学类

100403TK	放射医学
100404TK	卫生监督
100405TK	全球健康学（注：授予理学学士学位）
1005	中医学类
1006	中西医结合类
1007	药学类
100703TK	临床药学（注：授予理学学士学位）
100704T	药事管理（注：授予理学学士学位）
100705T	药物分析（注：授予理学学士学位）
100706T	药物化学（注：授予理学学士学位）
100707T	海洋药学（注：授予理学学士学位）
1008	中药学类
100803T	藏药学（注：授予理学学士学位）
100804T	蒙药学（注：授予理学学士学位）
100805T	中药制药（注：可授理学或工学学士学位）
100806T	中草药栽培与鉴定（注：授予理学学士学位）
1009	法医学类
1010	医学技术类
101008T	听力与言语康复学
1011	护理学类

11 管理学

1101	管理科学与工程类
110106TK	保密管理
1102	工商管理类
110211T	劳动关系
110212T	体育经济与管理
110213T	财务会计教育
110214T	市场营销教育
1103	农业经济管理类
1104	公共管理类
110406TK	海关管理
110407T	交通管理（注：可授管理学或工学学士学位）
110408T	海事管理

110409T	公共关系学
1105	图书情报与档案管理类
1106	物流管理与工程类
110603T	采购管理
1107	工业工程类
110702T	标准化工程
110703T	质量管理工程
1108	电子商务类
110802T	电子商务及法律
1109	旅游管理类
110904T	旅游管理与服务教育

12 艺术学

1201	艺术学理论类
1202	音乐与舞蹈学类
1203	戏剧与影视学类
120311T	影视摄影与制作
1204	美术学类
120405T	书法学
120406T	中国画
1205	设计学类
120509T	艺术与科技

后 记

一

没有所谓的最好的专业，只有最适合的专业。

这不是一本简简单单整合许多专业介绍信息的书，尽管其介绍了许多专业信息。但隐藏于每一篇专业介绍之后的其实是本书最基本的一个理念：任何一种选择都能拥有相应的精彩。

基于这个理念，本书并不像市面上的其他相关材料或者机构一样，企图给出"最具发展前景"的若干个专业，指导读者去选择某几个特定的热门专业。相反，我们希望通过尽可能多地展现不同作者在各个专业的学习体验和所思所悟，介绍或许不是最全面、客观，但却是他们眼中最真实的专业。我们试图将未来无数的可能性、无数的精彩铺陈在读者面前，帮他们去认识自我，选择最适合自己的那一份精彩。

是的，所谓的专业选择，其实最终是一个认识自我的过程。帮助更多的读者通过认识自我的兴趣和爱好，分析自己的性格和特长，找到最适合他们的专业，寻求属于他们的那份精彩，这就是本书的终极目标。

二

选择从来不是一件轻松的事。

读遍本书精挑细选的这些专业介绍之后，想必书前的你对高校的各个专业一定有了更多的认识。然而，拥有更丰富的信息并不意味着在填报志愿时你能更加轻松地做出选择。恰恰相反，当认知到一个更大的世界之后，在更多的比较中做出权衡同样会十分艰难。

既然认真地选择这么难，为什么我们还要去做呢？答案很简单，这个艰难的过程本身就很有意义。当一个选择是我们深思熟虑，百般比较之后做出的时候，我们将深知自己会得到什么，知道要为此舍弃什么；当我们作为一个成熟的个体而做出选择时，我们也将会在日后更慎重地对待我们这一选择的后果，承担这一选择的责任。

　　本书强调的其实就是这样一种对自己负责和对未来慎重的态度。尽管艰难，但把握住每一次重要的选择，我们就将人生掌握在了自己的手中。

三

　　这本书就是基于以上的追求和信念，在一群志同道合的学长学姐们半年的不懈努力之下来到了大家的面前。

　　成书的过程中，我们有时会质疑，付出了这么多的时间与精力，这样一本书最后是否能如我们所愿，帮助足够多的学弟学妹选择到心仪的专业，更好地掌握自己的求学生涯。毕竟这是我们第一次做这样的工作，没有成熟的经验；毕竟我们所拥有的资源非常有限，主创人员都还有着各自繁重的学业；毕竟我们的想法不一定能被所有人认同……

　　虽然有这么多的毕竟，我还是经常忍不住想，其实，只要有一个人认同我们的理念，只要我们的成果帮助到了一个人，我们在这个春天所做的一切，就有了全部的意义。

扫描二维码关注微信公众号"高校专业指南针",这里有更多更丰富的专业介绍并在不断更新中,有学长学姐提供线上咨询与直播课程。为了选对大学专业,少走人生弯路,please join us!